中国西部开发开放报告2019：
新时代乡村振兴之路

毛中根　伍骏骞　等　著

西南财经大学"一流学科建设计划"项目

中央支持地方高校改革发展专项（ZFYJY201902010）

资助

科学出版社

北　京

内 容 简 介

本书将西部地区乡村振兴融入国家整体发展战略，提出西部地区是中国重要的"米袋粮仓"、内陆重要的"安全屏障"、流向全球的"人口红利"、农村改革的"试验田"、脱贫攻坚的"主战场"、向西开放的"桥头堡"。本书扎根西部地区农村，围绕乡村振兴战略"二十字"方针，从"产业兴旺、生态宜居、乡风文明、治理有效、生活富裕"五大目标任务入手，专题研究西部地区乡村产业发展、乡村生态文明、乡村文化发展、乡村治理体系和乡村民生保障。同时，本书以开放视角，跳出"三农"来破解"三农问题"，深入探索西部地区农业的开放发展。

本书可供国家和区域政府相关决策者，发展经济学、区域经济学、农业经济学等相关领域的研究人员，以及关心西部发展的社会公众等参考。

图书在版编目（CIP）数据

中国西部开发开放报告. 2019：新时代乡村振兴之路/毛中根等著. —北京：科学出版社，2019.11
 ISBN 978-7-03-062964-7

Ⅰ. ①中… Ⅱ. ①毛… Ⅲ. ①西部经济-区域经济发展-研究-中国 ②农村-社会主义建设-研究-中国 Ⅳ. ①F127 ②F320.3

中国版本图书馆 CIP 数据核字（2019）第 244203 号

责任编辑：杭 玫／责任校对：陶 璇
责任印制：徐晓晨／封面设计：正典设计

科学出版社 出版
北京东黄城根北街 16 号
邮政编码：100717
http://www.sciencep.com

北京虎彩文化传播有限公司 印刷
科学出版社发行 各地新华书店经销
*
2019 年 11 月第 一 版　开本：787×1092　1/16
2020 年 1 月第二次印刷　印张：13 1/4
字数：314 000

定价：108.00 元
（如有印装质量问题，我社负责调换）

《中国西部开发开放报告》序

  中国西部地区拥有广阔而资源丰富的土地。千年之交，党中央、国务院实施西部大开发战略。二十年来，西部地区在经济建设、政治建设、文化建设、社会建设、生态文明建设等方面取得举世瞩目的成绩。"一带一路"倡议是我国深化向西开放、保障国家安全的重大战略举措，有利于拓展西部大开发的内涵和空间，使西部地区能够化区位劣势为区位优势，建立健全我国向西开放的战略体系。在"一带一路"倡议引领下，中国对外开放格局正由向东面向日、美、欧经济体开放转向东西双向开放并重，逐步面向中东、中欧和非洲地区开放。中国对外开放格局的变化赋予西部地区重要的开放内涵，西部地区成为国家的战略建设和开发的"桥头堡"。

  党的十八大以来，习近平总书记立足新时代的新形势、新任务和新挑战，做出构建全面对外开放新格局的重大战略部署，赋予新时代西部大开发战略新的含义。2019年3月，习近平总书记主持召开中央全面深化改革委员会第七次会议，会议审议通过《关于新时代推进西部大开发形成新格局的指导意见》（简称《指导意见》），提出总要求：推进西部大开发形成新格局，要围绕抓重点、补短板、强弱项，更加注重抓好大保护，从中华民族长远利益考虑，把生态环境保护放到重要位置，坚持走生态优先、绿色发展的新路子；要更加注重抓好大开放，发挥共建"一带一路"的引领带动作用，加快建设内外通道和区域性枢纽，完善基础设施网络，提高对外开放和外向型经济发展水平；要更加注重推动高质量发展，贯彻落实新发展理念，深化供给侧结构性改革，促进西部地区经济社会发展与人口、资源、环境相协调。《指导意见》是新时代推进西部大开发形成新格局的纲领性文件，指导思想明确、政策支持力度大，要求处理好现实需求与长远发展、开放与开发、保护与发展等关系。2019年8月，国家发展和改革委员会印发《西部陆海新通道总体规划》，明确到2025年基本建成西部陆海新通道。加快西部陆海新通道建设，对于充分发挥西部地区连接"一带"和"一路"的纽带作用，深化陆海双向开放，强化措施推进西部大开发形成新格局，推动区域经济高质量发展，具有重大现实意义和深远历史意义。

  西南财经大学地处西部、地处四川、地处成都，是西部地区经济和管理学科办学历史长、实力最强的综合性财经大学。学校坚持以习近平新时代中国特色社会主义思想为指导，按照"扎根中国大地办大学"的重要指示精神和国家西部大开发"十三五"规划提出的形成区域协调协同发展新格局的要求，将扎根西部地区、服务西部发展作为"双一流"建设的重大战略。2018年12月，中国共产党西南财经大学第十三次代表大会提出加快建设国际知名财经特色鲜明高水平研究型大学，强调要把西南财经大学的发展与党和国家的需求、与行业和区域发展的需要更加紧密地联系在一起，继续打好"西部牌"，形成更加鲜明的人才培养特色、学科发展特色和学校办学特色。西南财经大学通过深化决策咨询、资政建言、重大课题研究、舆论引导及高端人才培养等方式积极服务于西部大开发战略。2018 年 5 月，西南财经大学与四川省实施西部大开发领导小组办公室签订战略合作协议，学校充分发挥学科人才优势，为推进新时代西部大开发大开放建言献策。2018 年 9 月，纳入第十七届中国西部国际博览会总体方案，由西南财经大学与四川省博览事务局共同主办，中国西部经济研究中心承办的西部大开发大开放研讨会在成都顺利召开，这是西南财经大学不断创新"政产学研"深度合作体制机制的体现。

国家西部大开发战略开启之年，西南财经大学及时设立中国西部经济研究中心。自成立以来，在学校党委的坚强领导下，在全体师生的共同努力下，中国西部经济研究中心紧紧围绕国家西部大开发战略，产出了一批密切关注西部发展重大战略问题的科研成果、咨询报告和政策建议，受到各级党委和政府的重视。2018 年 12 月，中国西部经济研究中心入选中国智库索引（Chinese Think Tank Index，CTTI）。

2019 年是中华人民共和国成立 70 周年，也是西部大开发战略实施 20 年。中国西部经济研究中心整合校内外优势资源开启《中国西部开发开放报告》（年度报告）撰写工作，拟就西部大开发大开放中乡村振兴、县域经济发展、生态文明建设等热点问题形成年度专题报告。这是在新时代西部大开发背景下，中国西部经济研究中心着力打造的献礼西部大开发的品牌性科研成果。

希望中国西部经济研究中心继续积极瞄准国家区域和行业重大战略需求，主动对接国家新一轮西部大开发战略，加快形成高质量的研究成果，积极推进研究成果的实践转化，打造"聚焦西部问题研究、提升西财话语权"品牌，支撑学校"双一流"建设，为西部大开发战略实施注入强大智力支持。

西南财经大学　党委书记　赵海武　教授
　　　　　　　　校　　长　卓志　教授

2019 年 7 月于成都

目 录

总论　新时代西部地区的乡村：在开发开放中探寻振兴之路 ………… 1
 第一节　重要意义 ………………………………………………………… 2
 第二节　西部机遇 ………………………………………………………… 7
 第三节　现实挑战 ………………………………………………………… 10
 第四节　振兴之路 ………………………………………………………… 12
 参考文献 …………………………………………………………………… 16

第一章　产业兴旺：西部地区乡村产业发展 ……………………………… 18
 第一节　西部地区乡村产业发展的基础条件 ………………………… 18
 第二节　西部地区农业产业体系 ………………………………………… 31
 第三节　西部地区农业产业发展的省域差异综合评价 ……………… 41
 第四节　振兴西部地区乡村产业的思路与建议 ……………………… 45
 参考文献 …………………………………………………………………… 46

第二章　生态宜居：西部地区乡村生态文明 ……………………………… 47
 第一节　西部地区乡村绿色发展 ………………………………………… 47
 第二节　农村人居环境改善 ……………………………………………… 55
 第三节　西部地区农村生态环境保护 ………………………………… 67
 参考文献 …………………………………………………………………… 76

第三章　乡风文明：西部地区乡村文化发展 ……………………………… 79
 第一节　西部地区农村人口文化素质发展 …………………………… 79
 第二节　弘扬西部地区乡村优秀传统文化 …………………………… 93
 第三节　西部地区乡村公共文化服务建设 …………………………… 96
 第四节　西部地区乡村公共文化产业建设 …………………………… 105
 第五节　加强西部地区乡村文化发展的对策与建议 ………………… 113
 参考文献 …………………………………………………………………… 115

第四章　治理有效：西部地区乡村治理体系 ……………………………… 117
 第一节　西部地区乡村治理的演进历程 ……………………………… 117
 第二节　西部地区农村自治概况 ………………………………………… 119
 第三节　西部地区农村德治概况 ………………………………………… 127
 第四节　西部地区农村法治概况 ………………………………………… 130
 第五节　西部地区农村治理有效的优秀案例 ………………………… 133

  参考文献 ·· 136
第五章 生活富裕：西部地区乡村民生保障 ·· 139
  第一节 西部地区农村居民收入与就业 ·· 139
  第二节 西部地区农村居民消费 ·· 146
  第三节 西部地区农村公共服务供给 ·· 151
  第四节 西部地区农村精准扶贫 ·· 160
  参考文献 ·· 166
第六章 西部地区农业的开放发展 ·· 168
  第一节 西部地区农业对外开放 ·· 168
  第二节 西部地区农业开放与结构调整 ·· 179
  第三节 西部地区农业合作交流与科技创新 ··· 183
  第四节 西部地区城乡融合发展 ·· 190
  参考文献 ·· 202
后记 ··· 204

总论　新时代西部地区的乡村：在开发开放中探寻振兴之路

中华人民共和国成立以来，中国人民奋斗的历史和现实证明，贫困不是一种命运，以中国特色社会主义伟大旗帜为指引，通过有为政府和有效市场的双重作用，能够创造举世瞩目的"中国奇迹"，也能够实现中华民族伟大复兴的中国梦。

改革开放是实现中国大规模摆脱贫困的关键。"改革"——缘起于农村的家庭联产承包责任制改革激发了农民的种粮积极性，为工业化的不断推进提供了要素保障；"开放"——缘起于中国的对外开放和打破地区间的分割，为中国开启了全球化进程。

中国西部地区包括陕西、四川、云南、贵州、广西、甘肃、青海、宁夏、西藏、新疆、内蒙古、重庆等12省（区、市）[①]。改革开放以来，中国的区域政策主要经历了四大阶段：以经济特区为重心的沿海地区优先发展阶段、以浦东开发为龙头的沿江沿边地区重点发展阶段、以缩小区域差距为导向的西部大开发阶段和以区域协调发展为导向的共同发展阶段（陈瑞莲和谢宝剑，2009）。因此，西部地区是中国区域政策红利的受益者，也是区域政策的执行者。西部大开发战略实施20年来，西部地区在经济、社会、文化、生态等方面的发展取得举世瞩目的成绩。在"一带一路"倡议引领下，中国对外开放格局正由向东面向日、美、欧经济体开放转向东西双向开放并重，逐步面向中东、中欧和非洲地区开放。中国对外开放格局的变化赋予西部地区重要的开放内涵，也使西部地区面临宝贵的开放发展机遇。

然而，西部地区内部城乡的发展不平衡、不充分，以及西部地区与东部地区发展的不平衡、不充分，制约了全面建成小康社会目标的实现。农村改革是推动中国改革发展的突破口，为探索中国特色社会主义道路做出了重大贡献。在中国经济发展取得极大成就之时，农村发展却日益缓慢，农民收入增长缓慢，城乡居民间的收入差距日益加大，农业经济发展的条件不断恶化，以至于20世纪末出现了整个社会都极为关注的"三农"问题。

进入新时代，中央以乡村振兴战略为抓手，寻求农村改革新的着力点，理顺农村工作脉络，进而实现农村繁荣和农民富裕，建立起强大的现代农业。不仅如此，农村改革的深入，将再次成为切实抓住历史发展机遇，实现全面建成小康社会，进而实现民族复

---

① 后文如果没有特别说明均指此范围。

兴的重大战略布局。在开发、开放中探寻乡村振兴之路必将是西部大开发战略寻求发展突破，打破体制束缚，从根本上缓解西部地区内部和西部地区与东部地区不平衡、不充分态势的必然选择。在总结中发展和推广农村综合改革的宝贵经验，也将为中国新一轮西部开发开放发展提供强大的持久推动力。因此，新时代西部地区的乡村需要在开发、开放中探寻振兴之路。

第一节 重 要 意 义

"三农"工作是西部大开发的重中之重，农村作为西部大开发战略的主战场之一，承担着多重责任和任务。从国家战略层面出发，全面总结西部大开发的经验和教训，把推进西部大开发大开放与加快农业发展方式转变结合起来，夯实"三农"发展基础，不仅有利于西部地区的农民增收、农业增长和农村稳定，也是乡村振兴战略的要中之义，是推进地区乃至全国新型城镇化进程不可或缺的环节。

一、中国重要的"米袋粮仓"

西部地区地域辽阔，光、热、水、土资源丰富，物种资源多样，具有良好的农业发展基础，是我国重要的"米袋粮仓"，为全国乃至全世界提供粮食和农产品。西部地区的农业发挥着保障粮食安全和提供农产品的重要功能。

从农业资源来看，2017 年，西部地区拥有的农用地数量占全国[①]的 65.78%。其中，草地、林地、耕地数量分别占全国的 99.17%以上、55.78%和 37.37%[②]。从农业增加值来看，2017 年，西部地区生产总值仅占全国的 19.90%，但农业增加值占全国的 30.92%，农业增加值所占比例位列四大地区的首位（图 0-1）。

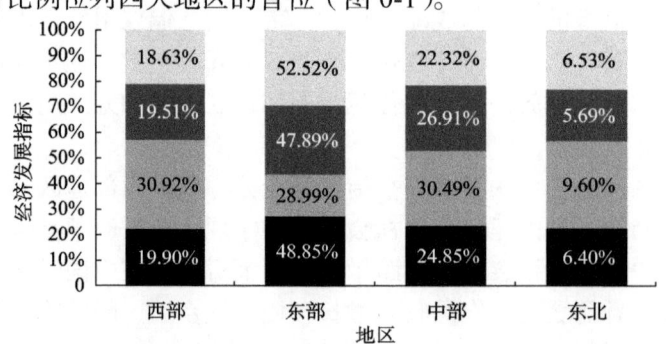

图 0-1 我国各地区经济发展指标对比
资料来源：《中国统计年鉴（2018）》

从农作物的产量来看，内蒙古和四川是粮食主产区，西部地区的粮食产量占全国粮

---

① 本书所指均不包括港澳台地区。
② 根据《中国农村统计年鉴（2018）》整理计算。

食产量的 25.16% 左右，低于中部地区，高于东部地区和东北地区。西部地区的棉花产量占全国棉花产量的 81.66%，所占比例位列四大地区的首位，新疆是最重要的长绒棉生产基地；甘蔗、甜菜等糖料作物分别占全国的 83.76% 和 87.34%，西部地区是最重要的糖料作物生产基地；烟叶、蚕茧所占比例均位列四大地区的首位，占全国 60% 以上的份额；茶叶和水果所占比例也位列四大地区的首位，四川、云南等地是全国重要的茶叶生产基地，广西、云南、四川、陕西等地是全国重要的水果生产基地；油料作物产量所占比例低于中部地区，高于东部地区和东北地区（表 0-1）。

表 0-1 我国各地区农作物产量所占比例

地区	西部地区	东部地区	中部地区	东北地区
粮食	25.16%	17.76%	36.08%	21.00%
棉花	81.66%	4.67%	13.67%	0
甘蔗	83.76%	14.80%	1.44%	0
甜菜	87.34%	0	7.26%	5.40%
烟叶	60.87%	9.09%	26.25%	3.79%
蚕茧	62.42%	23.07%	7.88%	6.63%
茶叶	41.71%	28.48%	29.81%	0
水果	35.20%	28.79%	31.67%	4.34%
油料	33.02%	16.20%	44.33%	6.45%

资料来源：《中国统计年鉴（2018）》

在特色农产品方面，四川初步形成川西"稻菜""稻菇"轮作产业带、川西南茶叶产业带、龙门山脉优质红心猕猴桃集中发展区；云南初步形成以滇中、滇东北为主的花卉、中药材产业区，以滇南、滇西南为主的茶叶、咖啡等特色饮料产业区，以滇西、滇西北为主的畜牧、药材产业区，以滇南、滇东南为主的热果、药材产业区。2016 年，云南高原特色现代农业 10 个重点特色产业中，蔬菜、水果、茶叶、咖啡、花卉、中药材、生猪、牛羊等 8 个重点产业的农业总产值达 2 788.3 亿元，农业增加值 1 574.7 亿元，分别占云南农业总产值、增加值的 76.7% 和 70.2%。云南的咖啡、花卉产业的面积和产量均居全国之首，茶产业面积和产量均居全国第二位。重庆初步形成以涪陵、黔江为主的蚕桑产业区，以永川、荣昌为主的笋竹产业带，以九龙坡、北碚为主的花卉苗木产业区[①]。

另外，西部地区几乎拥有全国畜牧产业发展的所有草畜资源。随着社会经济发展和人们食品消费结构转型升级，依托极其丰富的草地畜牧资源，西部地区的畜牧产业将是推动西部地区乡村产业发展的中坚力量。

二、内陆重要的"安全屏障"

西部地区是内陆重要的"安全屏障"，包括国土安全和生态安全。

---

① 《特色农产品区域布局规划（2013–2020 年）》。

第一,国土安全。西部地区与周边14个国家和地区接壤,陆地边境线占全国的85%左右,边界线漫长。由于特殊的地缘环境和历史渊源,加上民族问题复杂,长期存在着分裂与反分裂的斗争,西部地区在维护国家领土和主权完整方面具有重要意义。西部地区的疆域是在统一多民族国家过程中逐步形成、发展和固定下来的。此外,西部地区人民经过千百年不断的迁徙、斗争、分化、融合,最终形成了不同的民族,历代统治者针对不同的民族实施不同的治理政策,形成了独特的民族治理方式。公共安全是西部地区经济社会发展、维护社会稳定和全面建成小康社会的重要保障。

第二,生态安全。西部地区的国土面积占我国国土面积的72%,是能源、矿产资源的开发布局和水资源开发利用的重要区域。我国水能资源、石油资源、天然气资源、煤炭资源、金属矿产资源等战略性资源主要分布在西部地区,而这些战略性资源又往往分布在西部地区的农村。鄂尔多斯盆地、塔里木盆地、天山北部及东部地区、甘肃河西地区、柴达木盆地是我国重要的能源资源富集区,川渝东北地区、攀西—六盘水地区、桂西地区等蕴藏的稀土、有色金属等矿产资源不仅是西部地区发展的重要保障,也是全国经济社会发展的重要支撑(胡浩等,2015)。另外,西部地区是森林、草原、湿地和湖泊等集中分布区,也是大江、大河的发源地,生态地位十分重要但又十分脆弱。西部地区以青藏高原生态屏障、黄土高原—川滇生态屏障为面上保护,以北方防沙带及大江、大河重要水系为生态廊道,以其他国家重点生态功能区为重要支撑,以点状分布的国家禁止开发区域为重要组成的生态安全战略格局初步形成,为保障国家生态安全提供了重要支撑(贾若祥,2019)。《全国主体功能区规划》将西部地区的三江源草原草甸湿地生态功能区、若尔盖草原湿地生态功能区、甘南黄河重要水源补给生态功能区、祁连山冰川与水源涵养生态功能区、桂黔滇喀斯特石漠化防治生态功能区等划为限制开放区域,突出了水源涵养、水土保持、防风固沙和生物多样性维护等生态功能的定位;将我国保护自然文化资源的重要区域、珍稀动植物基因资源保护地确定为国家禁止开发区域。西部地区自然保护区有993个,占全国2 750个自然保护区的36%,所占比例是四大地区的第一位(表0-2)。

表0-2 我国各地区自然保护区个数所占比例

地区	西部地区	东部地区	中部地区	东北地区
自然保护区个数所占比例	36%	26%	23%	15%

资料来源:《中国统计年鉴(2018)》

三、流向全球的"人口红利"

西部地区人口虽然仅占全国人口的27%左右(表0-3),但是西部地区的四川、重庆等地是劳务输出大省,在农民工数量增速放缓的背景下,西部地区仍然有不少新增农民工。《2018年农民工监测调查报告》显示,2017年我国农民工总量达28 652万人,其中,外出农民工17 185万人,本地农民工11 467万人。在外出农民工中,省内流动农民工9 510万人,占外出农民工的55.3%。新增外出农民工主要在省内流动。

表 0-3　我国各地区年末人口所占比例

地区	西部地区	东部地区	中部地区	东北地区
年末人口所占比例	27%	33%	32%	8%

资料来源:《中国统计年鉴(2018)》

另外,西部地区外出农民工增速和增量均位列四大地区之首,为全国各地提供了重要的劳动力。《2018年农民工监测调查报告》显示,从输出地看,西部地区2018年输出农民工7 918万人,较2017年增加104万人,占农民工总量的27.5%;从输入地看,在西部地区就业的农民工5 993万人,比2017年增加239万人,增长4.2%,占农民工总量的20.8%(表0-4)。可见,西部地区在成为劳务输出重要地区的同时,也吸引了全国各地的农民工到西部地区就业,进入西部地区的农民工的增速和增量也位列四大地区之首。

表 0-4　2017~2018 年全国农民工地区分布变动情况

地区	2017 年	2018 年	增量	增速
按输出地分				
东部地区	10 430 万人	10 410 万人	−20%	−0.2%
中部地区	9 450 万人	9 538 万人	88%	0.9%
西部地区	7 814 万人	7 918 万人	104%	1.3%
东北地区	958 万人	970 万人	12%	1.3%
按输入地分				
东部地区	15 993 万人	15 808 万人	−185%	−1.2%
中部地区	5 912 万人	6 051 万人	139%	2.4%
西部地区	5 754 万人	5 993 万人	239%	4.2%
东北地区	914 万人	905 万人	−9%	−1.0%

资料来源:《2018年农民工监测调查报告》

四、农村改革的"试验田"

西部地区农业农村发展相对滞后,是我国农业农村发展的短板,也成为我国探索农业农村改革的"试验田"。

贵州是我国农村改革的"试验田"之一,"顶云经验"、"增人不增地、减人不减地"试点改革和"三变"改革是贵州农村改革的代表事件。第一,"顶云经验"。安徽凤阳的小岗村是我国农村经济改革的一个重要符号与标志,实际上我国西部地区一些地方也做过类似的改革尝试(陈小玮,2018a)。贵州安顺市关岭布依族苗族自治县顶云乡被誉为"中国农村改革第一乡"。1976年,在民众的推选下,顶云乡38岁的陈高忠担任陶家寨生产队队长,他带领几个年轻人将村里的土地分包到生产小组,实行"定产到组,超产奖励"的联产承包责任制,取得了当年粮食大幅度增产的效果(胡丽华,2018)。贵州省委、省政府认同并推广了这一举措,于是1978年安徽凤阳小岗村的经验推出。从试验时间看，顶云乡搞包产到户，即大包干比小岗村还要早42天，故有"北凤阳、南顶云"的说法（陈小玮，2018b）。第二，"增人不增地、减人不减地"试点改革。为解决村社内部人口增减不断调地带来的负面效果，中央政府于1987年设立农村改革试验区，并确立贵州省湄潭县为国家试验区，试点"增人不增地、减人不减地"的土地制度。1993年，"增人不增地、减人不减地"被正式写入中央文件在全国推广，此后又被纳入有关法规，一直沿用至今（邵夏珍，2015）。第三，"三变"改革。2014年以来，贵州六盘水开展了"三变"改革探索，即"资源变资产、资金变股金、农民变股东"。集体资源调动政府资源、政府资源撬动社会资源的"双轮驱动"，有效盘活了要素资源。"三变"改革连续两年被写入2017年和2018年中央一号文件和2018年《中共中央 国务院关于打赢脱贫攻坚战三年行动的指导意见》（胡丽华，2018）。

四川是我国农村改革的发轫地之一，是全国较早也是较彻底地推行农业生产责任制的省（区、市）。1978年，四川省大力推广广汉县金鱼公社探索出的"包产到组、联产计酬"改革经验并取得成功，该改革经验被写入当年中央工作会议讨论通过的《中共中央关于加快农业发展若干问题的决定（草案）》中。同年，四川省委在正式文件中第一次也是在全国最早提出可以搞"包产到户"（贾晋，2018）。包产到户实施后，人民公社领导生产经营活动职能退化，公社、大队和生产队之间关系发生转变，行政职能和经济职能关系有待厘清。显然，原有人民公社体制已不能适应农业农村生产力发展的需要（贾晋，2018）。1979年9月，四川省广汉县选择在向阳人民公社进行"政社分工"的改革试点。2009年，国务院批复同意重庆、成都开展统筹城乡综合配套改革试验。作为全国统筹城乡综合配套改革试验区和第二批全国农村改革试验区，成都承担了多项国家改革试验（陈小玮，2018a）。例如，成都积极推进农村产权制度改革，在全国率先开展农村产权"确权颁证"，并建立市、县、乡三级农村产权交易服务体系。截至2014年，成都农村产权交易所累计交易额达411亿元，交易量居全国同类交易所第一位，其中农村土地交易额占九成以上（陈小玮，2018a）。2014年，成都的农村产权制度改革获得第七届"中国地方政府创新奖"优胜奖。2015年，成都郫都区唐昌镇战旗村一宗面积为13.447亩①的集体经营性建设用地由四川迈高旅游资源开发有限公司竞得。这意味着四川省首宗集体经营性建设用地使用权竞拍成功，从而搭建起土地改革从产权确认到实现价值的平台，标志着集体经营性建设用地平等入市的通道被打通（陈小玮，2018a）。

五、脱贫攻坚的"主战场"

西部地区是我国典型的民族地区、贫困地区、资源富集区、工业转型区、革命老区、边境地区的集中区域（胡浩等，2015）。西部地区是贫困人口的主要聚居地，全国592个国家级贫困县中有375个位于西部地区，全国14个连片特困区有8个分布在西部地区；占全国国家级贫困县拥有量36%的云南、贵州、陕西、甘肃4省（区、市），实施特殊

---

① 1亩≈666.7平方米。

政策的西藏、四省藏区、新疆南疆三地州及六盘山区、秦巴山区、乌蒙山区、滇桂黔石漠化片区、滇西边境山区等连片特困区成为扶贫攻坚建设的主战场（胡浩等，2015）。截至2017年，西部地区仍有1 634万名贫困人口尚未脱贫，占全国贫困人口的53.6%，西部地区贫困发生率高于全国平均水平（3.1%）2.5个百分点；农村贫困人口在200万人以上的7个省（区、市）中，5个省（区、市）在西部地区，分别是贵州、云南、广西、四川、甘肃（许竟，2018）。西藏、四省藏区、新疆南疆四地州、四川凉山州、云南怒江州、甘肃临夏州等深度贫困地区，生存条件大多比较恶劣，自然灾害多发，地理位置偏远，基础设施和公共服务明显落后（黄承伟，2018）。

六、向西开放的"桥头堡"

西部地区是推进东西双向开放、构建全方位对外开放新格局的前沿。2017年，西部地区同时有三个自由贸易区挂牌，翻开了西部改革开放新的一页。近年来，随着"一带一路"倡议的逐步深入，西部各省（区、市）积极参与和融入"一带一路"倡议，开放型经济水平不断提高，西部地区逐渐从开放末梢变成开放前沿。西部地区在"一带一路"倡议中发挥着联外接内的独特区位优势，是加强我国与"一带一路"参与国沟通的重要通道和纽带，尤其是在与中亚和南亚相关国家和地区联系中，西部地区成为我国向西开放的"桥头堡"。"一带一路"的中蒙俄、新亚欧大陆桥、中国—中亚—西亚、中国—中南半岛、中巴、孟中印缅等六大经济走廊都涵盖西部地区，西部地区依托其广袤的边界线，成为我国当前推进内陆沿边对外开放的重点，与沿海地区改革开放共同构建起新时代全方位开放新格局（贾若祥，2019）。另外，中欧班列得到快速发展。截至2018年上半年，西部地区累计开行4 579列中欧班列，占全国开行总列数的47%；宁夏、贵州内陆开放型经济试验区和广西凭祥、云南瑞丽、内蒙古满洲里等重点开发开放试验区建设也在稳步推进（张洪瑞，2019）。

第二节　西部机遇

一、区位劣势向区位优势转变

"一带一路"倡议由过去向东部，面向日、美、欧三大经济体的海洋型开放，转变为向东西双向，新增面向西部、西南部，面向中欧、东南亚、非洲的全方位立体开放。这有利于我国更好地将本国资源和市场与这些国家和地区的丰富资源和广阔市场结合起来，为我国经济结构调整和经济持续增长获得更大的发展空间。同时，"一带一路"倡议将促进西部地区与周边国家和地区的务实合作，促进西部地区参与国际分工，有利于进一步加大西部地区向外开放的力度，不断扩展新的领域和空间；对于西部地区发展成为扩大内陆开放的战略高地，将起到积极的促进作用。

国家全面推进"一带一路"倡议、京津冀协同发展、长江经济带发展，有利于西部地区加快向西开放步伐，提升对外开放水平，深度融入世界经济体系。党的十九大报告指出,"要以'一带一路'建设为重点,坚持引进来和走出去并重,遵循共商共建共享原则,加强创新能力开放合作,形成陆海内外联动、东西双向互济的开放格局"①。"一带一路"倡议是推动西部地区发展、同步推进全面建成小康社会的关键。"一带一路"倡议的推进与实施有利于西部地区将区位劣势向区位优势转变,积极推进西部地区发挥自身比较优势,强化西部地区与沿线接壤国家及地区的区位优势,重塑西部地区产业经济地理新格局,甄选出主导产业,调整产业结构,形成具有西部核心竞争力的产业发展格局。因此,"一带一路"倡议为西部大开发创造了新的发展机遇(宋萌和刘涵,2017)。

我国内陆省(区、市)和沿海省(区、市)在经济对外开放上存在巨大差距。西部地区不管是进出口总额还是进出口单项数额较东部地区都有较大差距,所占比例仅相当于东部地区的10%(表0-5)。从农产品贸易依存度来看,2017年,西部地区农产品贸易依存度为6.94%,比全国农产品贸易依存度减少约13%。因此,西部地区农村需要不断扩大对外开放水平,提高其经济外向度。我国西部地区和"一带一路"倡议沿线的多个国家相互接壤,这也表明其影响力能够有效辐射到西部地区农村,并使西部地区农村从中受益。另外,西部地区有着地域辽阔和民族众多的特点,每个农村地区的发展资源和发展方向呈现多样化,这意味着西部地区农村和潜在的合作对象之间存在差异。各个地区应该抓住机遇,充分发挥其地区差异化优势,用差异化和优势来加强西部地区农村和周边国家之间的经济贸易合作,促进地区经济发展(刘畅,2019)。

表 0-5 各地区进出口贸易情况

地区	西部地区	东部地区	中部地区	东北地区
进出口	8%	81%	8%	3%
出口	8%	81%	9%	2%
进口	8%	81%	8%	3%

资料来源:《中国统计年鉴(2018)》

二、禀赋约束向禀赋特色转变

党的十九大报告提出"坚持人与自然和谐共生"①。产业发展的物质基础是资源,通过产业活动将资源转化为产品和服务。资源和产业演进趋势向生态化发展,并展示人类经济更高级的发展阶段(杨文凤等,2015)。西部地区自然资源丰富,这将给西部地区发展带来新的机遇,西部地区的自然资源禀赋将从禀赋约束向禀赋特色转变。

例如,为激励贵州探索西部欠发达地区后发赶超,国家为贵州提供了大数据综合发展试验区和生态文明国家级试验区、西部内陆开放型经济试验区三大发展平台。贵州省是全国数据中心最多的省(区、市)和首个大数据综合试验区(陈刚,2015)。贵州省商务厅的数据显示,已在贵州落地的200多个大数据项目投资额超过2 400亿元,落户贵

---

① 习近平. 决胜全面建成小康社会 夺取新时代中国特色社会主义伟大胜利——在中国共产党第十九次全国代表大会上的报告. http://news.cnr.cn/native/gd/20171027/t20171027_524003098.shtml,2017-10-18.

州的世界500强企业和中国500强企业超过150家。2017年贵州以大数据为引领的电子信息制造业增加值增长86.3%，成为工业经济的第三大增长点（陈小玮，2018a）。贵州能够发展大数据产业，其优势在于：温度适宜，尤其是夏季凉爽，有利于服务器安置与存放，使贵州成为我国南方最适合建设数据中心的地方，具有突出的比较优势；电力稳定可靠，具有价格优势；远离地震带，信息设备安全系数高；劳动力资源丰富，物价、房价不高，成本优势突出（陈刚，2015）。

又如，受高寒、高海拔和水热分异规律等因素影响，西藏资源禀赋结构和区域差异巨大。资源禀赋对这样的山地区域经济和产业结构演进具有重要的意义（刘刚和沈镭，2007）。总的来看，西藏产业结构演进，是西藏以传统农牧业、手工业等为主的产业结构在区域资源禀赋基础上，由于西藏独特的需求结构、强力政策引导和技术创新等因素的驱动，信息、旅游、生物等新兴产业逐渐形成，从而实现产业结构升级的以政策性演进为主、诱致性演进为辅的过程（刘刚和沈镭，2007）。由于特殊的地理位置和气候等，西藏具有高原特色资源的比较优势，如矿产资源、特色农产品资源、自然和人文旅游资源、藏医药资源等。西藏产业发展就是以这些特色资源为基础发展起来的特色产业经济。随着中央支援西藏的一系列政策实施、西部大开发战略实施及青藏铁路的开通，民族手工业、高原绿色饮食业、农畜产品加工业等特色产业在西藏得到了迅速发展（杨文凤等，2015）。

三、西部制度创新：换道超车

国家深入实施创新驱动发展战略，有利于西部地区积极培育和承接先进产能，提升产业层次；西部地区能源资源加工利用、装备制造、特色农牧业等特色优势产业发展不断加快（贾若祥，2019）。西部地区通过制度创新，特别是制定基于地方比较优势的产业政策，能够实现要素的优化配置，营造良好的营商环境，实现西部地区的产业振兴。以西藏为例，自西藏和平解放以来，中央政府给予了西藏一系列特殊的财政支持和补贴政策，这种特殊的"援藏经济发展模式"对西藏的经济社会发展起到重要作用（杨文凤等，2015）。然而，单纯依赖国家产业政策和财政补贴政策的发展模式难以激发西藏发展的内在动力。因此，西藏不断加强和内地各对口援藏省（区、市）的协调，探索并挖掘对口援藏内涵，不断尝试和援藏省（区、市）之间的协同发展、产业合作及援藏工作管理新模式，统筹融合经济援藏、产业援藏、人才援藏、科技援藏、就业援藏、干部援藏及扶贫援藏，开拓思路变"输血"式援藏模式转变为"造血"式援藏模式，不断强化西藏的自我发展能力。另外，西藏自治区政府大力推进简政放权，加速推动"多证合一"的制度改革，为企业登记注册提供便利；推动农牧业供给侧结构性改革向纵深延伸，积极推进价格体制改革、深入税收体制改革、深化林权制度改革、逐渐推进国有企业改革重组。

第三节 现实挑战

一、脱贫攻坚与乡村振兴

西部地区经济结构不合理、内生增长动力不足的问题仍然存在，抵御经济异常波动、防范系统性经济风险的能力仍然不强，基础设施薄弱、生态环境脆弱的瓶颈制约仍然突出，加强民族团结、维护社会稳定的任务仍然繁重，促进城乡区域协调发展的任务仍然艰巨。西部地区必须贯彻新发展理念、顺应新形势、应对新挑战、把握新机遇、拓展新格局，努力实现更高质量、更有效率、更加公平、更可持续的发展。

我国已进入脱贫攻坚决胜阶段，处在脱贫攻坚和乡村振兴战略实施的交汇期。脱贫攻坚与乡村振兴两大战略的协调推进、有机衔接，对于实现"两个一百年"奋斗目标具有重要意义。因此，西部地区不仅要打赢脱贫攻坚战，更要为脱贫地区和脱贫户找到一条长效的发展道路，真正实现从"扶真贫""真扶贫"到"脱真贫""真脱贫"。西部地区是全国最大的集中连片贫困地区，贫困人口分布广、深度贫困人口多、少数民族聚集多、自然条件较差、生态保护任务繁重。因此，西部地区脱贫难、返贫易的特征将伴随着西部地区未来十多年甚至更长期的发展过程。目前，西部地区一些落后地区的小康社会实现程度仍然较低。按照国家统计局颁布的全国小康社会标准，到2020年西部落后地区与全国同步全面建成小康社会难度较大。

另外，西部地区有众多老工业城市和资源型城市，西部地区资源型城市占全国资源型城市数量的38.9%，西部地区衰退型城市占全国衰退型城市数量的23.9%（胡浩等，2015）。自中华人民共和国成立以来，这些城市为我国经济发展做出了重要贡献，但是由于时代发展和产业转型升级，这些城市反而成为我国区域发展格局中经济较为落后、发展较为缓慢的地区，也成为我国脱贫攻坚的重点、难点地区。

因此，在与全国同步建成小康社会之后，西部地区发展的重点将从摆脱"贫困陷阱"向突破"中等收入陷阱"跨越，这更加需要建立起现代经济社会发展体系，做好脱贫攻坚与乡村振兴的衔接工作。

二、区域均衡与示范带动

西部地区在经济发展过程中存在较严重的不平衡、不充分问题。造成西部地区区域经济发展不平衡的主要原因是地方保护、市场分割和区域经济发展缺乏统一规划。区域经济的协调发展有助于西部地区的经济资源在一定空间（区域）内实现优化配置。近年来，西部地区在整体发展取得历史性进步的同时，区域内部发展不均衡问题越发明显。从2018年西部地区各省（区、市）地区生产总值增速来看，西部地区12省（区、市）的增速差距较大，西藏自治区地区生产总值增速达12.72%，重庆市地区生产总值增速仅为4.83%（图0-2）。

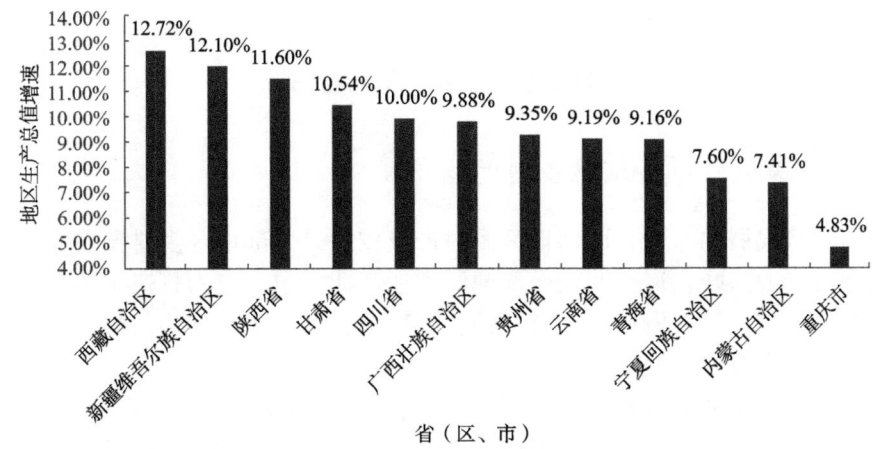

图 0-2　2018 年西部地区各省（区、市）地区生产总值增速对比
资料来源：《中国统计年鉴（2019）》《中国统计年鉴（2018）》

另外，在区域经济发展过程中，促进经济集聚发展，建立以经济集聚诱导的经济增长道路，发挥西部经济发达地区的示范带头引领作用十分重要。虽然世界各国往往将地广人稀视为经济发展的有利条件，但是几乎所有发达国家都不同程度地呈现人口、经济的集聚，也正是这种集聚带来了经济的繁荣。从历史经验来看，违背市场规律一味地寻求将人口从经济集聚的区域转移出去的代价是十分巨大的。因此，西部地区的发展一方面要兼顾经济的协调和平衡发展，又需要建立兼具工作、生活和娱乐功能的经济集聚体，促进"小乡大集镇、小县大城关"的建设。

三、生态保护与经济发展

我国经济发展进入新常态，西部地区经济发展仍然处于追赶阶段，经济总量较小，市场主体发育滞后、体系不健全、结构性矛盾突出，经济发展的初级性依赖性特征明显。一方面，西部地区发展要准确把握国家战略全局发展，将区域发展融入全局发展；统筹区域协调发展，统筹新型城镇化和乡村振兴战略；通过经济发展，探索西部地区发展的比较优势，甄选适合西部地区的特色产业，实现西部地区的乡村振兴。

另一方面，西部地区是国家的"屋顶"和"水塔"，是重要的生态安全屏障。西部大开发战略实施以来，西部地区的重点生态地区生态修复治理实施加快，退耕还林还草、退牧还草、天然林保护等一批重点生态工程稳步推进（宣晓伟，2019）。西部地区有国家重要的生态安全屏障和战略资源储备基地，其发展必将在最严格的生态环境保护背景下，探索兼具比较优势又能够实现资源环境友好的发展战略。因此，西部地区在经济发展过程中，更需要尊重自然资源禀赋，克服资源禀赋约束，合理利用资源禀赋。党的十九大报告提出"坚持人与自然和谐共生"，这就需要西部地区立足资源禀赋条件，明确经济发展不能以牺牲自然资源环境生态为代价，以生态为本底，突出保障国家生态安全、保障粮食安全等重要任务；牢固树立保护生态环境就是保护生产力、绿水青山就是金山银山的理念，把发展建立在生态安全基础上，严守生态安全底线、红线，探索资源环境友好的经济发展方式。

第四节 振兴之路

一、产业兴旺：西部地区乡村产业发展

产业是经济发展的命脉，西部地区乡村产业发展是西部地区乡村振兴的关键。实现西部地区乡村产业兴旺，需要明确西部地区农业产业定位，着力打造主体功能区，推进农业产业集聚发展，打造资源环境友好的主导产业，调整产业结构，推进农业供给侧结构性改革，重塑产业经济地理。

第一，优化区域主体功能区。在《全国主体功能区规划》"构建高效、协调、可持续的国土空间开发格局"的国家战略定位基础上，对接国家战略总体布局，立足西部地区农村地域特色，按照生产空间集约高效、生活空间宜居适度、生态空间山清水秀总体要求，根据不同区域的资源环境承载能力、现有开发强度和发展潜力，划分具有全局高度、区域协调、地方特色的主体功能区。立足国家整体战略发展，准确把握现代农业的发展定位。以农业多功能理念为依据，兼顾农业发展的经济效益、社会效益、生态效益"三大效益"，追求经济高效、生态安全、资源节约三大目标。对农业的非经济功能（社会、政治、生态、文化等功能）给予补偿和补贴，强化农业在保障粮食安全、食品安全、生态安全等方面的重要作用。

第二，培育特色优势资源产业。构建具备全球竞争力的农业现代产业体系，破除"唯GDP论英雄"，积极推进资源环境友好的产业发展路径，重塑区域经济地理格局，大力发展绿色产业，促进传统产业绿色化。培育农业主导产业，打造具有市场竞争力的农业品牌。坚持因地制宜，充分挖掘、培育和产业化推进本地特色优势农业资源，可持续性地深度开发利用区域内的民族县、边境县、牧区县等特色县域资源。深化三产融合，实现全产业链格局。激发农业产业实体经济的活力，推进第二、第三产业的经营主体参与涉农产业。借鉴"第六产业"理论，以提升农产品品质和附加值为目标，通过循环农业、农产品精深加工、订单农业、农超对接等方式，推进农业价值链向纵向延伸的相合发展；推进"农业+"战略，通过大力发展智慧农业、共享农业、创意农业、康养农业等新业态，实现农业与旅游业、农业与文创产业的相融发展；形成"从种子到舌尖"的一体化监管体系。

第三，推进农业供给侧结构性改革。推进土地、资本、人才要素和科技创新要素供给与优化配置，积极培育农产品市场。查补短板，降低要素成本，提高农林牧渔业产业效率。补足严重制约现代农业产业发展的农村人力资本短板，优先发展农村教育，扎实开展农民教育培训，消除农村劳动力文盲问题。优化生产投入要素的结构，提高投入要素的利用率，有效降低农林牧渔业中间消耗，积极推动低成本、高效益的现代农业体系建设与发展。深入开展"放管服"改革，对标国际一流营商环境，加快构建法治化、国际化、便利化的涉农产业营商环境，为推进工商资本下乡，促进农业产业振兴提供良好的平台和环境。

二、生态宜居：西部地区乡村生态文明

生态文明是人类文明发展的新阶段。实现中华民族生态文明是经济社会发展模式的必然趋势。西部地区乡村生态文明建设需要注重资源节约利用，重视生态工程建设，重视环境污染治理，着力建设天人和谐的美好家园，着力建设安全可靠的生态屏障，形成人与自然和谐发展的现代化建设新格局。

第一，积极推进农业绿色发展。推进农业绿色发展，是经济高质量发展与农业可持续发展的核心基础，是实现乡村振兴的根本路径，是新时代实施健康中国战略和实现美丽中国目标的重要抓手。农业绿色发展不是农业回归"自然农法"，而是以乡村振兴为目标，以农业供给侧结构性改革为主线，通过制度和技术创新，增品种、提品质、创品牌。充分考虑不同地域现代农业的发展在自然资源禀赋、农业科技水平、农业建设资金、市场供求关系、劳动力状况和生产制度等方面的差异性，从工业化与城镇化两大推力、科技创新和制度创新两大动力、按阶段和按地区两套思路提出促进建设经济高效、生态安全、资源节约、环境友好现代农业的重大工程和重大政策。

第二，积极推进农村人居环境治理。健全农村环境管理体制，明确各部门职责。改变经济增长的考核指标，推进GEP（gross ecosystem product，生态系统生产总值）和GDP的双重考核方式，在强调经济增长和农民增收的同时，更加注重保护生态环境和打造宜居的生活环境（贾若祥，2019）。制定科学合理的农村环境治理规划，以提高人民生活质量为目标，将村庄自身的发展特色和长远规划结合起来，根据村庄不同的发展水平、资源禀赋和村民的意愿制定规划，在尽量保留原有乡土风貌的前提下进行治理，建设生态与经济共同发展的农村人居环境。

第三，积极推进农村生态环境治理。落实生态环境保护措施，遵循人与自然和谐发展原则，以建设优美环境带动乡村其他领域的发展，实现"生态振兴"。深入探索一套科学有效的治理体系，不断拓宽环境政策覆盖的领域，全面调动公民共同参与到环境保护行动中，强化党的基层组织建设，厘清农村环保部门机构的职责分工，创新农村生态环境保护工作机制。

三、乡风文明：西部地区乡村文化发展

西部地区是我国少数民族主要聚居区，少数民族人口占全国少数民族总人口的71.46%，西部地区地级民族自治区域个数占全国的96%（表0-6）。西部大开发涉及40余个少数民族，各少数民族都有各自的传统文化，有些还是跨境民族。因此，加强对少数民族文化保护，不仅有利于推进西部大开发战略性目标，也是关乎国家的文化安全和少数民族地区社会稳定的大计。

表0-6 各地区自治区数量和人口所占比例

地区	西部地区	东部地区	中部地区	东北地区
地级民族自治区域个数所占比例	96%	0	3%	1%
自治区人口所占比例	89%	1%	6%	4%
自治区少数民族人口所占比例	88%	1%	8%	3%

资料来源：《中国统计年鉴（2018）》

第一，突出西部地区资源型文化产业优势，实现区域联动发展。西部地区农村资源型文化产业不论在发展水平上还是在发展速度上都处在较高水平，但其主要问题在于区域内部发展不平衡。因此，西部地区需要突出优势资源，发挥资源型文化产业的辐射效应。对西部地区农村而言，资源型文化产业主要集中在四川、重庆和云南等几个旅游大省（区、市）。可以充分发挥这些省（区、市）在资源型文化产业上的优势，带动诸如贵州、西藏及甘肃等地相关产业的发展。另外，实现优势互补和跨区合作，实现区域联动发展。西部地区覆盖范围广泛，北到内蒙古，南达广西，西至新疆、西藏。区域内虽然资源型文化产业发展水平不一致，但各有其地域和民族特色。在打造文化产业发展模式上，可以实现跨区的优势互补。以旅游业为例，西北地区和西南地区的自然人文景观造就了这两大区域各具特色的旅游产业。

第二，重聚西部地区农村创意型文化产业发展优势条件。西部地区农村的创意型文化产业在城市相关产业发展和东部地区引领的情况下，其优势已丧失，尤其是在创意型文化产业受时代潮流影响的情况下，显得与西部地区农村"格格不入"。首先，立足农村，体现农民需求，寻找创意性文化产业的突破口。西部地区农村地域广袤，民族特色和地域特色十分明显，能够发掘的文化素材多种多样，如民俗节庆、非遗文化、民间艺术、风土人情等均可以作为农村打造的创意性文化产业。其次，创造条件，依托城市发展，打造创意型文化产业链。最后，着力实现农村创意型文化产业的品牌影响力，针对西部地区的特色形成品牌形象，使其具有鲜明的代表性和区分度，实现农村文化产业向高层次水平发展。

第三，把握西部地区农村制造型产业发展的新契机。西部地区农村制造型文化产业发展相对滞后，因此，需要把握农民工回流和产业结构转移两大新契机，立足西部地区农村本土特色，结合农村的切实需求，开展有特色的制造型文化产业，使其成为推动西部地区农村文化产业发展的新出路。

四、治理有效：西部地区乡村治理体系

从"三治"（自治、法治、德治）有机融合到"三治"相结合，标志着中国特色社会主义社会治理体系进入新时代。充分发挥自治章程、村规民约、居民公约在城乡社区治理中的积极作用，弘扬公序良俗，促进自治、法治、德治有机融合。积极创新基层社会治理理念和模式，推进"自治、法治、德治"建设，不断探索基层社会治理的有效路径。

第一，推进自治建设。回归农民主体性地位，协调多元治理主体间矛盾。坚持农民的主体地位，尊重群众首创精神，集中农民群众的智慧，调动农民群众积极性、主动性和创造性。重塑农村基层组织，构建多方社会组织联动网。在完善社会组织方面，培育和健全农村各类群体组织，积极培育多种社会、草根组织，发展由地域性、血缘性等建立起的文化社会组织。扭转"集体性"弱化趋势，提升农村基层组织力。

第二，推进法治建设。通过"软法律"完善法治，将软法治理引入乡村治理的实践中，并且形成软法治理的参与机制、约束机制及衔接机制，弥补多元主体参与治理的困境。树立农村法治权威，公平处理"人情、关系"案件，建立合理合规的监督秩序，保

证法律公正性。从村民角度出发，引导村民理性认知法律的重要性和公正性，要抛弃特权思想，才能真正实现法制治理。转变法律服务方式，推行"驻村法官"，真正实现法官主动为村民服务，设立日常询问、走访、开设普法讲堂等工作机制；建立"矛盾纠纷理事会"，补充解决法律无法解决的小纠纷、小矛盾，做到"小事不出村"；创新法治教育方式，提高农民法治意识。改变普法形式、创新普法途径已成为提高农民法治意识的重要环节。

第三，推进德治建设。加强思想道德教育，针对不同年龄阶段的不同群体，采取不同的形式和手段，扩大道德宣传的覆盖面，增强道德教育的渗透能力。改变农民思想观念，增强道德修养。坚持以人为本的发展思想，将时代培养新人的要求与农民实际生活问题结合。弘扬榜样力量，用身边人和事引导群众，实现农民群众自我教育与提升。构建与时俱进的乡村文化体系，充分发挥基层党组织的核心作用，建立完善农村基层德治，落实自治组织的德治责任。继承和弘扬中华优秀传统文化，在传承的基础上结合时代发展，对其进行创新，真正实现能让群众接受且内化于心。发挥道德模范引领作用，树立好、宣传好新乡贤典型，用榜样的力量激励群众身体力行遵守道德规范，用乡贤的言行垂范乡里，用乡贤的智慧解决乡土治理问题。发挥乡规民约等非正式制度在德治中的作用，约束和惩治失德、失信、失范行为，大幅增加不道德行为的成本。建立农村思想道德评议机制，选举产生农民思想道德评议委员会，制定道德评议标准，明确道德评议内容并定期进行评议，公布评议结果和督导整改情况。

五、生活富裕：西部地区乡村民生保障

农村居民生活富裕是乡村振兴的总要求之一。积极促进西部地区农村居民收入增长，增进民生福祉，做好精准扶贫与乡村振兴的有机衔接，不断提升居民的获得感、幸福感、安全感。

第一，增加西部地区农村居民工资性收入。紧抓乡村振兴重大机遇，大力培育和发展西部地区乡村产业，推进现代种植、养殖产业发展，鼓励乡村观光、旅游业快速发展，促进乡村产业链条构建和完善。以西部地区各地农村具体禀赋条件为基础，引导农村因地制宜地发展非农经济，为农村居民获得工资收入创造条件。做好返乡农民工就业、创业支持工作，在工商税务、生产设施、技术、人力资源政策等各方面支持返乡农民工创业或就近就业。推动农村有关家庭支持的社会服务快速发展，如留守儿童看护和教育、农村养老等，解决农村居民参与非农就业的后顾之忧。

第二，提升农村劳动力质量。加大农业生产有关技术的宣教、推广力度，鼓励农村居民参与各类经济合作组织，了解和吸收有关农业生产、经营经验。加快培育新型职业农民和农业职业经理人，建立完善新时代农业劳动者素质提升体系。加大西部地区农村吸引人才、留住人才的政策倾斜力度，让能够助力西部地区农村经济发展的各类、各层次人才愿意去、留得住。合理引导、鼓励有技术和经验的返乡务工人员带动农村居民创业就业，增加当地农村居民劳动素养，增加劳动就业技能。

第三，加强基础设施建设，因地制宜精准施策。依托农村公用基础设施硬件建设及

扶贫搬迁等政策,加大贫困地区基础设施建设。因地制宜地选准扶贫项目,分析贫困地区的比较优势,采取不同的帮扶措施、制订相应的脱贫计划、实施相应的扶贫项目。在扶贫项目选择上,坚持市场导向及利用贫困地区丰富的自然资源,因地制宜地找准优势产业。对不同的贫困户,在帮扶措施上要因户施策、因人施策、因势利导,确实保证因户、因人施策项目对贫困人口的瞄准,进一步细化措施,引导和鼓励贫困户广泛参与扶贫项目决策和实施,确保对贫困户的精准识别,实现对贫困户的精准帮扶,保障贫困户的精准脱贫。

六、西部地区农业的开放发展

通过对内和对外改革开放、合作交流,西部地区整合与优化配置地区资源,充分发挥资源禀赋和区位优势,强化资源型农业产业布局导向,农业优势特色产业得到开发扶持与发展,农业结构调整更趋合理;通过城乡统筹、城乡融合与城乡一体化发展,促进要素更多地向乡村流动,助力乡村振兴。

第一,努力促进东部地区、中部地区、西部地区协调互动。以市场为导向,打破行政区划的局限和市场分割,引导和支持东部地区、中部地区各类生产要素向西部地区跨地区、跨行业、跨所有制流动,引导东部地区、中部地区涉农企业向西部地区转移。加强人才开发、技术合作、信息交流等领域的区域合作。积极承接东部地区产业转移,加强西部地区与其他地区的交往、交流和交融。打造一批国家级特色产业园区和基地,推动西部地区各省(区、市)与其他省(区、市)合作共建产业园区,探索发展飞地经济。

第二,重新定位西部内陆型沿边地区国际分工地位取向。建立开放型经济,以经济全球化和国内统一大市场为前提,切实遵循比较优势原则,有所为,有所不为。积极引进外部的资本、技术和制度,配置新的产业,改造传统产业,建立现代经济结构,在开放中实现发展和赶超(贾若祥,2019)。改变内陆型沿边地区的末端地位,将"向内"看齐的思维模式转为"向外",将全国交通网的边缘和经济循环的末梢变成对外经济交流的枢纽,为边疆经济的发展注入强大活力。规划建设若干边贸互市和边境小额贸易区域,建设经贸合作园区。通过编制西部开发战略产业目录,加大对西部地区急缺产业的招商引资。鼓励企业抱团"走出去",形成对外投资的产业园区。

第三,积极推进农业"走出去"战略,加快建设持续、稳定、安全的农产品全球供应链,充分发挥涉农企业在农业对外开放中的主体作用,利用财政、金融支持等政策措施,鼓励各类企业在"一带一路"倡议沿线重构农业的价值链和产业链。根据本地实际情况,利用比较优势,调整和优化农产品出口结构,构建以劳动密集型的农产品及农副产品为主的农产品出口体系。从我国国情出发,保障国内粮食基本自给自足,适度进口棉花、大豆等资源型农产品,弥补我国土地资源的不足。

参 考 文 献

陈刚. 2015-10-23. 创新创业后发赶超的贵阳实践. 人民日报,(17).

陈瑞莲，谢宝剑. 2009. 回顾与前瞻：改革开放30年中国主要区域政策. 政治学研究，（1）：61-68.
陈小玮. 2018a. 在崛起中腾飞 西部改革开放四十年. 新西部，（31）：4-13.
陈小玮. 2018b. 顶云经验四十年. 新西部，（28）：11-16.
胡浩，魏后凯，晏世琦. 2015. 中国西部城镇化的空间格局优化研究. 开发研究，（5）：1-7.
胡丽华. 2018-12-28. 彰显贵州创造精神 激发深化改革力量. 贵州日报，（6）.
黄承伟. 2018-08-26. 中国特色扶贫开发道路不断拓展. 人民日报，（5）.
贾晋. 2018. 四川农业农村改革的回顾与展望. 四川党的建设，（5）：40-41.
贾若祥. 2019. 如何在新时代推进西部大开发加快形成新格局. 中国发展观察，（8）：5-8.
刘畅. 2019. 一带一路背景下我国西部农村地区的经济研究. 中国管理信息化，22（3）：113-115.
刘刚，沈镭. 2007. 1951~2004年西藏产业结构的演进特征与机理. 地理学报，（4）：364-376.
邵夏珍. 2015-12-16. "增人不增地、减人不减地"与"长久不变". 光明日报，（13）.
宋萌，刘涵. 2017. 借助"一带一路"推动西部大开发. 人民论坛，（31）：106-107.
宣晓伟. 2019. 西部大开发的新征程. 中国发展观察，（8）：9-11.
许竟. 2018-09-03. 国家发改委：西部贫困人口年均减少25.5%. 中国城市报，（3）.
杨文凤，杜莉，朱桂丽. 2015. 基于产业演进的西藏产业发展路径分析. 农业现代化研究，36（5）：741-747.
国家统计局. 2019-04-30. 2018年农民工监测调查报告. 中国信息报，（2）.
张洪瑞. 2019. 20年，西部大开发带来了什么? 中国报道，（3）：44-47.

第一章　产业兴旺：西部地区乡村产业发展

推动乡村产业发展，是实现乡村振兴的经济前提与基础。西部地区的乡村产业发展具有显著有别于东部地区和中部地区的独特环境条件和要素约束。西部地区的农业自然地理资源、现代农业生产技术和农村人力资本等基础条件，根本性地决定乡村产业的主导产业，即农业产业的发展历程及趋势。西部地区的农业产业发展，主要在农林牧渔业的产业格局、产业发展效率及产业发展成本等方面具有明显的西部"特色"和区域内的省域差异，进而直接为西部地区进一步推动乡村产业发展、实现乡村产业兴旺提供决策参考。

第一节　西部地区乡村产业发展的基础条件

一、独特的农业自然地理资源

西部地区地域广袤，跨越多个经度和维度，拥有非常丰富但分布不均的自然资源、复杂多变的地理和气候条件，并且毗邻多个国家。这些独特的自然地理条件，决定并形成了显著有别于东部地区和中部地区的农业产业格局。

（一）农用地资源丰富

农用地资源主要包括耕地、园地、林地和草地等类型。截至 2017 年，西部地区的农用地数量及其主要类型构成如表 1-1 所示。从表 1-1 中可以看出，西部 12 省（区、市）拥有的农用地数量为 42 420.55 万公顷，占全国农用地总量的比重达到了 65.78%。在西部地区拥有的农用地资源中，草地的数量规模最大，占全国草地资源总量的比重为 99.17%；林地次之，占全国林地总量的比重为 55.78%；耕地数量为 5 000 万公顷，占全国耕地总量的 37.37%。

表 1-1　2017 年西部地区的农用地情况

地区	农用地总量	农用地主要类型				
		耕地	园地	林地	草地	其他
全国/万公顷	64 486.36	13 488.12	1 421.42	25 280.19	21 932.03	2 364.6
西部地区/万公顷	42 420.55	5 040.89	567.54	14 102.13	21 750.56	959.45
西部地区占全国比重	65.78%	37.37%	39.93%	55.78%	99.17%	40.58%

资料来源：根据《中国农村统计年鉴（2018）》整理计算

西部地区的农用地总量规模很大，但农用地类型结构不均衡。其中，草地占西部地区农用地总量的51.3%，林地占33.2%，耕地仅占11.9%（图1-1）。西部地区的耕地构成又主要以旱地为主，所占比例高达57.9%，水田和水浇地两项之和的所占比例仅为42.1%，具体构成如图1-2所示。

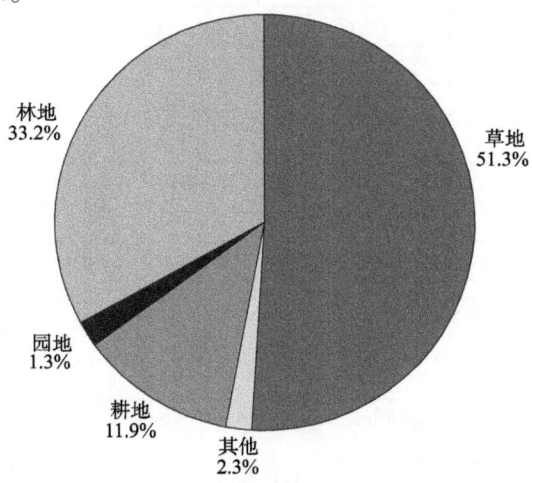

图1-1 西部地区的农用地面积构成

资料来源：《中国农村统计年鉴（2018）》

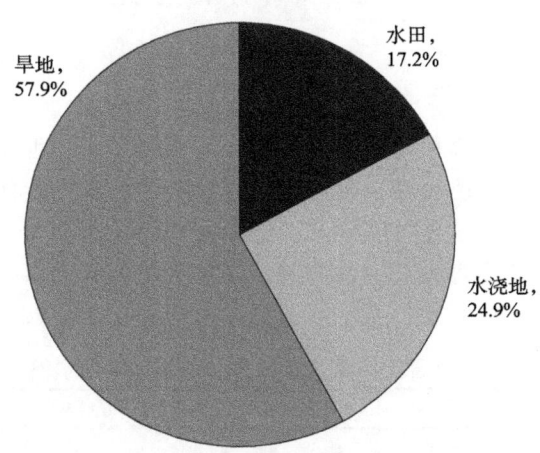

图1-2 西部地区的耕地面积构成

资料来源：《中国农村统计年鉴（2018）》

从省域来看，2017年，西部地区12省（区、市）中，农用地数量规模最大的是西藏，占西部地区农用地总量的20.56%；内蒙古和新疆次之，所占比例分别为19.54%和12.19%。在农用地的面积构成中，绝大部分草地集中分布在西藏、内蒙古、青海和新疆，4省（区）的草地占西部地区草地总量的比重在90%以上；林地也较集中地分布于内蒙古、云南、四川、西藏和广西，所占比例近70%；耕地则相对分散，主要分布在内蒙古、四川、云南、甘肃和新疆，以及贵州和广西，内蒙古、四川和云南的耕地所占比例分别为18.39%、13.34%和12.33%（表1-2）。

表1-2 2017年西部地区农用地及其主要类型的省域构成

省（区、市）	农用地数量	耕地	园地	林地	草地
内蒙古	19.54%	18.39%	0.99%	16.47%	22.76%
广西	4.60%	8.70%	19.04%	9.43%	0
重庆	1.66%	4.70%	4.77%	2.74%	0.02%
四川	9.93%	13.34%	12.81%	15.71%	5.04%
贵州	3.47%	8.96%	2.86%	6.33%	0.03%
云南	7.76%	12.33%	28.69%	16.31%	0.07%
西藏	20.56%	0.88%	0.03%	11.36%	32.50%
陕西	4.38%	7.90%	14.38%	7.92%	1.00%
甘肃	4.37%	10.67%	4.51%	4.32%	2.72%
青海	10.63%	1.17%	0.11%	2.51%	18.76%
宁夏	0.90%	2.56%	0.88%	0.54%	0.69%
新疆	12.19%	10.39%	10.94%	6.35%	16.42%

资料来源：根据《中国农村统计年鉴（2018）》计算；由于舍入修约，数据有偏差。

西部地区的农用地资源及其构成情况表明，草地畜牧业在西部地区的农业产业格局中占有主导地位，基于林地综合开发利用的林产品及林下经济产业次之，也具有一定的土地资源优势，农作物种植产业主要集中于内蒙古、四川、云南、甘肃及新疆等省（区、市）。

（二）特色县域资源丰富

县级区域是农业产业发育和发展的主要载体与要素来源。西部12省（区、市）拥有大量独具自然地理条件的特色县域，具有发展相应特色农业产业的丰富资源基础。西部地区的特色县域，主要在牧区县、民族县、边境县、山区县和黄土高原县等5类特色县域资源方面占有绝对数量优势。其中，西部地区拥有全国绝大多数的牧区县、民族县和边境县资源，拥有的山区县和黄土高原县也超过了全国同类县域资源的半数（表1-3）。

表1-3 西部地区特色县域占全国同类县域的比例

指标	牧区县	民族县	边境县	山区县	丘陵县	平原县	黄土高原县
县个数所占比例	86.4%	90.3%	78.4%	56.3%	42.0%	27.8%	53.3%
县域土地面积所占比例	95.9%	96.8%	91.3%	75.7%	71.7%	72.9%	62.7%
实有耕地面积所占比例	59.6%	88.6%	62.6%	48.7%	38.6%	17.7%	59.5%

资料来源：根据《中国西部农村统计资料（2005）》整理。

从表1-3可以看出，首先，西部地区拥有全国90%以上的民族县，而且县域所辖土地面积占全国民族县土地面积总量的96.8%，县域内实有耕地面积所占比例也高达88.6%。丰富的民族特色县域资源，往往是无法复制的稀缺市场资源，这将极大地促进西部地区各类乡村民族特色产业的发展和壮大，并具有无可比拟的市场优势。

其次，西部地区的牧区县个数占全国牧区县总量的86.4%，县域所辖土地面积占到全国牧区县土地面积总量的 95.9%，县域内实有耕地面积也占到了 59.6%。可见，西部地区几乎拥有了全国畜牧产业发展的草畜资源。随着社会经济的发展和人们食品消费结构的转型升级，西部地区的畜牧产业将是推动西部地区乡村产业发展的中坚力量。

再次，西部地区拥有 105 个边境县，占全国边境县个数的 78.4%，县域所辖土地面积所占比例则高达 91.3%。西部地区的内蒙古、新疆、西藏、云南和广西毗邻多个国家，边境线漫长，为发展边贸产业提供了得天独厚的条件和资源。目前，与西部地区接壤的国家基本上都是欠发达国家，西部地区边境县的边贸产业发展潜力还有待继续培育和进一步挖掘。但是，随着"一带一路"倡议的深度推进，西部地区边境县的边贸产业发展必将迎来巨大的提升空间，极大地拉动边境县县域内的乡村产业快速发展。

此外，西部地区拥有全国超过半数的山区县和黄土高原县，县域内实有耕地面积所占比例也分别高达 48.7%和 59.5%。山区县和黄土高原县往往不具有粮食类和经济作物类产业发展的自然条件，但在发展林果业及林下经济产业方面具有较明显的优势。

相比之下，西部地区的丘陵县和平原县县域资源较少，尤其平原县县域资源明显不足。西部地区的平原县个数仅占全国总数的 27.8%，县域所辖土地面积占全国平原县土地面积的比重高达 72.9%，但县域内实有耕地面积仅占 17.7%；丘陵县实有耕地面积所占比例仅为 38.6%。这表明，西部地区的优质耕地资源比较稀缺，从而在一定程度上会制约农作物种植业及相关产业的发展。农业产业方面的相关数据也显示，西部地区的粮棉县数量仅占全国粮棉县总数的 18%。

（三）自然灾害频发

由于地域广阔，地理气候等自然条件复杂多变，西部地区农业发展遭遇的自然灾害较为频繁，一定程度上威胁着受灾地区的农业产业发展。自 1990 年以来，西部地区自然灾害导致的受灾面积和成灾面积总体上均呈下降趋势，但受灾面积和成灾面积占全国同类指标的比重呈上升趋势（图 1-3）。从图 1-3 可以看出，西部地区遭受自然灾害的受灾面积和成灾面积均在 2000~2010 年达到最高，然后出现显著下降，而且这两项指标在 2017 年均达到了自 1990 年以来的最低值。这表明，西部地区的自然灾害有减少的趋势，或者是抵抗自然灾害的能力得到了显著提升，从而有利于农业生产的发展。但是，西部地区遭受自然灾害的受灾面积和成灾面积占全国同类灾害的比重均呈上升趋势并在 2017 年达到最高值，分别为 46.08%和 39.51%。

从图 1-3 还可以看出，西部地区自然灾害导致的成灾面积占受灾面积的比重，从 1990 年的 46.9%上升到 2017 年的 58.1%；同时，成灾面积的下降速度要远小于受灾面积的下降幅度。因此，在西部地区，自然灾害发生即会产生直接灾害损失的问题比较突出，灾害对农业生产的危害程度依然比较高。

具体来看，西部地区遭受的自然灾害类型，主要有旱灾、涝灾、风雹灾和霜冻灾等。这 4 种自然灾害导致的受灾面积和成灾面积中，旱灾导致的受灾面积和成灾面积最大，然后依序为水灾、风雹灾和霜冻灾。总体而言，这 4 类自然灾害导致的受灾面积和成灾面积自 1990 年以来均出现了大幅下降。2017 年，西部地区的不同类型自然灾害发生情况如图 1-4 所示。从图 1-4 中可以看出，旱灾导致的受灾面积和成灾面积均最大，分别

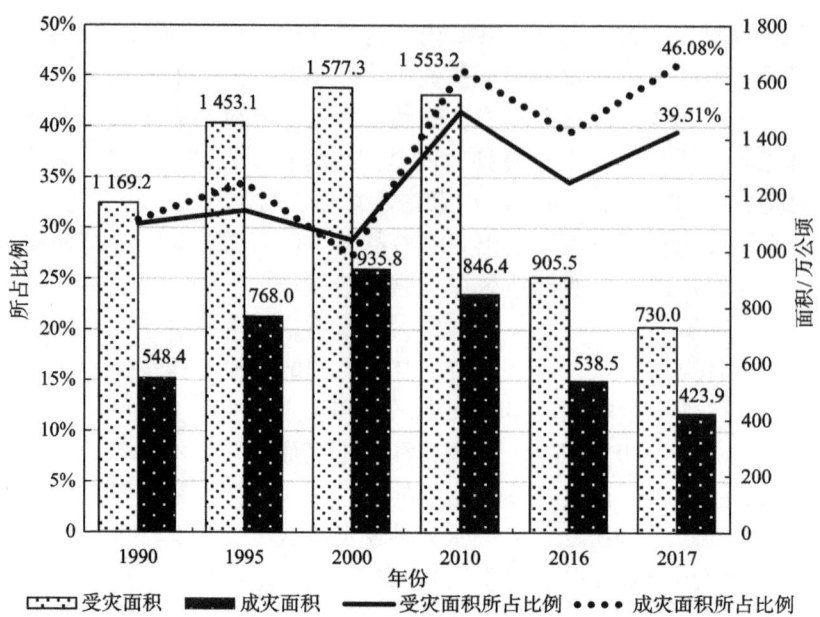

图 1-3　西部地区自然灾害发生面积及占全国的比重情况

资料来源：《中国农村统计年鉴（2018）》

为 484.57 万公顷和 274.01 万公顷，成灾面积占受灾面积的比重为 56.55%；水灾、风雹灾和霜冻灾的成灾面积占受灾面积的比重分别为 55.15%、65.65% 和 70.53%。

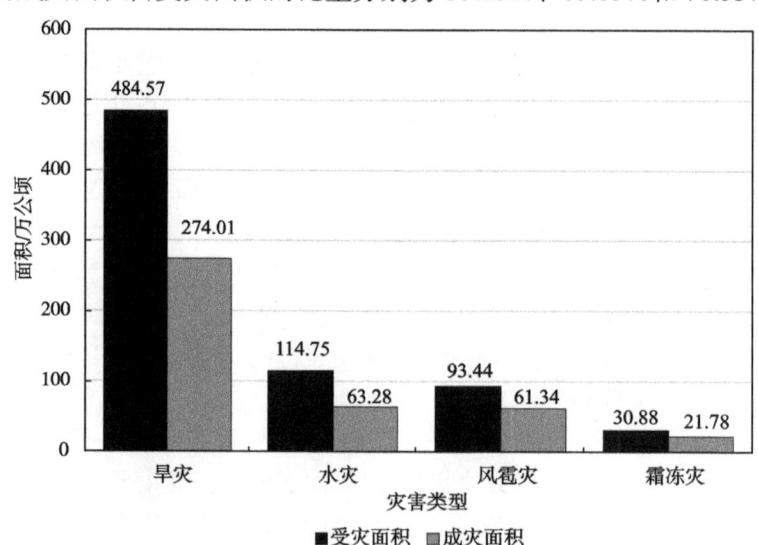

图 1-4　2017 年西部地区的不同类型自然灾害发生情况

资料来源：《中国农村统计年鉴（2018）》

二、现代农业生产技术条件较薄弱

现代农业生产离不开现代技术条件支持。当前，重要的农业生产技术条件主要是农药、化肥、农业机械等农业生产要素的应用和推广普及，以及农田水利等农业基础设施建设。长期以来，我国农业产出的提升主要表现为数量的增加，其实现途径基本完全依赖于化肥、农药等各类现代生产要素的持续大量投入，以及农业生产基础设施的改善，而农业劳动力的教育、生产技能等素质提升则相对缓慢。因此，农业生产要素投入在数量、强度方面的差距或差异，往往决定了西部地区农业生产与全国其他地区的差距或差异，即在一定限度内，生产要素投入越多，尤其投入强度（单位农地面积上的要素投入数量）越大，则农业生产条件优势越明显，相应地，农业产出水平越高。

（一）农业生产投入要素

西部地区农业生产投入要素的使用，主要是化肥的施用。在总量方面，西部地区的化肥施用量（折纯量），从 1990 年的 570.8 万吨显著地增长到 2017 年的 1 786.3 万吨，增长 2 倍多[①]。在化肥施用结构方面，1990~2017 年，钾肥和复合肥的增长极为突出，增幅分别达 5 倍多和 7 倍多（图 1-5），很大程度上优化了化肥施用结构；相比氮肥施用量，钾肥和磷肥的施用量依然较低。此外，农用柴油的使用量也有显著增加。

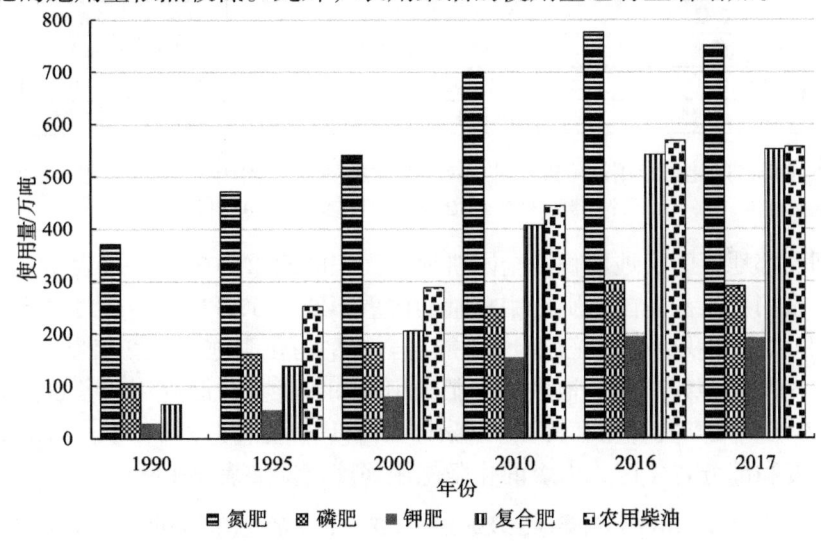

图 1-5　西部地区的化肥（折纯）、农用柴油使用情况
1990 年的农用柴油数据缺失
资料来源：《中国农村统计年鉴（2018）》

与全国化肥施用量水平相比，1990~2017 年，西部地区的化肥施用量（折纯量）及主要化肥种类占全国同类化肥施用总量的比重情况如图 1-6 所示。在化肥施用总量（折纯量）方面，西部地区施用量占全国的比重由 1990 年的 22.04%增加到 2017 年的 30.49%，增加约 8 个百分点。在化肥施用结构方面，西部地区的磷肥施用量占全国磷肥施用总量的比重自 1990 年以来的增幅最大，到 2017 年增加近 14 个百分点；氮肥和钾肥次之，均增加近 12 个百分点；施用量所占比例增幅最小的是复合肥，仅增加不到 5 个百分点（图 1-6）。

---

① 数据来源于《中国农村统计年鉴（2018）》。另外，需要指出的是，本章引用的数据，如无特别注明，均源于《中国农村统计年鉴（2018）》。

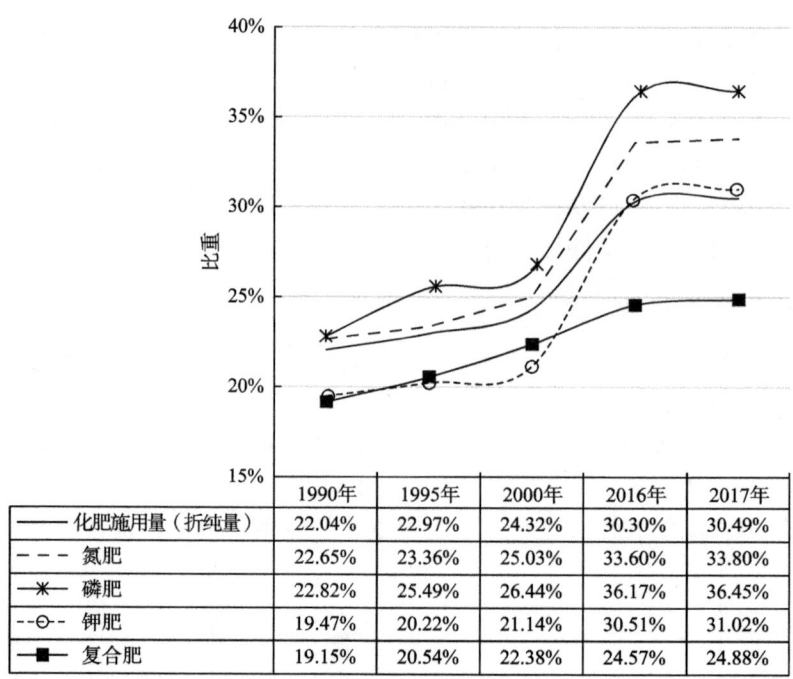

图 1-6　西部地区的化肥施用量（折纯量）及主要化肥种类占全国同类化肥施用总量的比重情况
资料来源：根据《中国农村统计年鉴（2018）》计算

考虑到西部地区的耕地面积占全国耕地总面积的比重为 37.37%（表 1-1），如果西部地区的化肥施用总量占全国化肥施用总量的比重不低于 37.37%，那么西部地区的化肥施用强度（单位耕地面积的化肥施用量）才能与全国平均化肥施用强度相当。但是，从图 1-6 可以看出，1990 年以来，西部地区的化肥施用量和分种类化肥施用量各自占全国的比重均低于 37.37%，尤其复合肥和钾肥的施用量所占比例更低。2017 年，西部地区的平均化肥施用强度和部分省（区、市）的化肥施用强度情况如表 1-4 所示。

表 1-4　2017 年西部地区及部分省（区、市）的化肥施用强度　单位：千克/公顷

地区	化肥施用量（折纯量）	氮肥	磷肥	钾肥	复合肥
全国平均施用量	434.40	164.72	59.13	45.94	164.61
西部地区平均施用量	354.24	148.96	57.65	38.09	109.54
广西的施用量	601.04	173.22	70.66	133.11	224.05
陕西的施用量	582.74	225.97	46.70	61.01	249.06
新疆的施用量	478.47	209.18	123.86	38.93	106.50
重庆的施用量	402.56	199.17	71.31	23.21	108.87

资料来源：《中国农村统计年鉴（2018）》

从表 1-4 可看出，西部地区的化肥平均施用强度均低于全国平均施用强度，尤其复合肥、氮肥和钾肥的差距最大，表明西部地区的化肥施用结构可能有待进一步优化。但从西部地区 12 省（区、市）的差距来看，部分省（区、市）的施用强度要远高于全国平均施用强度。其中，广西单位面积耕地的化肥施用量在西部地区是最高的，同时也大幅

高于全国平均施用强度；陕西、新疆和重庆的化肥施用强度次之。

除了化肥以外，重要的现代农业生产投入要素还有农药、农膜（农用塑料薄膜）和农用柴油等物质。西部地区的农膜使用量，从1995年的22万吨增长到2017年的98万吨。其中，地膜使用量在2017年达73万吨，比1995年增加56万吨，地膜覆盖面积在2017年突破1 000万公顷。西部地区的农膜使用量占全国农膜使用总量的比重在2014年达38.9%，其中，地膜使用量和地膜覆盖面积占全国的比重均超过50%。西部地区的农用柴油使用量自1995年以来也实现翻番，于2017年达557.3万吨（图1-5），占全国农用柴油使用量的26.6%，但单位面积耕地的农用柴油使用量要低于全国平均水平。在农药施用方面，西部地区的使用总量于2017年达35.1万吨，相比1995年使用量增加近20万吨。但是，2017年西部地区的农药使用量占当年全国农药使用量的比重仅为21.2%。

（二）农业机械化水平

现代农业生产的标志性技术条件之一，就是实现农业机械化。从20世纪70年代开始，我国曾明确地致力于实现全国农业机械化目标。但随着家庭联产承包责任制的确立，耕地细碎化的小规模农户经营拖缓了我国农业机械化进程。直到20世纪90年代中后期，带有相当程度的市场自发性的农业机械化进程才开始逐渐加快。于西部地区12省（区、市）而言，由于牧区县、山区县和黄土高原县的比重较高，客观上制约了农业机械化水平的提高。2017年，西部地区的农业机械总动力为27 121.5万千瓦，比1990年增加3.6倍。但是，西部地区拥有的农业机械总动力占全国农业机械总动力的比重一直较低，1990年仅为20.57%，到2017年也仅提高到27.16%，远低于西部地区的耕地占全国耕地总面积的比重（37.37%）。

西部地区拥有的农业机械主要有四大类。一是耕种牵引力类农业机械，主要包括大中型拖拉机和小型拖拉机。自1990年以来，西部地区拥有的这两类农业机械均获得了较显著的数量增加：大中型拖拉机数量从20.3万台增加到2017年的238万台，小型拖拉机数量则从152.3万台增加到2017年的310.1万台。到2017年，西部地区拥有的大中型拖拉机和小型拖拉机这两类农业机械数量占全国同类机械总量的比重分别为35.52%和18.98%，相比之下，小型拖拉机的数量严重偏少（图1-7）。而且，西部地区的耕地面积占全国耕地面积总量的37.37%（表1-1），因此，西部地区单位耕地面积的拖拉机数量要低于全国平均水平，尤其小型拖拉机的单位耕地面积拥有量更低。

二是耕种农具类农业机械，主要包括大中型拖拉机配套农机具和小型拖拉机配套农具。西部地区拥有的这两类农业机械，自1990年以来实现稳步增加。尤其是西部地区拥有的大中型拖拉机配套农具从1990年的20万部激增到2017年的336.6万部，其占全国大中型拖拉机配套农具的比重在2017年达31.46%，比1991年高出近10个百分点。这表明，适用于大中型农业机械耕种的规模化种植产业的农业机械化水平得到显著提升，生产技术水平得到较大提高。同时，小型拖拉机配套农具从1990年的108.9万部增加到2017年的491.2万部。

三是农作物收获类农业机械，主要包括联合收获机和机动脱粒机等。西部地区拥有

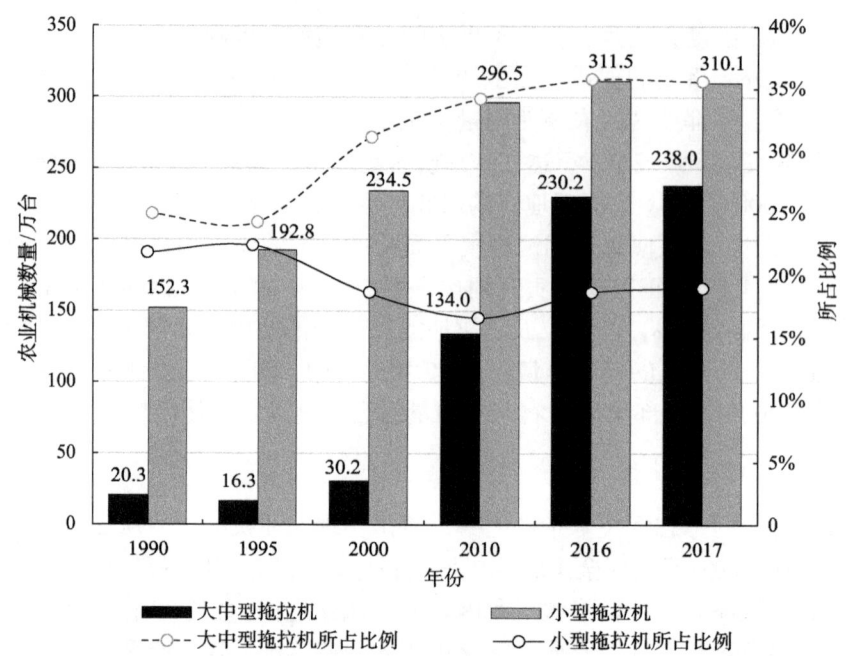

图 1-7　西部地区拥有的农业机械数量及其占全国同类农业机械总量的比重
资料来源：《中国农村统计年鉴（2018）》

的联合收获机台数要远远少于机动脱粒机台数。1990 年，西部地区拥有的联合收获机数量仅为 0.8 万台，拥有的机动脱粒机数量为 34.7 万台；到 2017 年，联合收获机的数量增加到 20.9 万台，而机动脱粒机的数量则增加到 556.8 万台。1990~2017 年，西部地区拥有的联合收获机数量虽然有较大幅度的增加，但其占全国联合收获机总量的比重则从 20.66% 下降到 10.53%。考虑到西部地区的耕地面积占全国耕地总面积的 37.37%，基于联合收获机使用的相关种植业产业在收获环节的机械化水平，西部地区要落后于全国平均水平。

四是农业生产中的排灌类农业机械，主要包括农用排灌柴油机、农用排灌电动机、农用水泵和节水灌溉机械。西部地区拥有的该类农业机械数量，自 1991 年以来也显著增加。但这 4 类农业机械中，前 3 类均为排灌或抽水类动力机械，属于技术含量较低的农用机械，其中农用水泵的增长较为显著，从 1990 年的 78 万台增加到 2017 年的 476.3 万台。相比之下，节水灌溉机械则具有较高的现代农业技术含量，是发展现代可持续农业，尤其是水资源稀缺旱作农业地区发展现代农业必不可少的农业机械装备。1990~2017 年，西部地区拥有的节水灌溉机械从 2.4 万套增加到 44.2 万套，增加近 18 倍；但从绝对拥有量来看，西部地区的节水灌溉机械数量很少，还远不能满足西部地区尤其区域内干旱、半干旱省（区、市）的现代农业发展需求。

此外，西部地区的国有农场在耕种收环节的机械化水平较高，农业种植养殖产业的生产技术条件较优、技术水平较高。截至 2017 年末，西部地区拥有国有农场 686 个，占全国国有农场总数的 39%；国有农场实有耕地面积 260 万公顷，占全国国有农场耕地面积总数的 40.39%；农业机械总动力 985.5 万千瓦，大中型拖拉机 9.5 万台，农用载重汽车 3.3 万台，分别占全国国有农场同类农业机械总量的 32.6%、42.8% 和 40.0%。

（三）农田水利建设

农田水利是确保农业生产"旱涝保收"、高标准农田建设及保持耕地土壤生产力水平的重要先决条件，而农田水利建设的直接成果是可灌溉耕地。1990 年以来，通过农田水利建设，西部地区的耕地灌溉面积实现了持续增加，到 2017 年耕地灌溉面积达 1 990.37 万公顷，比 1990 年增加 700 多万公顷，占全国耕地灌溉面积总量的比重由 1990 年的 26.76%增长到 29.35%，如图 1-8 所示。

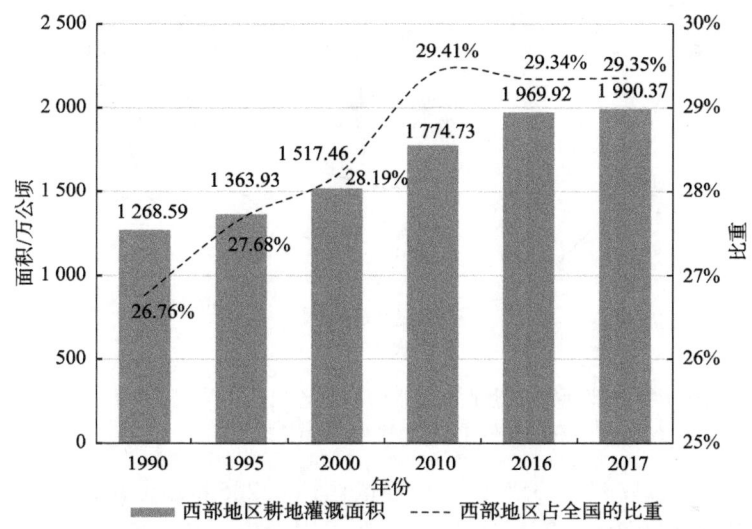

图 1-8　西部地区耕地灌溉面积及其占全国耕地灌溉面积总量的比重
资料来源：根据《中国农村统计年鉴（2018）》计算

在耕地灌溉面积中，有一部分是节水灌溉面积。这部分耕地往往采用节水灌溉机械，具有较高的水资源节约效益和农业可持续性。2017 年，西部地区的耕地灌溉面积为 1 990.37 万公顷，占全国耕地灌溉面积总量的比重为 29.35%。但西部地区拥有 1 345.84 万公顷节水灌溉面积，占全国节水灌溉面积总量的 39.22%。这表明，西部地区的节水灌溉水平要高于全国平均水平。

在省域层面，包括节水灌溉面积在内的耕地灌溉面积在西部地区 12 省（区、市）的分布很不均衡。耕地灌溉面积最多的省（区、市）依次是新疆、内蒙古、四川、云南和广西，其在 2017 年的面积分别为 495 万公顷、317 万公顷、287 万公顷、185 万公顷和 167 万公顷；耕地灌溉面积最少的省（区、市）是青海，面积仅约 21 万公顷。在耕地灌溉面积中，节水灌溉面积超过 100 万公顷的省（区、市）是新疆、内蒙古、四川、广西和甘肃，其中新疆为 399.62 万公顷；节水灌溉面积较少的省（区、市）则是西藏、青海和重庆，分别仅有 3.03 万公顷、11.53 万公顷和 23.33 万公顷（图 1-9）。

（四）农村电力资源及开发

农村电力建设主要体现在乡村办水电站及其装机容量和发电量，以及农村用电量方面。西部地区拥有非常丰富的水力资源，乡村办水电站等农村电力建设成果显著，农村电力建设产业的资源优势突出。截至 2017 年，西部地区拥有乡村办水电站 14 889 个，

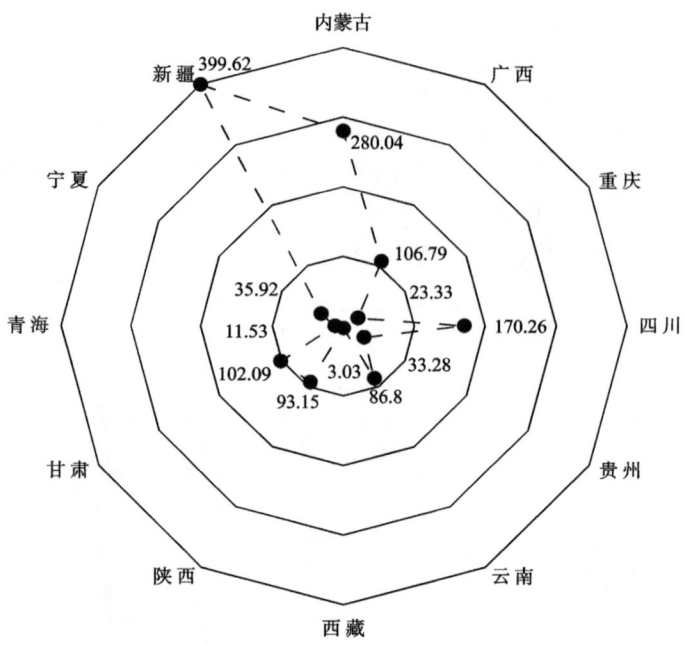

图 1-9　2017 年西部地区耕地节水灌溉面积的省域分布情况（单位：万公顷）
资料来源：《中国农村统计年鉴（2018）》

占全国乡村办水电站总数的 31.35%；装机容量达到 4 225.8 万千瓦，占全国乡村办水电站装机容量的 53.31%（图 1-10）。从图 1-10 还可以看出，从 2000 年开始，西部地区乡村办水电站的装机容量实现稳步大幅上升。但是，西部地区的农村用电量长期偏少，2017 年的农村用电量为 968.7 亿千瓦·时，仅占全国农村用电总量的 10.17%，这表明西部地区基于电力使用的相关产业或消费还有待提升。

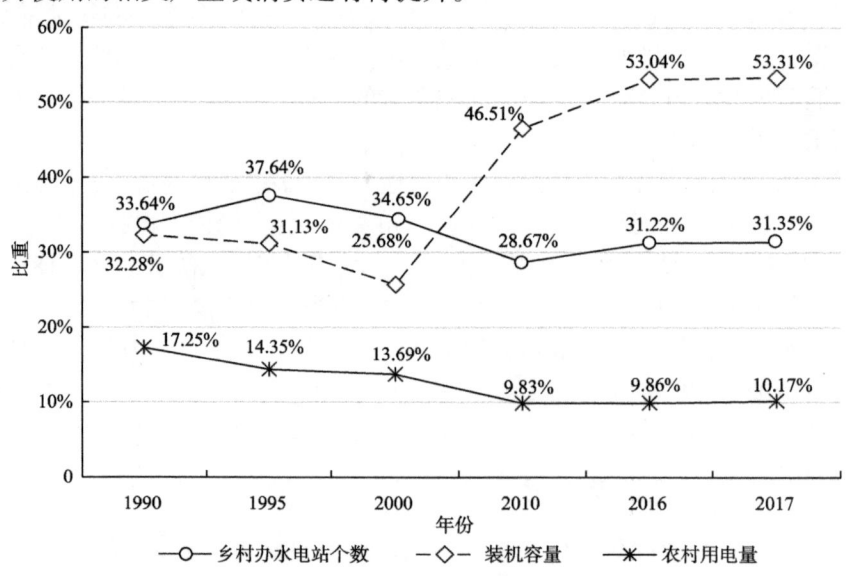

图 1-10　西部地区农村电力占全国农村电力的比重情况
资料来源：根据《中国农村统计年鉴（2018）》计算

在省域层面，西部地区的农村水电电力资源及开发很不均衡。乡村办水电站主要集中于四川、广西、云南、贵州和重庆。其中，四川乡村办水电站数量最多，2017年达4 982个，是紧随其后的广西的2倍多。截至2017年，乡村办水电站装机容量和发电量最多的是云南，四川排在第2位，广西和贵州次之，但云南和四川的装机容量及发电量都是广西的3倍左右。因此，在确保生态环境保护的前提下，水电资源丰富的地区应进一步优化发展乡村水电产业，并将其作为实现农村产业兴旺的重要途径之一。

三、乡村人口数量与农村人力资本

（1）在人口数量方面，西部地区拥有丰富的乡村人口资源优势，具备振兴乡村产业所需的人力资本潜力。西部地区的土地面积为686.7万平方千米，占全国土地总面积的71.5%，其中实有耕地面积占全国耕地面积的37.37%。截至2017年末，西部地区拥有人口3.77亿人，占全国总人口的27.12%，其中，乡村人口1.82亿人，占西部地区总人口的比重为48.4%，高于41.5%的全国乡村人口平均所占比例，占全国乡村总人口的31.61%[①]。

（2）在乡村人口受教育程度方面，西部地区与全国平均水平相比具有较明显的劣势或差距。表1-5是2007年西部地区乡村劳动力及乡村人口受教育程度情况。从表1-5可知，西部地区乡村人口中15~64岁人口的比重为67.18%，略低于全国67.39%的平均水平，这表明西部地区乡村人口中的劳动力人口比重略低于全国平均水平；在受教育程度方面，西部地区乡村人口15岁及以上人口的文盲人口比重为10.17%，远高于全国乡村15岁及以上人口的文盲人口平均比重；西部地区乡村人口中6岁及以上人口受初中、高中和大专及以上教育程度的人口比重，也均低于全国同类指标的平均值，尤其受初中和高中教育程度的人口比重远低于全国平均水平。

表1-5 2017年西部地区乡村劳动力及乡村人口受教育程度情况

地区	15~64岁人口比重	15岁及以上人口的文盲人口比重	6岁及以上人口受教育程度的比重		
			初中	高中	大专及以上
西部地区	67.18%	10.17%	37.42%	9.19%	3.32%
全国	67.39%	7.96%	42.72%	11.03%	3.47%

资料来源：根据《中国人口和就业统计年鉴（2018）》的数据计算

（3）在省域层面，西部地区12省（区、市）之间的差异很明显。

首先，乡村人口数量的差异很大。截至2017年末，西部地区12省（区、市）的乡村人口总数为18 227万人。其中，四川的乡村人口数量为4 085万人，云南、广西和贵州乡村人口数量次之，乡村人口数量少于1 000万人的分别是内蒙古、宁夏、青海和西藏，而西藏、青海和宁夏均在300万人以内，具体情况如图1-11所示。

---

① 根据《中国人口和就业统计年鉴（2018）》计算。

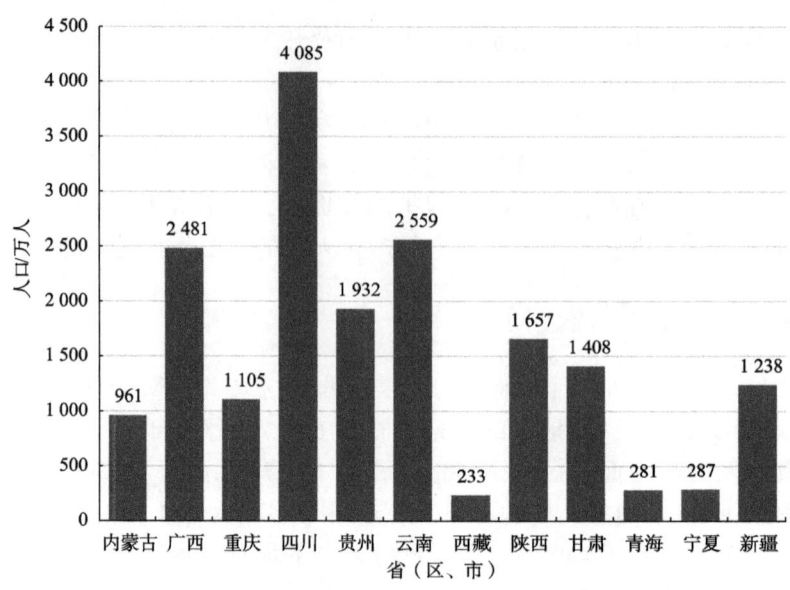

图 1-11　2017 年西部地区各省（区、市）乡村人口数量

资料来源：《中国人口和就业统计年鉴（2018）》

其次，乡村人口受教育程度的省域差异明显。一是西部地区乡村人口的文盲人口比重整体比较高，部分省（区、市）的农村人口文盲问题尤其突出。从 2017 年末的调查统计数据来看，西部地区 15 岁及以上乡村人口（农村劳动力）中，女性的文盲人口比重为 14.66%，远高于男性的文盲人口比重；文盲人口比重最高的是西藏，高达 39.90%，贵州、甘肃、青海和宁夏的文盲人口比重次之，而四川和云南的文盲人口比重也在 10.00% 以上，具体情况如图 1-12 所示。

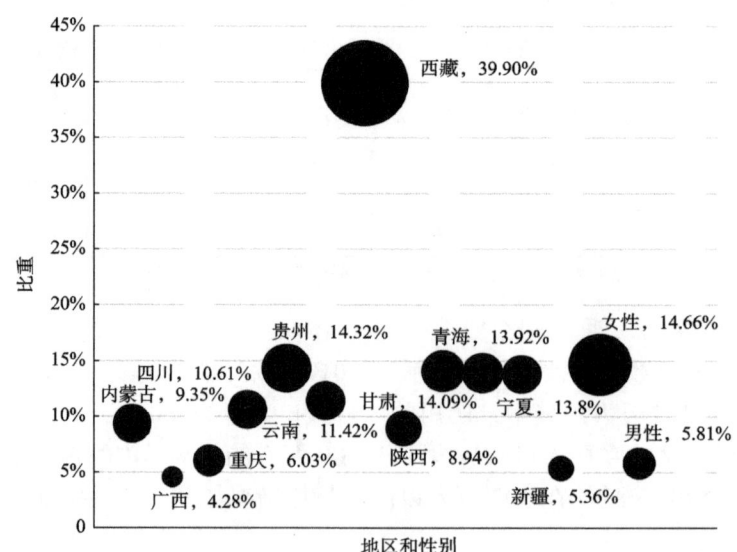

图 1-12　2017 年西部地区各省（区、市）15 岁及以上乡村人口文盲比重

资料来源：根据《中国人口和就业统计年鉴（2018）》的数据计算

二是西部地区各省（区、市）6岁及以上乡村人口受教育程度的差异较显著。2017年，西部地区12省（区、市）6岁及以上乡村人口具有初中、高中和大专及以上教育程度的人口分布情况如图1-13所示。12省（区、市）乡村人口受教育程度有显著差异：受大专及以上教育程度的人口比例非常低，最低的是广西、重庆、云南和西藏，分别仅为1.98%、2.73%、2.81%和2.84%，而该比例最高的甘肃也仅为5.13%；受高中教育程度的人口比例也普遍偏低，其中仅内蒙古、陕西和新疆的比例超过10%，比例最低的是西藏和青海，分别为3.71%和7.18%；受初中教育程度的人口比例除了西藏和青海比较低以外，其他省（区、市）都在30%以上，其中广西、陕西和新疆的比例最高且均在40%以上（图1-13）。

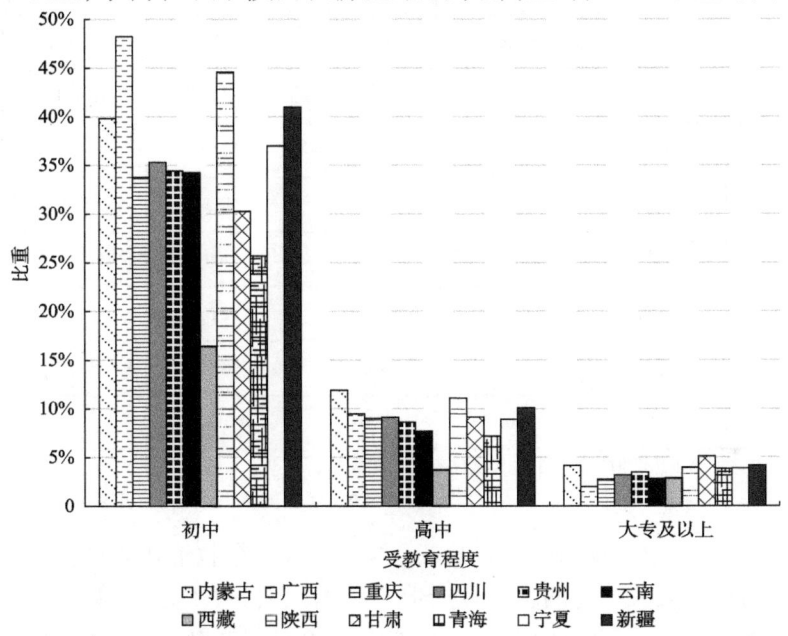

图1-13　2017年西部地区各省（区、市）6岁及以上乡村人口受教育程度
资料来源：根据《中国人口和就业统计年鉴（2018）》计算

从以上数据可以看出，长期以来被认为是农业大省的四川、云南和贵州等省（区、市）的乡村人口受教育程度普遍偏低，而内蒙古、广西、宁夏和新疆等民族自治区的乡村人口受教育程度相对较高。因此，为更好地推动西部地区乡村产业振兴，需要将西部地区的乡村人口数量优势转化为农村人力资本优势，即主要通过发展农村教育途径提高西部地区，尤其是乡村人口数量大省（区、市）农村劳动力的文化水平。

第二节　西部地区农业产业体系

一、农林牧渔业产业格局

（一）农林牧渔业总产值及构成

西部地区的农业产业体系主要由农业、林业、畜牧业和渔业构成。2017年，以当年价格计算的西部地区农林牧渔业总产值达到3.27万亿元，是1995年的7倍。其中，农业产值同期增加5.7倍，林业产值增加8.5倍，牧业产值增加5倍多，渔业产值增加约9倍，均远高于同时期全国相应产业的平均增幅（表1-6）。

表1-6　西部地区和全国农林牧渔业总产值及构成　　　　单位：亿元

指标	地区	1995年	2000年	2005年	2010年	2017年
农林牧渔业总产值	西部地区	4 690.6	5 753.0	9 571.7	16 632.0	32 680.6
	全国	20 340.9	20 340.9	39 450.9	69 319.8	109 331.7
农业产值	西部地区	2 890.8	3 478.8	5 048.5	9 397.2	19 229.9
	全国	11 884.6	11 884.6	19 613.4	36 941.1	58 059.8
林业产值	西部地区	177.4	242.8	394.5	692.2	1 693.0
	全国	709.9	709.9	1 425.2	2 595.5	4 980.6
牧业产值	西部地区	1 516.5	1 848.9	3 609.1	5 516.4	9 410.1
	全国	6 045.0	6 045.0	13 310.8	20 825.7	29 361.2
渔业产值	西部地区	105.9	182.5	300.5	485.3	1 055.0
	全国	1 701.3	1 701.3	4 016.1	6 422.4	11 577.1

注：2003年起农林牧渔业总产值执行新的国民经济行业分类标准，包括农林牧渔服务业产值（按当年价格计算）

资料来源：根据《中国农村统计年鉴》（1996年，2001年，2006年，2011年，2018年）计算

从表1-6还可以看出，自1995年以来，西部地区农林牧渔业总产值构成中，农业产值和牧业产值的比重最大，这两类产业产值之和的比重一直维持在90%以上；渔业产值的比重最小，仅3%左右。2003年以来，由于统计口径的调整，即农林牧渔服务业产值被纳入农林牧渔业总产值以后，农业产值和牧业产值之和占西部地区农林牧渔业总产值的比重有所下降，但依然维持在90%左右；同时，林业产值的比重有所上升，牧业产值的比重则有较明显的下降，从2010年的33.17%下降到2017年的28.79%。这表明，在西部地区农林牧渔产业格局中，农业和畜牧业是绝对支柱，林业已表现出良好的发展势头。

根据表1-6，可计算得到西部地区农林牧渔业产值占全国农林牧渔业产值比重的变化情况，如图1-14所示。从图1-14可以看出，西部地区的农林牧渔业产值及各分项产业产值占全国农林牧渔业总产值和各分项产业总产值的比重，自1995年以来均经历了"上升—下降—上升"过程，但总体上均呈现上升趋势。西部地区农林牧渔业产值占全国的比重，从1995年的23.06%上升到29.89%。在农林牧渔业总产值的构成方面，在西部地区的农业、林业、牧业和渔业的产值分别占全国农业、林业、牧业、渔业总产值的比重中，林业产值所占比例最高，自1995年以来一直保持在25%以上，并于2000年达到最高值34.2%后开始下降，从2010年开始逐年上升，到2017年为33.99%；西部地区的渔业产值占全国渔业总产值的比重基本在10%以下，2017年为9.11%，仍低于2000年的10.73%；西部地区的牧业产值占全国牧业总产值的比重，多年来高于西部地区农业

产值占全国农业总产值的比重，维持在 25%以上，但从 2010 年开始，这两个产业的产值占全国相应产业总产值的比重均开始大幅上升，并于 2017 年分别达到 33.12%和 32.05%，比 1995 年的比重上升了 7~8 个百分点。

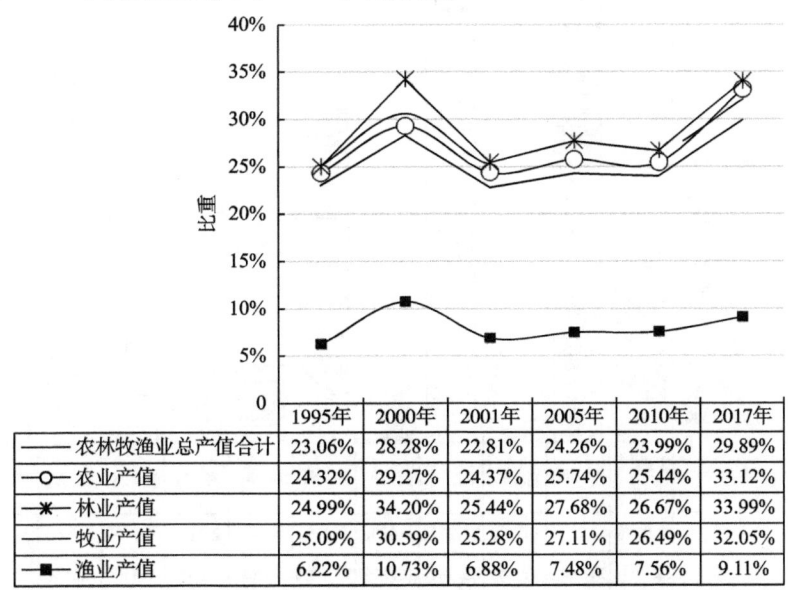

图 1-14 西部地区农林牧渔业产值占全国的比重情况
2003 年起农林牧渔业总产值执行新的国民经济行业分类标准，包括农林牧渔服务业产值
资料来源：《中国农村统计年鉴（2018）》

西部地区农林牧渔业产值占全国相应产业总产值比重的变动情况表明，自 2010 年以来，西部地区的林业、农业和牧业得到了显著发展，其对全国农业、林业、牧业总产值的贡献越来越大，分别从 1995 年的仅 1/4 左右增长到 2017 年的 1/3 左右。西部地区的渔业产值占全国渔业总产值的比重则相对较低，这主要是因为西部地区 12 省（区、市）除广西以外，均为内陆省（区、市），且西北地区内陆省（区、市）为水资源短缺区域，因而水产养殖业受水资源制约，发展空间有限。

（二）农林牧渔产业的省域构成

西部地区地域辽阔，12 省（区、市）的农业生产首先在自然地理条件方面存在巨大差异，因而农林牧渔业发展对西部地区农林牧渔业总产值的贡献各有侧重。2017 年，在西部地区的农林牧渔业总产值省域构成中，四川、广西、云南、贵州、新疆和陕西的农林牧渔业产值之和占西部地区农林牧渔业总产值的比重近 80%，其所占比例分别为 21.28%、14.38%、11.85%、10.45%、10.18%和 9.42%；西藏、青海和宁夏的所占比例分别仅为 1%左右，其中西藏的所占比例仅为 0.55%（图 1-15）。

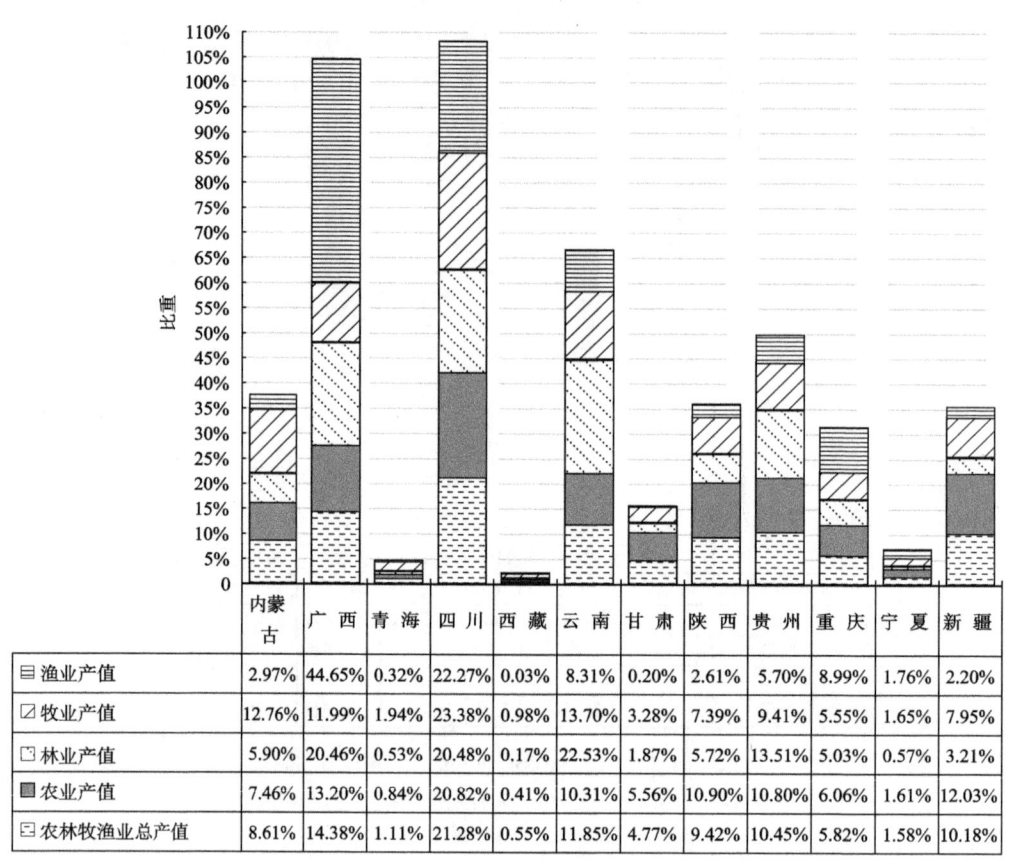

图 1-15 2017 年西部地区农林牧渔业产值的省域构成

各省（区、市）的农林牧渔业产值构成合计分别应为 100%。但由于 2003 年起农林牧渔业总产值执行新的国民经济行业分类标准，包括农林牧渔服务业产值，因此，2003 年起，各省（区、市）的农业产值、林业产值、牧业产值和渔业产值构成合计，视各省（区、市）具体情况要小于或等于 100%

资料来源：《中国农村统计年鉴（2018）》

具体到农业、林业、牧业、渔业四大农业产业方面，西部地区各省（区、市）的差异非常显著。在农业产业发展方面，四川的农业产值占西部地区农业产值总额的比重最大，为 20.82%，所占比例分别为 13.20%、12.03% 的广西和新疆次之，陕西、贵州和云南的农业产值所占比例也均超过 10%，所占比例最小的是西藏、青海和宁夏。在林业产业发展方面，云南、四川和广西的林业产值占西部地区林业产值总额的比重均超过 20%，贵州所占比例为 13.51% 次之，西藏、青海和宁夏的林业产值所占比例则在 0.5% 左右及以下。在牧业产业发展方面，四川省的牧业产值占西部地区牧业产值总额的比重为 23.38%，然后依序为云南、内蒙古、广西、贵州和新疆，其中新疆的牧业产值占西部地区牧业产值总额的比重为 7.95%。在渔业产业发展方面，则主要以广西和四川为主，广西因临海而具有水产养殖的资源条件优势，其渔业产值占西部地区渔业产值总额的比重达 44.65%；此外，重庆和云南也具有一定的渔业产业条件和发展基础，其渔业产值占西部地区渔业产值总额的比重分别为 8.99% 和 8.31%。

综合西部地区农林牧渔业产值的省域构成来看，四川是西部地区的第一农业大省，农林牧渔业产值总体上大幅度领先于紧随其后的广西，而且在农业、林业、牧业、渔业产值占西部地区相应产业的比重比较均衡；云南、贵州、新疆和陕西则基本处于同一梯度；西藏、青海和宁夏则处于最末位置。

（三）农林牧渔业发展的省域内构成

前文的分析结果表明，西部地区的总体乡村产业格局主要以农业和牧业为主，林业和渔业的比重较低。分别对西部地区 12 省（区、市）的农林牧渔业产值构成进行分析发现，各省（区、市）的农业产业格局也是以农业和牧业为主，林业和渔业产值所占比例很低。表 1-7 是 2017 年西部地区各省（区、市）的农林牧渔业产值构成。从表 1-7 可以看出，西部地区各省（区、市）的农林牧渔业产值构成中，农业产值和牧业产值两项之和均占各自农林牧渔业产值的绝大部分，两项之和所占比例最小的广西也高达 78.05%。

表 1-7 2017 年西部地区各省（区、市）的农林牧渔业产值构成

省（区、市）	农业产值	林业产值	牧业产值	渔业产值	农业产值+牧业产值
西部地区	58.84%	5.18%	28.79%	3.23%	87.63%
内蒙古	50.99%	3.55%	42.67%	1.11%	93.66%
广西	54.03%	7.37%	24.02%	10.02%	78.05%
青海	44.60%	2.47%	50.26%	0.93%	94.86%
四川	57.57%	4.99%	31.63%	3.38%	89.20%
西藏	44.00%	1.63%	51.74%	0.17%	95.74%
云南	51.19%	9.85%	33.30%	2.26%	84.49%
甘肃	68.52%	2.03%	19.81%	0.13%	88.33%
陕西	68.08%	3.15%	22.59%	0.89%	90.67%
贵州	60.84%	6.70%	25.95%	1.76%	86.79%
重庆	61.27%	4.48%	27.46%	4.98%	88.73%
宁夏	59.72%	1.87%	30.09%	3.59%	89.81%
新疆	69.54%	1.63%	22.50%	0.70%	92.04%

注：各省（区、市）的农林牧渔业产值构成合计分别应为100%。但由于2003年起农林牧渔业总产值执行新的国民经济行业分类标准，包括农林牧渔服务业产值，因此，2003年起，各省（区、市）的农业产值、林业产值、牧业产值和渔业产值构成合计，视各省（区、市）具体情况要小于或等于100%。

资料来源：《中国农村统计年鉴（2018）》

从表 1-7 的具体数据来看，新疆、甘肃、陕西、重庆和贵州的农业产值占其农林牧渔业产值的比重均超过 60%，农业产值所占比例最小的西藏和青海也分别高达 44.00%和 44.60%；牧业产值比重最大的是西藏和青海，分别为 51.74%和 50.26%，牧业产值比重最小的是甘肃，仅为 19.81%；在林业发展方面，云南的林业产值占其农林牧渔业产值的比重为 9.85%，广西和贵州次之；在渔业发展方面，只有广西的渔业产值占其农林牧渔业产值的比重超过 10%，重庆和宁夏次之，但所占比例分别仅为 4.98%和 3.59%。

二、农林牧渔业的产业效率

（1）西部地区的主要农作物单产呈逐年增长趋势，但与全国同类农作物单产相比还存在一定差距。自1990年以来，西部地区的粮棉油等主要农作物的单位耕地面积产量实现了持续增长：粮食单产从1990年的3 317.1千克/公顷，增长到2017年的4 847.9千克/公顷。油料作物的单产，从1990年的1 313.0千克/公顷增长到2017年的2 219.7千克/公顷。棉花单产在2017年达2 049.4千克/公顷，比1990年增长1 066.8千克/公顷。大豆单产从1990年的1 249.8千克/公顷，增长到2017年的1 806.8千克/公顷，期间最高单产纪录是2010年的1 850.4千克/公顷（图1-16）。

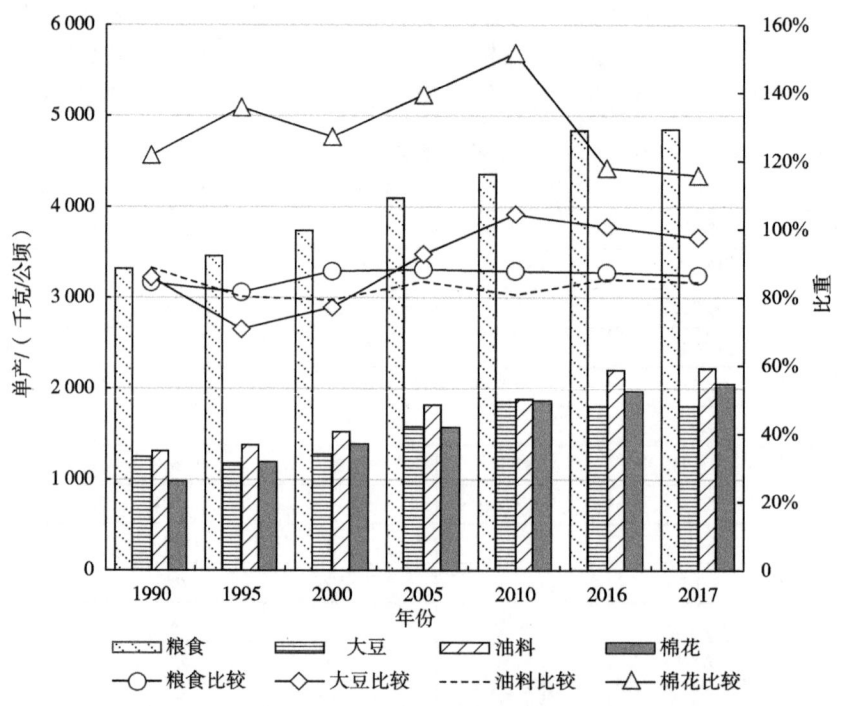

图1-16 西部地区主要农作物单产及其占全国同类农作物平均单产的比重

资料来源：根据《中国农村统计年鉴（2018）》计算

西部地区粮棉油作物的单产与全国平均单产水平相比，除了棉花单产远超过全国棉花平均单产水平以外，粮食、油料作物和大豆的单产都明显低于全国平均水平。从图1-16可以看出，西部地区的粮食单产长期维持在全国粮食平均单产水平的86%左右；油料作物的单产则长期维持在全国油料作物平均单产水平的84%左右；大豆单产在20世纪90年代中后期仅是全国大豆平均单产水平的70%左右，但自2000年时逐年提高，在2010年达到峰值并超过全国大豆平均单产水平，然后呈逐年下降，到2017年已基本与全国大豆平均单产水平持平。

此外，西部地区的谷物和糖料作物的单产，自1990年以来也实现显著增长。而且，部分作物的单产相比全国平均单产水平具有一定的生产优势。从表1-8和表1-9可以看出，自1990年以来，各类作物的单产都实现增长，其中尤以谷子、玉米、甜菜和甘蔗的增长幅度最为显著;与全国谷物和糖料作物平均单产水平相比较,西部地区的稻谷、玉米、谷子、甘蔗和甜菜具有较明显的单产优势。

表 1-8　西部地区的谷物和糖料作物单产变动情况　　单位:千克/公顷

作物	1990 年	1995 年	2000 年	2005 年	2010 年	2017 年
稻谷	5 760.7	6 023.4	6 354.7	6 244.1	6 355.5	6 770.8
小麦	2 700.5	2 730.7	2 884.2	3 224.0	3 479.6	3 920.4
玉米	3 674.1	3 877.8	4 443.2	4 974.5	5 284.3	5 836.8
谷子	1 446.5	952.3	1 068.4	1 596.6	1 503.8	2 823.0
高粱	3 120.7	2 826.4	2 719.4	3 600.6	3 822.3	3 615.1
甘蔗	49 202.2	56 695.1	56 192.8	64 494.7	64 596.0	76 923.3
甜菜	29 286.2	27 422.1	35 276.4	50 709.6	52 891.9	55 076.4

资料来源:《中国农村统计年鉴(2018)》

表 1-9　西部地区主要作物单产占全国同类作物单产的比重

作物品种	1990 年	1995 年	2000 年	2005 年	2010 年	2017 年
稻谷	100.61%	99.97%	101.32%	99.75%	96.99%	97.89%
小麦	84.55%	77.12%	77.16%	75.42%	73.28%	71.52%
玉米	81.21%	78.87%	96.63%	94.09%	96.89%	95.52%
谷子	72.04%	48.05%	62.85%	76.03%	77.29%	95.40%
高粱	84.94%	72.21%	93.64%	80.55%	85.23%	74.28%
甘蔗	86.14%	97.53%	97.51%	100.82%	98.32%	101.04%
甜菜	135.16%	136.21%	143.88%	135.14%	124.46%	102.29%

资料来源:《中国农村统计年鉴(2018)》

(2)西部地区主要农作物单产的省域差异也较显著,部分省(区、市)的农作物生产优势明显。表 1-10 是 2017 年西部地区 12 省(区、市)主要农作物单产占全国相应农作物平均单产的比重,即西部地区主要农作物单产占全国相应农作物平均单产的比重。可以看出,除黄红麻类作物外,在其他农作物品种方面,西部地区都有省(区、市)具有突出的生产优势。在谷物种植生产方面,重庆、四川和新疆的谷物单产高于全国谷物平均单产水平,宁夏、内蒙古和西藏的单产也比较接近全国平均水平。在棉花种植生产方面,新疆的生产优势突出,单产比全国棉花平均单产水平高出 16.39%。在花生种植生产方面,宁夏和新疆的生产优势非常突出,尤其宁夏的花生单产是全国花生平均单产水平的近 3 倍。在油菜籽种植生产方面,除内蒙古、广西和贵州以外,其他省(区、市)都具有较明显的相对生产优势,尤其西藏的生产优势比较突出。在甘蔗和甜菜等糖料作物的种植生产方面,分别是广西和甘肃具有较明显的生产优势。

表 1-10 2017 年西部地区 12 省（区、市）主要农作物单产占全国相应农作物平均单产的比重

省（区、市）	谷物	棉花	花生	油菜籽	黄红麻	甘蔗	甜菜
内蒙古	92.73%	—	68.44%	57.64%	—	—	77.31%
广西	87.26%	44.60%	79.54%	52.23%	54.63%	106.93%	—
重庆	107.11%	—	58.25%	97.34%	35.61%	54.37%	—
四川	102.90%	51.38%	68.11%	119.70%	36.10%	50.42%	12.03%
贵州	80.31%	40.36%	58.92%	85.46%	19.31%	79.83%	—
云南	80.95%	—	44.82%	102.61%	—	83.01%	—
西藏	92.83%	—	84.34%	152.03%	—	—	—
陕西	70.84%	80.10%	85.12%	106.77%	—	25.51%	18.57%
甘肃	74.55%	93.22%	95.88%	110.53%	—	—	115.48%
青海	58.28%	—	—	94.69%	—	—	53.27%
宁夏	93.25%	—	291.51%	109.47%	—	—	0
新疆	106.83%	116.39%	138.46%	147.02%	—	—	136.36%

注：（1）西部地区各省（区、市）农作物平均单产与全国相应农作物平均单产水平的比较，是指西部地区的农作物单产除以全国同类农作物的平均单产所获得的百分数值；（2）空白表格表示对应的省（区、市）没有种植生产该类作物或没有相应的统计数据

资料来源：《中国农村统计年鉴（2018）》

（3）农产品人均产量指标显示，西部地区在多类农产品生产方面具有较突出的产业优势。从农产品人均产量指标角度，也能反映出农林牧渔业的产业发展效率。西部地区主要农产品、肉、蛋、奶和水产品的人均产量与全国人均产量的比较及变动情况如表 1-11 所示。可以看出，西部地区在禽蛋和水产品两类农产品的生产方面优势不明显，人均产量基本仅有全国人均产量的一半左右；而且，自 1990 年以来呈下降趋势，2017 年西部地区人均水产品产量仅为全国人均产量的 38.92%，禽蛋的人均产量也只有全国人均产量的一半左右。

表 1-11 西部地区主要农产品、肉、蛋、奶和水产品的人均产量与全国人均产量的比较及变动情况

农产品	1990 年	1995 年	2000 年	2005 年	2010 年	2016 年	2017 年
粮食	88.53%	88.33%	99.18%	100.92%	96.05%	94.22%	92.88%
棉花	52.50%	85.00%	128.57%	131.82%	195.35%	284.62%	300.00%
油料	95.07%	79.14%	80.77%	90.68%	102.12%	123.08%	121.91%
糖料	147.64%	200.46%	234.88%	282.90%	298.34%	310.85%	310.23%
水果	87.27%	89.14%	92.09%	82.69%	104.99%	128.02%	129.71%
烤烟	155.00%	237.50%	200.00%	210.53%	230.00%	222.22%	231.25%
猪牛羊肉	—	—	110.37%	126.19%	119.05%	123.73%	122.20%
牛奶	175.68%	154.17%	122.73%	158.29%	158.59%	153.15%	153.42%
禽蛋	90.00%	46.04%	41.04%	57.75%	50.48%	55.02%	52.47%
水产品	73.39%	43.06%	35.37%	38.94%	32.84%	37.80%	38.92%

注：（1）西部地区各农产品人均产量与全国人均产量的比较，是指西部地区的各农产品人均产量除以全国同类农产品的人均产量所获得的百分数值；（2）空白表格表示没有相应的统计数据

资料来源：《中国农村统计年鉴（2018）》

但是，除禽蛋和水产品以外，西部地区其他农产品人均产量大多远高于相应农产品的全国人均产量水平，生产优势显著。从表1-11可以看出，糖料、烤烟、猪牛羊肉和牛奶等农产品生产一直是西部地区的优势产业。自1990年以来，牛奶、烤烟和糖料的人均产量都远高于全国人均产量，而且这种生产优势还在继续增强；尤其自2000年以来，糖料、烤烟、猪牛羊肉、牛奶及棉花的生产优势均得到保持并持续提升。其中，西部地区的棉花生产优势提升最为突出，人均棉花产量在1990年仅为全国人均棉花产量的52.50%，到2017年跃升为全国人均棉花产量的3倍。人均产量同样得到显著提升的还有水果，1990年西部地区人均水果产量仅有全国人均水果产量的87.27%，到2017年西部地区人均水果产量已经是全国平均水平的129.71%。西部地区的人均粮食产量自2010年以来略低于全国人均粮食产量水平，并且呈下降趋势。

西部地区主要农产品人均产量的变化情况表明，在西部地区的乡村产业振兴过程中，具有显著生产供给优势的是糖料、棉花、牛奶、猪牛羊肉、油料和水果等农产品及相关产业，应该继续发挥这些产业的支柱作用，并继续将这些产业做大、做强。

三、农林牧渔业产业成本

在农林牧渔业产业发展过程中，生产成本主要有劳动力成本、物质消耗成本和生产服务性支出。农林牧渔业产业发展过程中的物质消耗和生产服务支出又被称为"农林牧渔业中间消耗"。农林牧渔业中间消耗中的物质消耗主要包括：农作物用种量、饲料、肥料、燃料、农药、农膜、畜牧用药、用电量及小农机。随着现代农业的发展，农林牧渔业生产过程中的物质消耗和生产服务支出越来越大，即农业产业发展的要素投入越来越多，生产成本会逐渐增加。

（一）农林牧渔业中间消耗总量及其构成

1995年以来，西部地区农林牧渔业的中间消耗主要发生在农业和牧业两大产业领域。表1-12的统计数据显示，1995年以来，西部地区农林牧渔业中间消耗总量及分项中间消耗的绝对数均大幅攀升：2017年，农林牧渔业中间消耗总量达12 843.1亿元，其中，农业中间消耗为6 818.0亿元；牧业中间消耗为4 431.9亿元；渔业中间消耗最小，但也从1995年的30.6亿元大幅增长到2017年的371.2亿元。农林牧渔业中间消耗的大幅增长，表明西部地区农林牧渔业的持续增长和发展离不开大量农业生产要素的投入。

表1-12 西部地区农林牧渔业中间消耗及构成

指标	1995年	2000年	2005年	2010年	2017年
a. 绝对数/亿元					
农林牧渔业合计	1 728.4	2 081.4	3 610.9	6 951.8	12 843.1
1. 农业	937.2	1 148.8	1 640.1	3 491.4	6 818.0
2. 林业	44.2	64.6	112.5	216.7	564.9
3. 牧业	716.4	813.7	1 661.0	2 764.9	4 431.9
4. 渔业	30.6	54.3	92.1	177.3	371.2

续表

指标	1995年	2000年	2005年	2010年	2017年
b. 构成					
以农林牧渔业合计构成为100%	100.0%	100.0%	100.0%	100.0%	100.0%
1. 农业	54.2%	55.2%	45.4%	50.2%	53.1%
2. 林业	2.6%	3.1%	3.1%	3.1%	4.4%
3. 牧业	41.5%	39.1%	46.0%	39.8%	34.5%
4. 渔业	1.8%	2.6%	2.6%	2.6%	2.9%

注：中间消耗的绝对数按当年价格计算；由于2003年起农林牧渔业总产值执行新的国民经济行业分类标准，包括农林牧渔服务业产值，因此，2003年起农林牧渔业中间消耗合计数值中，包括农林牧渔服务业的中间消耗；2003年起，农林牧渔业中间消耗的合计构成要小于或等于100%

资料来源：《中国农村统计年鉴（2018）》

从西部地区农林牧渔业中间消耗的构成来看，农业和牧业中间消耗始终占农林牧渔业中间消耗总量的绝大部分。其中，农业中间消耗的比重始终维持在50%左右，牧业中间消耗的比重从1995年的41.5%下降到2017年的34.5%；同时，林业中间消耗的比重有所上升，从1995年的2.6%上升到2017年的4.4%；渔业中间消耗的比重则始终最小，但也从1995年的1.8%增长到2017年的2.9%。总体而言，西部地区农林牧渔业中间消耗的构成变化不大，农业和牧业始终是西部地区农业产业的支柱。

（二）农林牧渔业中间消耗的省域差异

西部地区12省（区、市）农林牧渔业中间消耗之间的差异，可以从两个指标角度进行分析。第一个指标是通过测算各省（区、市）分部门农林牧渔业中间消耗分别占其产值的比重，可以区分农业、林业、牧业和渔业产业发展的成本差异。2017年西部地区各省（区、市）分部门农林牧渔业中间消耗占其产值的比重如表1-13所示。结果显示，新疆农林牧渔业中间消耗占其产值的比重最大，宁夏次之，比重最小的是西藏。分部门来看，农业中间消耗占农业产值比重最大的是新疆，重庆和四川则相对较小；林业、牧业和渔业中间消耗占其产值比重最大的是宁夏，中间消耗占其产值比重较小的分别是广西、青海和重庆。

表1-13 2017年西部地区各省（区、市）分部门农林牧渔业中间消耗占其产值的比重

省（区、市）	农林牧渔业	农业	林业	牧业	渔业
内蒙古	40.4%	34.8%	30.2%	48.0%	33.7%
广西	36.9%	31.2%	25.4%	50.9%	32.3%
重庆	31.7%	25.1%	27.0%	48.9%	22.2%
四川	37.2%	29.7%	36.4%	50.6%	39.6%
贵州	37.3%	37.1%	31.5%	40.0%	36.7%
云南	38.3%	32.9%	34.4%	45.3%	40.2%
西藏	29.3%	30.7%	49.7%	27.7%	35.2%
陕西	40.5%	38.3%	39.7%	46.1%	43.9%
甘肃	42.6%	39.9%	53.8%	34.8%	28.3%
青海	33.5%	41.0%	39.3%	26.5%	22.2%
宁夏	48.5%	43.6%	65.0%	57.8%	61.3%
新疆	50.7%	50.4%	50.5%	51.0%	52.5%

注：按当年价格计算

资料来源：《中国农村统计年鉴（2018）》

第二个指标是各省（区、市）分部门农林牧渔业中间消耗的构成，即农林牧渔业中间消耗总量分布在农业、林业、牧业和渔业的情况。2017年西部地区各省（区、市）分部门农林牧渔业中间消耗的构成如表1-14所示。可以看出，西部地区12省（区、市）农林牧渔业中间消耗主要发生在农业和牧业产业领域，尤其是农业中间消耗的所占比例普遍偏高，但省域之间的差异也很明显。其中，内蒙古的牧业中间消耗占其农林牧渔业中间消耗总量的50.7%，农业中间消耗占44.0%，牧业中间消耗比重较高的省（区、市）还有西藏、四川、重庆、青海和云南。相比之下，新疆的牧业中间消耗占其农林牧渔业中间消耗总量仅为22.6%，农业中间消耗则占了69.1%。农业中间消耗比重超过60%的还有甘肃、陕西和贵州。

表1-14 2017年西部地区各省（区、市）分部门农林牧渔业中间消耗的构成

省（区、市）	合计	农业	林业	牧业	渔业
内蒙古	100%	44.0%	2.7%	50.7%	0.9%
广西	100%	45.6%	5.1%	33.1%	8.8%
重庆	100%	48.6%	3.8%	42.4%	3.5%
四川	100%	46.0%	4.9%	43.0%	3.6%
贵州	100%	60.5%	5.7%	27.8%	1.7%
云南	100%	43.9%	8.8%	39.4%	2.4%
西藏	100%	46.1%	2.8%	48.8%	0.2%
陕西	100%	64.3%	3.1%	25.7%	1.0%
甘肃	100%	64.3%	2.6%	16.2%	0.1%
青海	100%	54.6%	2.9%	39.7%	0.6%
宁夏	100%	53.6%	2.5%	35.8%	4.5%
新疆	100%	69.1%	1.6%	22.6%	0.7%

注：中间消耗的绝对数按当年价格计算；2003年起农林牧渔业总产值执行新的国民经济行业分类标准，包括农林牧渔服务业产值，因此，2003年起农林牧渔业中间消耗合计数值中，包括农林牧渔服务业的中间消耗；2003年起，农林牧渔业中间消耗的合计构成要小于或等于100%

资料来源：《中国农村统计年鉴（2018）》

综上分析表明，新疆和宁夏的农林牧渔业产业发展总成本要高于西部其他省（区、市），农业产业发展的产业效率可能偏低。但是，农林牧渔业中间消耗占产值比重越大的地区，其农林牧渔业生产的要素投入越多，生产的技术和资金密集度也可能越高，因而获得农业产出的绝对数和规模也越大。因此，为进一步推动西部地区乡村产业兴旺，应主要通过提高农林牧渔业投入要素的利用效率，降低农林牧渔业中间消耗比重，进而实现相关产业效率的提升。

第三节 西部地区农业产业发展的省域差异综合评价

如前所述，西部地区12省（区、市）的农业产业发展之间存在较明显的省域差异。对这种差异及其演化进行整体上的综合评价分析，厘清各省（区、市）农业产业发展的

相对水平,可以为各省(区、市)在农业产业发展中相互借鉴提供参考。

一、模型选择及方法

(1)地区决策分析模型设定。借鉴基于多属性决策理论的多属性决策问题评价模型[①],对各省(区、市)农业产业发展情况进行差异化分析。

由于西部地区 12 省(区、市)的农林牧渔业产业发展之间的相对独立性较强,农业产业发展决定于各省(区、市)相关产业的投入和产出等属性指标。因此,西部地区 12 省(区、市)的农业产业发展可被视为是 12 个相对离散的农业产业发展方案,而决定各省(区、市)农业产业发展的投入、产出等指标就成为判断 12 个方案优先序的多属性决策指标。多属性决策问题的方案评价模型如下:

$$X = \{x_1, x_2, ..., x_k\}$$
$$C = \{c_1, c_2, ..., c_n\}$$
(1-1)

式中,X 为备选方案集;k 为方案个数;C 为评价每个方案的属性指标集;n 为评价指标个数。借鉴多属性决策问题模型对西部地区 12 省(区、市)农业产业发展进行评价时,x_k 指 k 省(区、市)农业产业发展情况,c_n 指各省(区、市)农业产业发展的相关指标。因此,通过选取农业产业发展的相关指标,借鉴多属性决策理论及方法,对西部地区 12 省(区、市)农业产业发展进行多属性决策分析,即可以得到 12 省(区、市)农业产业发展的评价得分及其排序,为分析西部地区 12 省(区、市)农业产业发展的省域差异提供参考。

(2)分析方法。针对多属性决策问题最优方案评价的常用方法之一是 SWA(simple linear weighted average,简单线性加权平均)方法。SWA 方法是在多属性决策分析中得到普遍使用的一种成熟方法,主要通过计算各备选方案的评价指标的线性加权指标平均值,然后对各方案进行排序,从而得出最优方案。该方法的具体应用步骤是:首先,采用适当方法,确定各属性指标的权重,如按指标个数均值计算指标权重;其次,对指标进行标准化处理,把各指标统一为无量纲单位;最后,计算出每一个方案的线性加权融合值,并根据融合值对各个方案进行排序或确定最佳方案。

采用 SWA 方法对西部地区 12 省(区、市)农业产业发展情况进行评价时,本书将各省(区、市)的农业产业实际发展情况视为不同的"备选方案",但分析的结果并不是为了获得"最佳方案"。因此,在选取农林牧渔业发展的属性指标后,按属性指标个数均值计算各属性指标的权重,然后做进一步的计算并得出最后的评价得分;而最后的评价得分及排序,仅作为西部地区 12 省(区、市)农业产业发展的差异化及差距分析的参考,并不将排名最靠前的省(区、市)作为西部地区农业产业发展的"最佳方案"。

---

① 多属性决策理论是运筹与管理学科的重要分支,被广泛应用于有限数量备选方案决策问题的最优选择分析,详细的相关理论内容、方法及应用可参考相关的大量文献,如王一华(2011)、陶元芳(2016)。在多属性决策理论及方法的实际应用中,"中国知网(http://www.cnki.net)"提供了便捷的在线实时应用支持系统,包括具体的分析方法选择应用,本节针对西部地区 12 个省(区、市)农业产业发展的评价分析,即直接借鉴应用该决策支持系统及相应的数据库数据计算得到相应的评价结果。

二、指标选取及数据来源

本书根据分析模型和 SWA 方法的要求，结合相关数据的可得性，针对西部地区 12 省（区、市）农牧渔业产业发展的具体情况，选取 28 个指标组成分析模型的属性指标，如表 1-15 所示。所选指标的数据来源于《中国农村统计年鉴》《中国统计年鉴》《中国农村住户调查年鉴》《中国区域经济统计年鉴》《中国西部农村统计资料》等。

表 1-15　基于 SWA 方法的地区决策分析模型的属性指标

指标名称	指标名称
人均耕地面积/亩	牧业增加值/万元
农业机械总动力/万千瓦	农业增加值/万元
农用电动机动力/万千瓦	农业总产值/万元
农用化肥施用量/万吨	渔业产值/万元
乡村从业人员数/人	林产品产值/亿元
饲料价格指数（上年=100）	牧业产值/万元
农业生产资料价格指数（上年=100）	林业产值/万元
农业生产服务价格指数（上年=100）	奶类产量/吨
农药及农药械价格指数（上年=100）	肉类总产量/吨
化学肥料价格指数（上年=100）	禽蛋产量/吨
畜产品价格指数（上年=100）	人均牛奶产量/千克
农、林、牧、渔业增加值/万元	粮食产量/吨
农林牧渔服务业增加值/万元	蔬菜产量/吨
棉花产量/吨	水果产量/吨

三、结果及分析

根据选定的评价模型和 SWA 方法，采用 2000 年、2005 年、2010 年、2015 年和 2016 年的数据，按指标个数均值计算指标权重，分析得到西部地区 12 省（区、市）农林牧渔业产业发展的评价得分及排序结果，如表 2.16 和图 2.17 所示①。从表 1-16 可以看出，在西部地区 12 省（区、市）农林牧渔业产业发展过程中，四川的得分始终排在第 1 位，广西基本上稳居第 2 位（2015 年居第 3 位），这表明四川和广西保持了比较稳健和持续的农林牧渔业产业发展态势，其农业产业发展相较西部地区其他省（区、市）而言，具有较强的农业产业发展优势或参考价值、借鉴意义；云南的农林牧渔业产业发展具有一定的波动性。2000 年以来，排序提升最大的是贵州，这表明贵州的农业产业振兴发展路径选择具有显著的积极效应；排序下降较明显的是内蒙古，尤其自 2010 年以来，内蒙古的农林牧渔业产业发展排名下降明显；新疆和甘肃得分排序始终处于第 6~8 位；得分排序始终处于最后几位的是青海、西藏、宁夏和重庆。

---

① 根据中国知网（CNKI）数据库相关数据并应用其提供的在线决策支持系统进行计算所得。

表 1-16 基于 SWA 方法评价的西部地区各省（区、市）农业产业发展排序

省（区、市）	2016 年	2015 年	2010 年	2005 年	2000 年
四川	1	1	1	1	1
广西	2	3	2	2	2
云南	3	2	5	4	4
贵州	4	6	8	7	7
内蒙古	5	5	3	3	3
陕西	6	4	4	5	5
新疆	7	7	6	6	6
甘肃	8	8	7	8	8
重庆	9	9	10	10	9
宁夏	10	10	9	9	11
西藏	11	12	12	12	12
青海	12	11	11	11	10

图 1-17 是 2016 年西部地区 12 省（区、市）农业产业发展的 SWA 方法得分及排序情况。从各省（区、市）农林牧渔业产业发展评价的具体得分情况来看，四川的得分最高，约为 0.70 分，不但远高于处于得分末尾的其他省（区、市），而且比居于第 2 位的广西高出了约 0.14 分。评价得分居中的是内蒙古、陕西和新疆，具体得分为 0.4 分左右。评价得分最低的是重庆市、宁夏、西藏和青海，得分仅为 0.16 分左右，与其他省（区、市）的差值非常大，尤其与得分最高的四川相比。这表明，西部地区 12 省（区、市）农业产业发展的省域差异化程度非常高，而且这种高度差异化的农业产业发展格局多年来一直存在。究其原因，很大程度上源于西部地区农业产业发展的基础条件差异和差距显著。

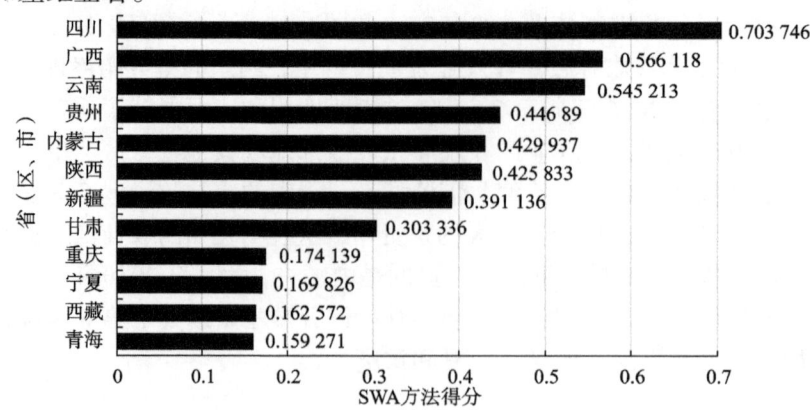

图 1-17 2016 年西部地区 12 省（区、市）农业产业发展的 SWA 方法得分及排序情况

第四节 振兴西部地区乡村产业的思路与建议

根据前面的分析结果和结论，基于推动西部地区乡村产业振兴的目标，本书针对性地提出以下三类发展思路和建议。

一、培育特色优势资源产业

因地制宜，立足主导产业，培育特色优势资源产业。西部地区 12 省（区、市）自然地理和气候条件差异巨大，农林牧渔业产业发展在客观上并不属于同一类经济或自然地理区域，各省（区、市）农业产业发展的省域差异程度很高。这就要求各省（区、市）必须坚持因地制宜，立足并继续做强本区域内的主导农业、牧业、林业或渔业，同时充分挖掘、培育和产业化推进本区域内的特色优势资源，尤其应可持续性地深度开发利用区域内的民族县、边境县、牧区县等特色县域资源。具体到 12 省（区、市）的优势产业发展选择方面，四川的综合优势较明显，应采取综合举措推进农林牧渔业充分发挥各自优势，并带动其他相关的乡村产业发展；西藏、内蒙古、青海应继续做强畜牧产业，推进畜牧产业升级发展；新疆、甘肃、陕西、重庆和贵州要继续推进农业升级发展；广西和云南应分别继续做强各自的渔业产业和林业产业、林下经济。

二、提高乡村产业效率

查补短板，降低要素成本，提高农林牧渔业产业效率。西部地区各省（区、市）应全面系统深入地查补制约农林牧渔业产业发展的各类短板，提高产业效率，确保优势产业可持续发展。首先，继续做强优势产业，进一步提升产业效率和实现升级发展，如棉花、糖料、猪牛羊肉、油菜籽、花生等优势产业要继续向纵深发展推进。其次，尤其要补足严重制约现代农业产业发展的农村人力资本短板，如优先发展农村教育，扎实开展农民教育培训，消除四川等省（区、市）较严重的农村劳动力文盲问题。最后，通过优化生产投入要素的结构，提高投入要素的利用率，有效降低农林牧渔业中间消耗，积极推动低成本、高效益的现代农业体系建设与发展。

三、加快产业转型升级

勇抓机遇，加快转型升级，开辟乡村产业振兴新天地。当前，各省（区、市）适逢直接助力乡村产业振兴与各产业兴旺发展的三大历史机遇：一是国家乡村振兴战略的稳步推进实施；二是"精准扶贫"的重点对象区域集中于西部地区；三是西部地区 12 省（区、市）都是"一带一路"倡议的前沿地区。各省（区、市）应充分用足和兑现乡村振兴战略的制度与政策机遇，落地实施全面振兴乡村各项事业的具体工作；应抓住"精准扶贫"跨越机遇，贫困地区尤其深度贫困地区更要主动迎上和对接"精准扶贫"工作，加快农林牧渔业产业发展的转型和升级，实现后发先至；还应牢牢抓住

"一带一路"倡议开放发展国际机遇，充分利用乡村产业发展的"进""出"通道和国内、国际两个市场。

参 考 文 献

陶元芳，冯志远，刘亚倩. 2016. 综合目标函数的构造对多目标优化过程的影响. 太原科技大学学报，37（3）：201-206.

王一华. 2011. 中国大陆图书情报专业期刊的综合评价. 情报科学，29（6）：943-947.

第二章 生态宜居：西部地区乡村生态文明

生态文明是人类文明发展的新阶段。2007年，党的十七大正式提出建设生态文明的战略目标；2012年，党的十八大把生态文明建设提升到"五位一体"的高度，提出"建设生态文明，是关系人民福祉、关乎民族未来的长远大计"，首次把"美丽中国"作为生态文明建设的宏伟目标[①]。2014年，中央农村工作会议提出"中国要美，农村必须美"，美丽中国的基础是美丽乡村；2015年5月，《中共中央 国务院关于加快推进生态文明建设的意见》发布；2015年10月，十八届五中全会将增强生态文明建设写入五年规划建议；2017年，党的十九大报告提出"建设生态文明是中华民族永续发展的千年大计"，推动生态文明建设更上一个台阶[②]；2019年，中央一号文件指出，深入学习推广浙江"千村示范、万村整治"工程经验，全面推开以农村垃圾污水治理、厕所革命和村容村貌提升为重点的农村人居环境整治，确保到2020年实现农村人居环境阶段性明显改善，村庄环境基本干净整洁有序，村民环境与健康意识普遍增强，全面规划乡村生态文明的道路。

在生态文明建设进程中，我国广大农村地区仍然是生态文明建设的主战场，乡村生态文明是推进整体生态文明建设的重中之重。从2007年党的十七大正式提出建设生态文明的战略目标以来，国家针对生态文明建设和加强环境保护提出了一系列新思想、新论断、新要求。为推动美丽乡村建设，为广大农民建设幸福家园，必须坚定不移地推进乡村生态环境保护，因地制宜地搞好农村人居环境的综合整治，改变农村脏、乱、差的状况[③]。

第一节 西部地区乡村绿色发展

绿色发展是以效率、和谐、持续为目标的经济增长和社会发展方式。绿色发展理念是习近平五大发展理念的重要组成部分，是对经济建设和社会发展的新思考（焦艳和李

---

① 胡锦涛. 坚定不移沿着中国特色社会主义道路前进 为全面建成小康社会而奋斗——胡锦涛在中国共产党第十八次全国代表大会上的报告. http://cpc.people.com.cn/n/2012/1118/c64094-19612151-12.html，2012-11-08.

② 习近平. 决胜全面建成小康社会 夺取新时代中国特色社会主义伟大胜利——在中国共产党第十九次全国代表大会上的报告. http://news.cnr.cn/native/gd/20171027/t20171027_524003098.shtml，2017-10-18.

③ 2017《全国农村环境综合整治"十三五"规划》。

合亮，2017）。为实现可持续发展战略，我国的经济发展方式也逐渐转变为高效、和谐可持续的绿色发展。党的十八届五中全会提出"绿色发展"理念，《乡村振兴战略规划（2018—2022）年》又进一步提出"实施乡村振兴战略是建设美丽中国的关键举措。农业是生态产品的重要供给者，乡村是生态涵养的主体区，生态是乡村最大的发展优势。乡村振兴，生态宜居是关键。实施乡村振兴战略，统筹山水林田湖草系统治理，加快推行乡村绿色发展方式，加强农村人居环境整治，有利于构建人与自然和谐共生的乡村发展新格局，实现百姓富、生态美的统一"。《中华人民共和国国民经济和社会发展第十三个五年规划纲要》提出：加大生态环境保护力度，提高资源利用效率，为人民提供更多优质生态产品，协同推进人民富裕、国家富强、中国美丽。

一、乡村绿色发展概况

为了治理环境污染，国家投入了大量的财力和物力，如图 2-1 所示，2006~2016 年全国环境污染治理投资总额整体呈上升趋势，环境污染治理取得明显成效，也表明了国家积极应对环境污染、致力于生态文明建设和绿色发展的决心。

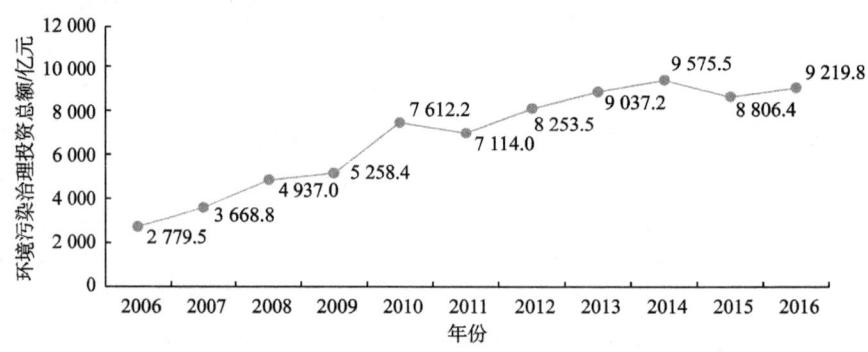

图 2-1　2006~2016 年全国环境污染治理投资总额
资料来源：中国环境保护数据库

近年来，我国乡村生态文明建设取得显著成绩。如图 2-2 所示，2011~2015 年，全国农村国家级生态村、镇数量由 1 797 个上升至 4 834 个，农村省级生态县（区）由 230 个上升至 369 个，乡村生态文明进程逐步加快。

《全国农村环境综合整治"十三五"规划》提出："到 2020 年，新增完成环境综合整治的建制村 13 万个，累计达到全国建制村总数的三分之一以上。建立健全农村环保长效机制，整治过的 7.8 万个建制村的环境不断改善，确保已建农村环保设施长期稳定运行。"目前，全国 60%的建制村生活垃圾得到处理，22%的建制村生活污水得到处理，畜禽养殖废弃物综合利用率近 60%，农村生态文明建设取得明显成效[①]，同时，初步建立了农村环境保护机制。有关部门陆续颁布了一系列农村环境保护政策和管理办法，如国务院办公厅印发的《国务院办公厅关于改善农村人居环境的指导意见》（2014 年），原环

---

① 《全国农村环境综合整治"十三五"规划》。

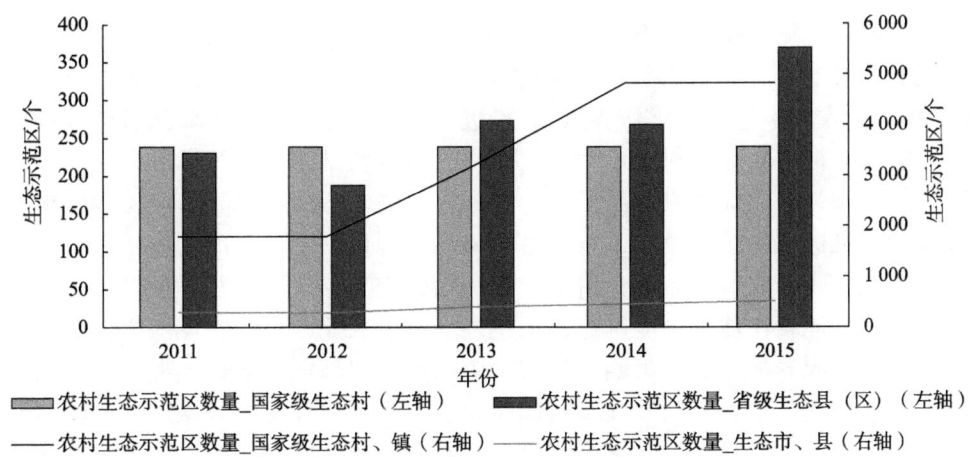

图 2-2　全国农村生态示范区数量
资料来源：中国环境保护数据库

境保护部、财政部等部门制定实施的《关于加强"以奖促治"农村环境基础设施运行管理的意见》（2015 年）、《中央农村节能减排资金使用管理办法》（2015 年）、《培育发展农业面源污染治理、农村污水垃圾处理市场主体方案》（2016 年）、《全国农村环境综合整治"十三五"规划》（2017 年）、《农村人居环境整治三年行动方案》（2018 年）、《中共中央 国务院关于坚持农业农村优先发展做好"三农"工作的若干意见》（2019 年）等。此外，环保部门发布了有关农村生活污染防治、饮用水水源地环境保护等技术指南和规范，推进县域农村环保设施统一规划、建设和管理，因地制宜选取农村生活和垃圾污水治理技术和模式。如图 2-3 所示，2011~2015 年农业污水中 COD（chemical oxygen demand，化学需氧量）排放量有一定减少，但其他污染排放物治理情况并无明显变化，因此，在长期的农村环境整治中需切实保障污染治理设施长效运行。

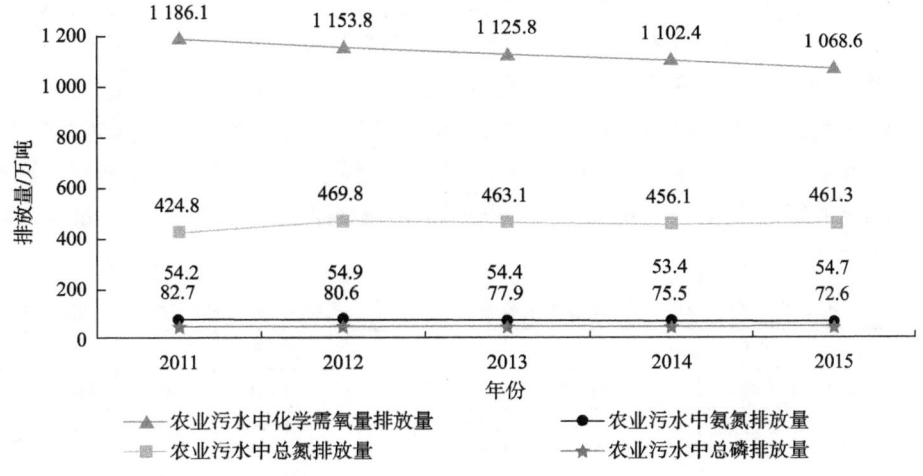

图 2-3　2011~2015 年全国农业污染排放情况
资料来源：中国环境保护数据库

2019 年 4 月，为贯彻落实中共中央办公厅、国务院办公厅《关于创新体制机制推进农业绿色发展的意见》和2019年中央一号文件精神，按照中央农村工作会议和全国农业农村厅局长工作会议部署，进一步推进农业绿色发展工作，农业农村部办公厅印发了《2019年农业农村绿色发展工作要点》。推进农业农村绿色发展主要从五个板块展开工作部署：第一，推进农业农村绿色生产。优化种植养殖结构，推行标准化生产，发展生态健康养殖，增强绿色优质农产品供给。第二，加强农业污染源防治。持续推进化肥减量增效，持续推进农药减量增效，推进畜禽粪污资源化利用，全面实施秸秆综合利用行动，深入实施农膜回收行动，强化耕地土壤污染管控与修复。第三，保护与节约利用农业资源。扩大耕地轮作休耕制度试点，加快发展节水农业，加强农业生物多样性保护，着力强化渔业资源养护修复。第四，切实改善农村人居环境。强化典型示范，实施农村人居环境改善专项行动，积极发展乡村休闲旅游。第五，强化统筹推进和试验示范。统筹推动长江经济带绿色发展，开展第二批国家农业绿色发展先行区评估确定，加强农业绿色发展基础性工作，强化工作落实和调度[①]。

在乡村振兴战略的实施中，必须要以生态优先的绿色发展为导向。同时，绿色生产生活方式也是绿色发展的重要组成部分。绿水青山就是金山银山，生态建设的推进，不仅要将传统的经济发展模式改变为绿色经济发展方式，更深刻变革了传统的思想观念。我们不仅要发展经济摆脱贫穷，更要保护好生态环境，牢固树立"绿水青山也是金山银山"的发展理念，推进绿色、循环、低碳与生态文明相匹配的良性发展方式[②]。

新时代对农业绿色发展提出了更高的要求，农业绿色发展具有全新的、更加广阔的内容。2017年，中共中央办公厅、国务院办公厅印发的《关于创新体制机制推进农业绿色发展的意见》明确指出，推进农业绿色发展，是贯彻新发展理念、推进农业供给侧结构性改革的必然要求，是加快农业现代化、促进农业可持续发展的重大举措，是守住绿水青山、建设美丽中国的时代担当，对保障国家粮食安全、资源安全和生态安全，维系当代人福祉和保障子孙后代永续发展具有重要意义。农业的粗放管理模式要有根本改变，要有主要依靠资源消耗转向依靠高效、集约化利用资源的发展方式。农业面源污染和生态退化的趋势问题尚未得到有效遏制。绿色优质农产品和生态产品的供应已经不能满足人们日益增长的需求，农业支持保障体系需要进一步健全。我国西部地区转向绿色经济发展的空间较大，西部地区经济绿色发展必须要在降低资源环境消耗的同时实现经济结构的增长。近10年来，西部地区各省（区、市）农林牧渔业总产值逐年增长，西部地区乡村振兴战略的实施取得了一定成效。2009~2018年西部地区各省（区、市）农林牧渔业总产值如表2-1所示。

表2-1　2009~2018年西部地区各省（区、市）农林牧渔业总产值　　单位：亿元

省（区、市）	2009年	2010年	2011年	2012年	2013年	2014年	2015年	2016年	2017年	2018年
内蒙古	1 570.4	1 844.5	2 205.2	2 450.3	2 702.7	2 786.5	2 761.6	2 803.6	2 813.5	2 985.3
广西	2 380.5	2 721.0	3 323.4	3 490.7	3 755.2	3 947.7	4 197.1	4 560.2	4 698.7	4 909.2

---

① 《2019年农业农村绿色发展工作要点》。
② 《乡村振兴战略规划（2018-2022年）》。

续表

省（区、市）	2009年	2010年	2011年	2012年	2013年	2014年	2015年	2016年	2017年	2018年
重庆	886.2	980.5	1 204.2	1 327.3	1 418.3	1 485.8	1 609.1	1 851.6	1 902.5	2 052.4
四川	3 689.8	4 081.8	4 932.7	5 433.1	5 620.3	5 888.1	6 377.8	6 816.9	6 955.6	7 195.7
贵州	876.2	998.9	1 166.7	1 438.0	1 664.5	2 120.3	2 740.9	3 123.1	3 413.9	3 619.5
云南	1 716.6	1 824.8	2 334.5	2 716.5	3 097.5	3 307.8	3 438.7	3 704.7	3 872.9	4 108.9
西藏	93.4	100.8	109.4	118.3	128.0	138.7	149.5	173.0	178.2	195.5
陕西	1 339.9	1 669.1	2 063.8	2 309.6	2 569.8	2 748.6	2 821.6	2 994.8	3 077.6	3 240.0
甘肃	809.7	905.2	999.7	1 116.0	1 233.8	1 307.3	1 386.1	1 443.1	1 559.6	1 659.4
青海	157.3	201.1	230.8	263.9	310.3	327.5	319.5	338.8	364.1	405.9
宁夏	244.1	306.4	355.6	386.5	432.1	448.2	484.5	496.3	517.4	575.8
新疆	1 321.7	1 886.9	2 011.9	2 355.4	2 648.0	2 881.5	2 968.4	3 165.9	3 326.6	3 637.8

资料来源：国家统计局

如表2-1所示，2009~2018年，西部地区各省（区、市）农林牧渔业总产值整体呈现稳步增长趋势，其中贵州增速最快，西藏增速较为缓慢；总产值最高的是四川，西藏最低。

二、乡村绿色发展存在的问题

我国地域辽阔，但区域发展不均衡，西部地区经济社会发展相对落后。在2017年中共中央办公厅、国务院办公厅印发《关于创新体制机制推进农业绿色发展的意见》及2018年中共中央、国务院印发《乡村振兴战略规划（2018—2022年）》等文件背景下，西部地区乡村振兴战略的实施被放在重要位置，乡村的振兴要实现农业农村经济高质量发展和高水平的生态环境保护。目前，在推进西部地区乡村绿色发展中仍然存在诸多问题。

（一）乡村资源利用效率有待提高

西部地区自然资源禀赋优良，但能够用于生产和生活的空间有限，资源整合利用效率较低；由于气候条件的差异，西南地区降水量充沛，多洪涝灾害，西北地区降水量较少，多旱灾。西部地区的大部分农村普遍存在农田水利设施设备老化失修，灌溉设施配套差、标准低、功能退化等问题；随着城乡融合进程的加快，建设用地与耕地之间的矛盾突出。同时，城镇化进程使得农村社会结构失衡，西部地区乡村青壮年劳动力、高层次人才流失严重。从事农业生产的劳动力越来越少，大量良田撂荒，农村"空心化""老龄化"问题突出。

（二）农业农村环境污染问题突出

农业农村污染整治关系着"美丽乡村建设"，畜禽污染、农业面源污染、农村环境综合整治是农业农村环境污染问题治理的三个重点领域。目前，西部地区乡村环境形势十分严峻。一方面，农村畜禽养殖业迅速发展，而畜禽粪污资源化处置却整体滞后，大量的畜禽污染物给农村环境带来了巨大的压力；种植业化肥施用量较大，引起地区水体富营养化；农业生产过程中农药使用不合理，农药废弃包装乱扔乱放，使得农药大量富集于土壤、水体中；农膜滥用现象严重，残膜回收利用效率较低；农作物秸秆焚烧、乱弃现象严重。另一方面，工业化和城镇化的发展，使得工业"三废"（废水、废气、固体废弃物）、城市污水不断向农村蔓延。农业灌溉用水受到污染，导致农产品有毒成分超标。大量的固体废弃物堆存使得部分地区农田受重金属和固体废弃物污染严重，农业农村环境遭到破坏。

（三）农村管理体制不健全

目前，西部地区农村管理体制还有待提高，尤其是资源环境管理方面。部门间职能交叉导致管理的重复和缺位，对资源的利用效率和生态环境污染治理效率有一定程度的影响。农业农村污染防治监测技术有待提高，监测数据和监测信息滞后；西部地区农村区域发展不协调，区域间资源有偿使用机制、生态补偿机制、以市场为主导的资源配置机制不完善，农业生产过程中产生的污染物责任主体不明确。

三、西部地区乡村绿色发展问题形成的原因分析

在推进西部地区乡村绿色发展的过程中存在的诸多问题，主要来自西部地区自然条件和社会经济条件两方面的影响。

（一）自然条件影响

从地理地貌看，西南地区多为高原、山地地貌，西北地区主要以沙漠、戈壁地貌为主，绝大部分地区自然环境恶劣，水源缺少，生产条件较差，不适宜居住、耕种，且生态环境持续恶化。特殊的地理环境导致部分地区耕种困难，大型农机难以被推广使用，致使土地生产率低下；从生态环境看，西部地区乡村多为生态环境脆弱地区，洪涝灾害、山地滑坡、泥石流、土地荒漠化等自然灾害频发。相关政府政策限制生态脆弱地区开发，该地区乡村经济发展也一定程度地受到阻碍，人居环境难以改善，公共服务基础设施难以优化完善。

（二）社会经济条件影响

一是交通等基础设施、房屋等居住条件有待完善，农业生产水平较为低下。在城镇化进程中，由于乡村基础设施条件落后，对各领域人才吸纳能力较弱，招商引资困难；二是西部地区乡村教育教学水平相对落后，人才流失严重，农民受教育程度较低。良种、新型播种技术、灌溉技术、新型农机等难以普及，乡村基层治理人才缺失。

四、乡村绿色发展策略

西部地区乡村振兴战略的实施影响着乡村振兴战略在全国的推行进程和效率。为创新体制机制，推进西部地区乡村绿色发展，下面将围绕乡村振兴战略方针，结合西部地区农村整体特征来讨论西部地区乡村绿色发展路径。

（一）振兴乡村绿色产业

发展壮大乡村产业，将乡村特色文化和农产品打造成独具特色的西部乡村价值产业

体系，从而推动乡村第一、第二、第三产业融合发展，实现产业的全面振兴。西部地区城乡融合的加速，为顺应城乡居民消费升级，积极发展乡村生态涵养、休闲观光、文化体验、健康养老等产业，为广大乡村绿色产业的发展增添了发展新亮点。同时，乡村产业兴旺需要走一条可持续发展之路，在各地区做乡村发展整体规划的时候，应充分了解乡村发展的需求、明确乡村产业发展方向，结合西部地区乡村发展相关政策和市场机制，因地制宜、因村而异做出乡村特色发展规划。

（二）推进乡村产业融合发展

落实中央和省委、省政府各项关于推动乡村产业发展政策，鼓励大力发展农业企业、农民合作社，推进订单农业、农民股份合作联合体，让广大农民成为合作社运营的主体，切实保证分工明确、优势互补、风险共担、利益共享，从而发展壮大农民合作社。同时，大力支持在行政区域范围内各产业的合作，提高产业关联度，发展农业生产加工业和服务业，推动乡村旅游、文化、教育、健康等产业的深度融合，探索符合西部地区乡村特色产业发展的路径，形成家庭农场与农民合作社联合、大企业带动小规模合作社，实现抱团发展。加快建设现代乡村产业园，实现多主体参与、多要素聚集、多业态发展、多模式推进的融合格局，认定一批西部地区乡村第一、第二、第三产业融合发展的先导区。

（三）培育乡村新产业、新业态

深入推动"互联网+农业"的业态发展。借助互联网的发展，积极推进休闲农业和乡村绿色生态旅游，发展乡村共享经济等新业态；整合乡村丰富的生态资源，推动科技、人文等元素深度融入农业发展；建立全面覆盖、区域一体化、全面支持的新型农业社会化服务体系；注重优化乡村消费环境，不断优化乡村消费结构，提高乡村消费水平；在建设乡村特色小镇的同时，注重农村循环经济理念的实践，在推动西部地区乡村产业发展与新型城镇化相结合的过程中，始终坚持绿色发展导向。

西部地区是少数民族聚集的地区，有丰富的少数民族文化底蕴，文化旅游资源较为丰富。在乡村振兴的进程中，培育特色文化村镇、村寨，以及特色小镇、少数民族村寨文化，形成西南地区乡村独特的文化旅游路线，让西部少数民族地区的人民依靠自身的特色实现增收目的。同时，西部地区乡村自然资源也极为丰富，在不破坏乡村自然风貌的基础上利用乡村自然生态环境发展乡村生态旅游业；在有条件的地区同时打造乡村"生态+文化"的特色旅游路线，让游客不仅能够享受秀丽的自然风光，也能体验不同的少数民族文化和风俗。

（四）加速发展乡村创新创业

促进西部地区产业间、大学和研究机构之间的合作，鼓励群众返乡创业。增加人力、技术、资金等资源投入，包括以建立创新型企业培训基地等方式，支持当地农民创办企业；通过实施"绿色通道"等方式，为返乡农民和当地农民创新创业提供便捷服务，降低创业的行政手续等时间和资金成本。进一步地，西部地区乡村发展可以依托社会保障相关服务平台，做好企业家社会保障关系的回归工作。在具体支持乡村创新创业过程中，需要积极应对和解决各地新兴产业、新业态发展所需的建设用地计划指标、税收减免和降费政策等问题，助力乡村创新创业，为乡村产业的兴旺发展注入新的活力。

（五）努力实现生态宜居

践行循环经济理念。良好的自然环境是乡村最大的优势和宝贵财富，具备实施循环经济模式的先天优势。在实施西部地区乡村振兴过程中，要实现百姓富、生态美的统一，就必须要尊重自然、顺应自然、保护自然。西部地区乡村生态宜居必须着力解决农村畜禽养殖污染、农业面源污染、农村环境综合整治效率等问题。因此，需要继续注重践行循环经济理念，推进畜禽粪污、秸秆、农膜等农业废弃物资源化利用，构建绿色和谐生态乡村。

加强宣传引导。落实西部地区农村污染治理和生态环境保护，各乡村可定期针对农业农村绿色发展相关知识进行专题培训或广播宣传，确保西部地区乡村生态环境保护工作扎实推进，创建农业绿色发展先行示范区，让绿色发展理念日益深入人心。继续加强落实西部地区各农村以畜牧大县和规模养殖场为重点，以就地、就近使用农村能源、农用有机肥为主要使用方向，种植业和养殖业相结合，养殖业为种植业提供有机肥料的同时也解决了禽畜粪污问题，在有条件的大型养殖场鼓励生物质能源设施的建设，发展沼气能，推动清洁能源在西部地区农村的推广和使用。在有条件的农村推进农村生活垃圾管理，建立和完善符合农村现实和各种方法的生活垃圾收集处理系统，促进农村废弃物的原位分类和资源利用。

（六）保护独特文化，实现生活富裕

我国西部地区地形复杂、民族众多、宗教形式多样，催生了独具特色的自然和人文景观。这一方面对西部地区独特并极具差异性的文化传承提出了很高的要求，另一方面也为开发自然观察、民俗体验、自然探险等特色旅游业创造了得天独厚的条件，进而为活跃地方经济、实现农村居民生活富裕提供了可能。因此，西部地区需要因地制宜地根据地方自然景观、文化、民俗的多样性，进行乡风文明建设的具体规划，以此彰显地域的自然与文化特色。特别要注重历史文化名村、文物古迹、传统村落、民族村寨、传统建筑等文化遗产的保护工作，从优秀传统文化、乡村精神文化活动、优美自然风光等多方面描绘乡村。只有凝聚了乡土人文之美的乡村，才是有灵魂的乡村，才是更具竞争力的乡村。

要更好地保护和传承西部地区独特的文化和自然风貌，实现西部地区农村居民生活富裕的持续发展，就必须促进农村居民的全面发展。因此，一定要优先发展农村义务教育，推动西部地区城乡教育和健康事业一体化发展，全面提高农村居民的文化素质和身体素质，使之成为合格的乡村建设主体。建议积极创新乡村人才培育、引进、使用机制，加大对人才尤其是返乡人才的支持力度，提升教育资源；通过乡土人才培育，带动农村居民增收致富，最终形成"教育—人才—产业—文化—生活富裕"的良性循环。

我国是农业大国，经济发展不平衡，尤其东部地区和西部地区经济发展差异较大。乡村振兴战略是我国决胜全面建成小康社会的重要举措，是农业农村发展到新阶段设定的新目标，战略的实施为农业农村绿色发展注入了强大动力。通过乡村产业的振兴、文化的保护和传承来提高农村居民的收入水平，充分调动农村居民的积极性、主动性和创造性，让农村居民依靠自己发家致富。乡村组织振兴是乡村振兴战略推进的保障，要抓基层打基础，

强化农村基层党组织建设，增强振兴乡村的领导力、凝聚力，激发乡村活力；只有农村美、农民富，农村居民的幸福感与获得感才会提升，西部地区乡村才能持续稳定的发展，最终实现绿色发展。

第二节 农村人居环境改善

随着我国社会经济的迅猛发展及科学技术水平的不断提高，国家对农村地区发展的重视程度越来越高。从中华人民共和国成立初期努力解决农村居民基本温饱问题到今天致力于乡村振兴，我们可以看到农村发展不同阶段的变化。作为乡村振兴的重要抓手，改善农村人居环境也是全面建成小康社会的重点工程之一。出于农村经济发展水平及人口、政策等多方面的原因，尤其是一些偏远落后的西部地区，农村生产生活环境效益日益恶化，影响了城乡共同发展，因此，探索西部地区农村人居环境建设和改善的解决方案是实现西部地区生态宜居乡村建设的关键步骤。

一、农村人居环境概述

人居环境在字面上可以简单理解为人类居住的环境，其具有非常丰富的内涵。20世纪50年代希腊学者道萨迪亚斯首先在他的一系列著作中提出"人类聚居"的定义，认为人类聚居包括人类直接使用的有形实体环境、聚落周围的自然环境，以及人类甚至于人类活动所构成的社会（Doxiadis，1975）。吴良镛（2001）将人居环境定义为"人类聚居生活的地方，是与人类生存活动密切相关的地表空间，它是人类在大自然中赖以生存的基地，是人类利用自然、改造自然的主要场所"。人居环境随即成为建筑、规划、环境等领域关注和研究的热点话题。两位学者在对人居环境的研究中都将人类看作人居环境的主体，认为人居环境不仅包含农村的自然环境，也包含维持人们生产及生活等社会活动所需的物质基础及各类设施，是由人和环境共同组成的有机整体。参考学者的观点，本书认为农村人居环境是以农民为主体的，与之从事的各类生产、生活活动相关的自然环境、社会环境和经济环境的总和。

2014年5月，国务院办公厅发布《国务院办公厅关于改善农村人居环境的指导意见》，为进一步改善农村人居环境，提出总体要求、基本原则和工作指导意见。同年6月27日，四川省人民政府办公厅印发《四川省人民政府办公厅关于改善农村人居环境的实施意见》，对四川的农村人居环境改善治理工作提出要求、主要任务及保障措施。2014年7月，住房和城乡建设部、中央农村工作领导小组办公室、环境保护部、农业部联合印发通知，要求各地落实国务院办公厅印发的《国务院办公厅关于改善农村人居环境的指导意见》，规范全国改善农村人居环境工作。2018年中央一号文件指出，"到2020年，农村基础设施建设深入推进，农村人居环境明显改善，美丽宜居乡村建设扎实推进"，明确了我国实施乡村战略的目标任务。2018年2月，中共中央办公厅、国务院办公厅印发《农村人居环境整治三年行动方案》，明确提出"将农村水环境治理纳入河长制、湖长制管理，到2020年，实现农村人居环境明显改善，村庄环境基本干净整洁有序，村民环境与健康意识普遍增强"。随后，云南、甘肃、陕西、内蒙古也分别发布本省（区）的实施行动方案，并提出各自的目标及行动措施。这些文件的提出将农村人居环境改善的任务放在了极为重要的位置，引起了整个社会的高度重视，为推进美丽宜居乡村建设、促进乡村生态文明的快速发展提供了行动方向。

目前，我国农村还存在大量生活垃圾、污水长期得不到有效处理，生活便利设施得不到及时配置，生态环境慢性恶化、逐渐失衡等诸多问题和挑战，改善农村人居环境问题任务艰巨，更具重要意义。一方面，改善农村人居环境有利于实现城乡协调发展的目标。推进农村人居环境建设，加强农村生活基础设施、生产设施等一系列公共设施的建设，有利于缩小城乡差距，促进农村经济和生态文明的协调发展；另一方面，改善农村人居环境是建设和谐社会的需要。加强农村人居环境建设，促进农村居民生产、生活环境的优化提高，有利于发展乡村经济，吸引外来投资；加强农村人居环境建设，有助于农村居民树立科学的环境意识、规划意识，将现代文明与传统乡村民俗文化相结合，促进农村物质文明、精神文明、政治文明全面发展（孙跃杰等，2008；纪文娟，2012；郝美灵，2014）。

为了更有效地推进农村人居环境建设，相关的科学指标体系建立成为一个有趣的研究热点，越来越多学者通过理论研究、案例研究等方法，从不同角度设置指标，以综合测度农村人居环境的整体建设状况和水平。例如，郜彗等（2015）基于"社会—经济—自然"复合生态系统理论，建立了一套由生态环境、基础设施、公共服务、居住条件和经济发展五个方面组成的农村人居环境建设的评价指标体系，以重点阐述人居环境的内涵及标准。本书结合农村人居环境的相关概念定义、政策实施方案及农村普查情况、新农村建设的发展现状，借鉴国内外城市、农村人居环境评价的相关研究成果（唐铭和郭浩磊，2009；樊帆，2009；孙小杰，2015；郜彗等，2015；张晓丽等，2016；张洪祥，2017；徐顺青等，2018），按照表 2-2 所示的分层方式对农村人居环境的内涵进行界定，并以此为框架介绍西部地区农村人居环境改善的相关进展。

表 2-2　农村人居环境内涵界定

内涵界定对象	一级指标	二级指标	三级指标
农村人居环境	生态环境	自然资源	森林及土地资源
			水资源
		环境质量	生活用能中清洁能源所占比例
			化肥施用量
			农药使用量
			农用薄膜使用量
	经济发展	经济实力	农村人均可支配收入
		消费能力	农村恩格尔系数
	居住条件	居住条件	拥有一处及以上住房
		建设能力	钢筋混凝土结构住房所占比例
	公共服务获得	社会福利机构	有社会福利收养性单位的乡镇所占比例
		医疗	有医疗卫生机构的乡镇所占比例
		文化教育	有幼儿园、托儿所的乡镇所占比例
			有小学的乡镇所占比例
			有图书馆、文化站的乡镇所占比例

续表

内涵界定对象	一级指标	二级指标	三级指标
农村人居环境	基础设施	卫生条件	完成或部分完成改厕的村
			生活垃圾集中处理或部分集中处理的村
		供排水	生活污水集中处理或部分集中处理的村
			集中或部分集中供水的乡镇
		交通设施	有高速公路出入口的乡镇
			通公路的村
		能源通信	通电的村
			通宽带互联网的村

二、农村人居环境概况

从地理位置看，由于西部地区经济相对落后，随着西部大开发战略的实施，"西部地区"概念渐渐明晰。西部地区土地面积686.7万平方千米，占国土面积的71.5%，其中农耕地5 093.3万公顷，占全国的37.8%；人口约2.87亿人，占全国总人口的22.1%，其中少数民族人口约6 500万人，占全国少数民族人口的86%（李从平，2011）。西部地区疆域辽阔，横跨青藏高原、黄土高原、内蒙古高原、云贵高原、帕米尔高原（部分），以及柴达木盆地、塔里木盆地、准噶尔盆地和四川盆地，地质、地理条件及自然气候条件复杂，交通相对封闭，是我国需要加强支持和发展的地区，但由于其生态环境脆弱，加之开发成本较高，制约着西部地区开发和保护工作的持续推进。

（一）生态环境概况

（1）森林及土地资源概况。西部地区地域辽阔，横跨三大高原、两大盆地，因而自然气候条件相对复杂，各种类型的土地总量较低，西部地区人均耕地0.13公顷、林地0.31公顷，草地0.69公顷，分别为全国平均水平的1.3倍、1.7倍、3.1倍。西部地区大部分处于黄河和长江中上游，森林植被破坏严重，林业用地1.39亿公顷，占全国林业用地总量的52.8%，森林覆盖率12%，部分省（区、市）森林覆盖率极低，其中青海小于1%，宁夏仅为1.5%，黄土高原也只达6%（李从平，2011）。由于森林被大面积砍伐，植被遭到破坏，水土流失严重，西部地区农业生态环境逐渐恶化。目前，西部地区水土流失面积约104.5万平方千米，水土流失率为15.2%，占全国水土流失面积的58%，仅黄土高原地区而言，其水土流失面积就高达50多万平方千米（李从平，2011），是世界上水土流失最为严重的几个地区之一。

（2）水资源概况。西部地区的水资源总量约占全国的78%。但西部地区水土资源极不均衡，西北地区水少土多，西南地区水多土少，自然条件有很大不同，生态环境都很脆弱。西北地区干旱少雨，年均水资源总量为2 344亿立方米，仅占全国水资源总量的8%，可利用量不足1 200亿立方米。特殊的地理和气候条件，加上社会经济的迅速发展、人口的急剧增加，致使西北地区水资源紧缺的矛盾日益突出，生态环境严重恶化。西南地区降水丰沛，水系发育，年均水资源量12 752亿立方米，可利用水资源量为3 470亿立方米。水能资源极其丰富，可开发容量为2.67亿千瓦，占全国的70%。但西南地区山高谷深，地形地貌复杂，耕地少、质量差且较分散，客观上加大了水利基础设施建设和水资源开发利用的难度①。这种水资源分配不均的问题使得在一些西北地区农村水资源供需矛盾突出,水资源的短缺给农民的生产、生活带来了严重问题,在加重农民贫困的同时,更导致严重的生态破坏活动(高志友和罗映光,2002)。

(3)农业生产对农村环境质量影响概况。西部地区蕴藏着丰富的农业资源,加上科学技术发展缓解了地理位置的限制,农业资源有效开发和利用程度相较 1998 年明显提高。根据1997年开始的第一次农业普查及《中国农业统计资料(2017)》,西部地区耕地面积占全国的比例从 1998 年的 25.2%上升至 2016 年的 34.4%;从地区分布情况看,2016年西部地区的耕地比例较高,而东部地区、中部地区分别占 22.9%和 38.2%。但是,由于西部地区工业化水平滞后,城市化水平较低,使得其农业发展水平相对滞后。就农业机械化水平来看,2016 年东部地区、中部地区、西部地区农业机械总动力分别为 3.2 亿千瓦、4.0 亿千瓦和 2.7 亿千瓦,占全国的比重分别为 32.3%、40.2%和 27.5%,由此可以看出,相较其他两个地区而言,西部地区农业生产现代化程度明显偏低。同时,技术水平落后、科技含量低导致西部地区农业及相关产业粗放式经营,使得农业资源出现浪费的现象严重。近年来,化肥、农药、农膜的使用虽在一定程度上促进了农产品产量的提高,但也给农村生态环境带来了较为严重的危害。从 2013~2017 年西部地区 12 省(区、市)农膜、农药及化肥的使用情况看,三者的使用量均在 2016 年达到最高,其中农膜使用量达 101.9 万吨,农药使用量为 38.2 万吨,化肥施用量为 1 813.3 万吨,其余年份数据及趋势图可参见图 2-4。对农业的过度开发,以及化肥、农药和农膜的滥用都引起了农村更深层次的生态环境退化问题。近年来,对该问题的逐渐重视也使得地方生态保护相关实务部门与农村居民有意识地减少使用这些农用品。

图 2-4 西部地区农膜、农药使用量及化肥施用量情况

资料来源:《中国环境统计年鉴(2018)》

(二)经济发展概况

农民作为农村建设的主要群体,也是建设成果的享有者和受益者。农村良好的经济发展是农村人居环境建设的物质基础,它关系到农民生活水平的提高和农村的社会稳定问题。就农村居民人均可支配收入水平来看,截至 2017 年底,西部地区年人均可支配收

---

① 2002 年,国务院西部地区开发领导小组办公室、水利部、国家计委联合印发的《西部地区水利发展规划纲要》。

入为 10 828.6 元，相比 2013 年增长 45.6%，而东部地区、中部地区、东北地区分别达 16 822.1 元、12 805.8 元、13 115.8 元，西部地区的农村经济实力明显较差（图 2-5）。郜彗等（2015）在其研究中使用农村人均纯收入及农村恩格尔系数来衡量农村的经济实力及农民的消费能力以表征农村的经济发展状况。该研究根据各省（区、市）农民人均纯收入和农村恩格尔系数计算得到各省（区、市）经济发展指数，结果表明经济发展较落后的 5 个省（区、市）经济发展指数均低于 0.1，其中有 4 个省（区、市）（四川、云南、贵州和甘肃）分布在西部地区，并得出由于农业发展条件的差异，西部地区的农村环境经济发展水平最低的结论。

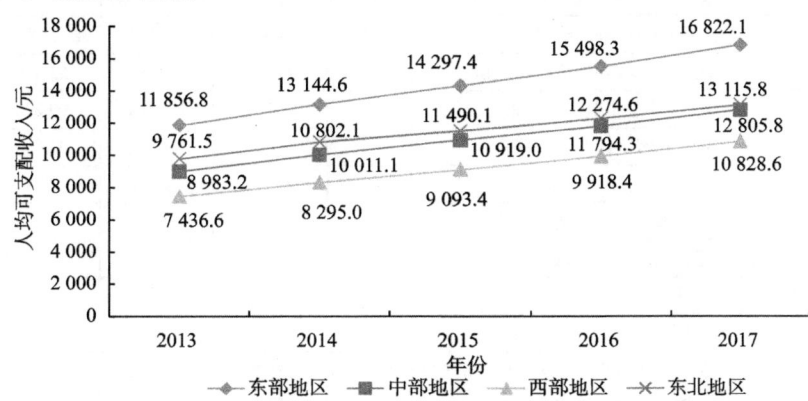

图 2-5　东部地区、中部地区、西部地区及东北地区农村居民人均可支配收入

资料来源：《中国农村统计年鉴（2018）》

（三）居住条件概况

住房是农村人居环境的基础条件，农村居住条件的改善是农村人居环境建设取得成就的显著标志。2017 年第三次全国农业普查数据显示，2016 年末，东部地区、中部地区、西部地区、东北地区拥有住房的农户数量所占比例分别为 99.7%、99.6%、99.1%、99.2%，各地区相差不大，但西部地区没有住房的农户所占比例依旧是最高的。同时，就农村的建筑能力而言，西部地区钢筋混凝土结构的住房比例为 9.5%，低于全国平均水平的 12.5%，这些数据在一定程度上体现了西部地区农村居住条件相对较差。

（四）基础设施与公共服务概况

随着经济的持续发展，尽管西部地区农村基础设施及公共服务正在逐步完善，但相对于东部地区、中部地区、东北地区而言基础设施及服务的投入还远远不足。第三次全国农业普查主要数据公报中农村基础设施建设和基本社会服务数据显示，截至 2016 年末，卫生条件方面，西部地区完成或部分完成改厕的村比重达 49.1%，略低于全国平均水平的 53.5%；生活垃圾集中处理或部分集中处理的村比重达 60.3%，除东部地区以外的其他中部地区、西部地区、东北地区均相差不大。供排水方面，西部地区集中或部分集中供水的乡镇比重为 87.1%，在 4 个地区中处于最低水平；生活污水集中处理或部分集中处理的村在全国范围内普遍偏低，西部地区比例比全国比例低 5.8 个百分点，为 11.6%。交通设施方面，西部地区通公路的村为 98.3%，有高速公路出入口的乡镇仅占

17.0%，均低于全国平均水平。能源通信方面，西部地区通电的村比重为99.2%，通宽带互联网的村比重为77.3%，与其他三个地区相比均存在较大差距。文化教育方面，西部地区有幼儿园、托儿所的乡镇，有小学的乡镇，有图书馆、文化站的乡镇比重依次是94.0%、97.3%、96.6%，略低于全国平均水平。医疗和社会福利机构方面，西部地区有医疗卫生机构的乡镇比重为99.8%，与其他三个地区相差不大，有社会福利收养性单位的乡镇比重为53.3%，与东部地区、中部地区相比存在较大差距，但与东北地区相差不大。相关数据如表2-3所示。

表2-3　各地区农村基础设施建设和基本社会服务获得情况

分类	基本社会服务获得	全国	东部地区	中部地区	西部地区	东北地区
社会福利机构	有社会福利收养性单位的乡镇	66.8%	71.7%	87.7%	53.3%	57.0%
医疗	有医疗卫生机构的乡镇	99.9%	99.9%	100.0%	99.8%	99.7%
文化教育	有幼儿园、托儿所的乡镇	96.5%	98.7%	98.3%	94.0%	96.9%
	有小学的乡镇	98.0%	98.7%	99.5%	97.3%	95.2%
	有图书馆、文化站的乡镇	96.8%	96.2%	98.0%	96.6%	95.2%
卫生条件	完成或部分完成改厕的村	53.5%	64.5%	49.1%	49.1%	23.7%
	生活垃圾集中处理或部分集中处理的村	73.9%	90.4%	69.7%	60.3%	53.1%
供排水	集中或部分集中供水的乡镇	91.3%	96.1%	93.1%	87.1%	93.6%
	生活污水集中处理或部分集中处理的村	17.4%	27.1%	12.5%	11.6%	7.8%
交通设施	有高速公路出入口的乡镇	21.5%	28.9%	22.6%	17.0%	19.9%
	通公路的村	99.3%	99.9%	99.5%	98.3%	99.7%
能源通信	通电的村	99.7%	100.0%	99.9%	99.2%	100.0%
	通宽带互联网的村	89.9%	97.1%	92.7%	77.3%	96.5%

资料来源：2017年第三次全国农业普查主要数据公报

总之，西部地区农村人居环境建设水平与全国平均水平尚存在较大的差距，需要对其存在的问题进行更加深入和全面的分析。

三、农村人居环境存在的问题

近年来，各级政府持续针对农村地区提出新的发展理念并实施相应政策，如加大财政金融的扶持力度，推动城乡一体化发展，针对农村人居环境问题开展专项整治和重点综合整治，大部分村庄人居环境有所改善，但仍存在一些问题亟待解决，主要体现在农村自然生态环境和乡村建设两方面。

（一）农村自然生态环境问题

1. 自然灾害时有发生，西部地区人员伤亡较重

2018年国家发展和改革委员会的统计数据显示，2017年各类自然灾害的发生使得西部地区共545人死亡（含失踪），约占全国因灾死亡（失踪）人口总数的60%；5人以上死亡、失踪的重大自然灾害事件共计39次，涉及的19个省（区、市）中近60%发生在西部地区。水资源方面，由于西北地区持续干旱少雨，加之西部地区降水在整体上呈现区域与时空分布不均衡的特点，西北地区极易出现水资源短缺的问题。《中国农村统计年鉴（2018）》数据显示，2017年，西部地区12省（区、市）旱灾受灾面积达484.6万公顷。土地资源方面，西部地区地理位置相对特殊，部分高原地区植被稀少，草场退化严重，生态环境逐步恶化，一旦暴雨侵袭，将导致极为严重的水土流失甚至山体滑坡的现象出现。同时，部分地区持续的矿产资源开发不仅严重破坏山体表面的植被，还造成不同程度的山体坍塌、地面下沉的问题，对村民的生命安全造成极大威胁。

2. 农业生产方式导致土壤污染日益严重

如前所述，西部地区农业机械化程度较低，2016年农业机械总动力为27 121.5万千瓦，所占比例仅为27.5%，不及全国的三分之一。西部地区农业生产难以形成规模化，多依靠化肥和农药的大量施用来提高土地产出水平，使得耕地和水体受到大面积污染，导致土壤板结、肥力下降的现象出现。化肥中过量的重金属成分在农作物、土壤与地下水中沉积，导致人体健康状况、土壤与水质受损。另外，由于塑料在短时间内难以降解，大量使用农业地膜并将其掩埋在土壤中更加剧了土壤污染。

3. 工业污染问题加剧影响农村人居环境

随着经济的持续发展，我国产业结构不断优化调整，城市环境治理逐步推进，城市规划与工业发展不再相融，使得产业在区域间进行转移，尤其是一些污染物排放较多的企业向环境治理标准相对较为宽松的农村地区转移，为农村地区的发展制造了新的增长点的同时，也为其带来了污染。技术含量低的小规模企业工艺技术相对落后，产出水平低下导致污染严重，由于这些企业片面追求经济效益，加上部分地方政府对环境监管不力，这些企业产生的废水、废气和固体废弃物未经允许和合格的处理流程就直接排放，虽然获得短期的经济增长，但也带来环境污染。

（二）乡村建设问题

1. 经济发展落后影响农村稳定

如前所述，2013~2017年，西部地区农村人民可支配收入在4个地区中处于最低水平，2017年仅为10 828.6元/人，西部地区农村的经济发展相对滞后。随着西部大开发的不断推进，我国产业及就业结构发生巨大变化，农业劳动力开始向非农产业转移，西部地区农村人均可支配收入的增长率在4个地区中最高。然而，农村劳动力的转移也为农村建设带来一系列问题，由于不少青壮年劳动力进入城市工作，只留下老幼妇孺，一些地区存在着严峻的"空心村"现象，仅仅依靠农村留下的老人、妇女和小孩改善农村环境则更显吃力，使得农村生活生产环境问题日益严重，出现恶性循环。部分外出的农民工经济实力提高后回乡建房，在不拆除旧房子的情况下建造新房子，反复拆建自有房屋，导致村庄建设用地的极大浪费，加剧了资源紧张。同时，外出打工者在潜移默化中习惯了城市生活，不愿回乡生活或探亲，忽略对老人的关心和对小孩的家庭教育，由此引发家庭不和谐。

2. 农村居民基本居住条件较差

伴随着经济的快速发展和产业结构的变化，我国农村发展也被带动起来，农村居民收入持续上升，但不同家庭经济状况之间存在差异，有的家庭能够自己加盖别墅，而有的家庭经济条件较差，仍然居住在木房甚至危房中，加之部分农村地区未对房屋的修建进行整体规划或规划并不合理，导致村庄布局杂乱无章，规模小、建设乱的问题尤为突出，农村居民居住环境和住房质量也无法得到改善，直接影响村庄的整体形象。政府即使对农村民居进行统一建设，也难以真正做到因地制宜，其并未考虑到当地的特色或者农村居民的生产劳作需求，一味地将城市的建设模式迁移到农村，从而破坏了村庄原有的乡土文化特色和住房所需的特有的生产、生活功能。

3. 环境基础设施建设落后

农村环境基础设施建设主要包括厕所的修建、生活污水及生活垃圾处理等公共设施的建设。目前，大部分西部地区的村庄，尤其是贫困偏远地区村庄尚未完全完成厕所的改造，并未完全实现生活污水和生活垃圾集中处理。在厕所改造问题上，西部地区只有49.1%的村庄完成或部分完成改厕，其中使用水冲式卫生厕所的村庄仅占29.7%，剩余一些老式厕所由于粪污无法得到有效处理，夏季往往苍蝇横生，甚至造成空气污染，引起各种呼吸道疾病，严重影响人们的身体健康和人居环境的改善。在生活垃圾处理问题上，第三次全国农业普查数据显示，截至2016年底，西部地区生活垃圾集中处理或部分集中处理的村所占比例为60.3%，比全国平均水平（73.9%）低13.6个百分点。在一些偏远落后的村庄，农村居民并未对生活垃圾分类回收处理，部分垃圾被填埋或焚烧，剩余的部分垃圾则被随意丢弃，处于无人管理的状态，日积月累便在路边、山顶洼地边形成了垃圾山，腐烂后被雨水冲刷流入河流中，为农村居民的生活环境和饮水安全带来危害。生活污水处理方面，西部地区生活污水集中处理或部分集中处理的村所占比例仅为11.6%[①]，距污水处理覆盖率达到一半的目标还差38.4个百分点，从中我们可以明显看到农村生活污水排放问题是西部地区农村环境普遍存在的问题。随着农村经济的发展和农村居民生活水平的提高，农村生活污水、农业污水及牲畜粪污的排放日益增多，正逐渐打破自然生态环境所能承受的平衡和极限。很多农村没有下水管道，排污、净水装置缺乏，各种污水基本上都被随意排放到外界环境中，不仅使得地表水被污染，空气恶臭，甚至影响到地下水的水质，给人体健康造成伤害。

4. 村容整洁面临较大挑战

村容村貌主要聚焦农村环境的整洁卫生程度，是乡村整体形象的重要体现。然而，一些村庄环境给大家的直观感受依旧是"脏、乱、差"，农村人居环境与社会经济发展目标并不匹配，在村容村貌的建设过程中仍缺乏科学的规划。第一，在农村公路问题上，西部地区通公路的村所占比例为98.3%，在全国范围内是最低的，并且，一部分农村地区只修建了主干路，支线道路仍然是黄泥公路，有些居民由于居住得更为偏僻而未能实现道路"户户通"。第二，绿化方面，除了一部分旅游村及村民在田地里种植的花、果、蔬菜外，村庄内部基本没有进行系统的绿化，独特的乡土人文景观并未很好地体现出来，绿化率普遍偏低（赵玉凤，2010；奉先焱，2018；江志峰，2019）。第三，由于农村生活

[①] 2017年第三次全国农业普查主要数据公报。

垃圾未进行集中处理及分类处理，大部分垃圾被随意堆砌在道路两旁，被风刮或被雨水冲散到水塘、田地及各个地方，影响村庄环境的整体观感。同时，一些养殖户未对家禽进行圈养，家禽、家畜在村庄内随意移动，禽畜粪污也随处可见，对村容村貌产生了较为恶劣的影响。

5. 农村公共服务供给不足

完善的公共服务供给同样是衡量农村人居环境改善的重要标志之一。目前，西部地区农村公共服务投入仍然存在很大不足，与城市相比还存在一定差距。一方面，西部地区农村供给人民生活的基本能源设施，如互联网的覆盖、电网改造、集中供水和供电等工程投资不足，部分地区还未全面完成。就第三次全国农业普查数据可得，西部地区集中供水或部分集中供水的乡镇比例为87.1%，在4个地区中所占比例最低；通宽带互联网的村仅占77.3%，远低于其他3个地区的比例，比所占比例最高的东部地区低19.8个百分点，工程覆盖率明显低于其他地区。另一方面，西部地区农村服务型基础设施，如文化教育设施、医疗与社会福利机构等方面的供给存在较大缺口。例如，西部地区农村有体育健身场所的村仅占46.0%，有体育场馆的乡镇只有13.5%，有剧场、影剧院的乡镇所占比例更低，仅占7.9%[①]，由此可见，西部地区能够实施文化娱乐活动的场所十分缺乏，远不能满足村民的休闲娱乐需要，农村的文化生活相对单调。

四、农村人居环境问题形成的原因分析

（一）农村人居环境建设管理制度不健全

西部地区农村人居环境建设一定程度上存在缺陷的首要原因是农村人居环境建设管理制度不健全（王春玲和魏慧荣，2013；周游等，2017；徐顺青，2018）。地方政府需对农村环境保护工作承担责任的法律约束尚不明确，仅在《中华人民共和国环境保护法》中提到"县级、乡级人民政府应当提高农村环境保护公共服务水平，推动农村环境综合整治"，但对于各机构具体的责任划分和考查标准并没有更为详细的表述。显然，法律制度不健全使得各级政府机构没有被追责的压力，从而容易忽视农村环境保护的相关工作。同时，农村建设相关的工作涉及国土资源部门、城乡规划部门、建设部门及环保部门等多个政府部门，整体规划和顶层设计的缺失使得不同部门的政策目标不一致，管理上缺乏统筹安排，导致政府部门间分工不明确，职责也存在一定程度交叉，政府部门没有发挥其对农村环境建设应有的主导作用。

（二）农村人居环境建设规划不科学

农村人居环境建设规划不科学是西部地区农村人居环境建设不尽如人意的又一大原因（唐铭和郭浩磊，2009；张晓丽等，2016；周游等，2017）。中国城市规划设计院副院长王凯在答记者问时提到：截至2012年底，我国有58.9万个行政村，55%编制了村庄规划，但符合农村实际、能较好地指导实施的村庄规划也就10%左右，大量村庄建设无

[①] 2017年第三次全国农业普查主要数据公报。

规可依。农村人居环境建设起步较晚，政府的经验较少，相关政策制定不够精准，能够给地方带来的指导也极为有限，使得各地在实施农村人居环境建设时略显吃力，农村环境质量并未真正得到改善，主要体现在以下两个方面：一是农村人居环境建设缺乏规划意识，总体发展的主导思想不明确。近年来，农村的环境治理工作缺乏长远的整体目标，一直秉持着问题导向的思维，出现问题了才开始实施相应的政策，从而导致目标和政策多变，各级政府在执行政策过程中困难重重。规划意识和顶层设计的缺失给农村的环保工作带来巨大压力，也导致实践过程中的一些偏差。二是农村人居环境建设规划水平有限。市场经济的发展推进了"城乡二元结构"的形成，城乡生产要素流动的不平衡导致城乡贫富差距加大，农村在经济发展乃至环境建设方面始终处于劣势地位，农村人居环境建设先天不足，加上大部分地区的农村，尤其是西部地区一些偏远贫困的农村并未设置专门的规划建设管理机构，导致专业的农村建设规划人员严重缺乏，面对资金和人才的双重压力，农村人居环境建设难以稳步推进。

（三）农村人居环境建设实施过程投入不足

西部地区农村人居环境建设存在不足的经济方面的因素在于农村人居环境建设资金投入缺口较大，投融资机制还未建立（唐铭和郭浩磊，2009；张晓丽等，2016；于法稳等，2018）。从图2-5可以看到，一直以来，西部地区农村居民人均可支配收入在全国范围内是最低的，在2017年仅为10 828.6元/人，明显较东部地区、中部地区及东北地区经济发展更为落后。相比而言，西部地区财政收入也相对较低，2018年，西部地区地方一般预算收入为17 787.3亿元，远远低于东部地区的54 888.0亿元，占全国比例仅为19.5%，因此政府能够投入的资金自然低于中部地区和东部地区。《中国统计年鉴（2018）》数据表明，2017年西部地区用于节能环保方面的支出为1 241.9亿元，占全国的比例为23.6%。再者，城乡发展的不平衡又导致政府将大部分财政资金投资于城市的基础设施建设而忽略了农村的建设与发展，这使得西部地区的农村人居环境建设投入不足的问题越发严重。另外，按照村庄平均人口数量1 500人，人均污水65升/日及2 000元/吨的集中污水处理设施投资需求，单个村庄建设污水处理设施需要20万元（徐顺青，2018），这对于单个行政村而言成本较高，难以实现。农村分布较为分散，污水、垃圾处理不具有规模效应，处理设施的人均建设和运营成本较城市普遍更高，治理难度也更大，加上经济、技术等多方面的限制，农村还难以实现对污水、垃圾处理进行收费的目标，投入处理设施的成本很难收回，从而阻止了社会资本的进入和参与，财政资金和社会资本的双重缺位给农村环境保护相关的基础设施建设带来更大的难度和压力。

（四）农村居民环保意识淡薄，人居环境保护参与度低

农村居民缺乏自觉的环境保护意识及环境整治的参与意识也是导致西部地区农村人居环境改善工作难以推进的重要原因之一（奉先焱，2018；江志峰，2019）。目前，我国农村居民受教育程度普遍较低，2016年底，西部地区农业生产经营人员受教育程度在高中及以上的仅为6.6%，加上西部地区较为偏远的一些村庄相对封闭，与外界联系不紧密，农村地区对于环境保护的教育和推广工作不到位，导致部分农村地区的居民缺少环境保

护意识,相关知识也十分匮乏,随意丢弃垃圾、生活污水直接排放、家畜与居民共饮水源的现象极为普遍,农村人居环境难以得到改善。近年来,部分农村开始重视人居环境建设,在村庄内发放垃圾桶,设置垃圾中转站等系列措施陆续推行,然而,由于农村居民缺乏环境保护的理念,仍然保留着传统的生活习惯和对环境不友好的废弃物处理方式,在没有组织对其实行管理和监督的前提下,农村居民参与农村环保工作的意识始终没有明显的提升,这严重影响了农村人居环境建设工作的效果。

五、农村人居环境建设可持续发展策略

基于以上对西部地区农村人居环境建设的现状、存在的问题及其原因的分析,以下就西部地区农村人居环境建设可持续发展提出相关政策建议。

(一)健全农村环境管理体制,明确各部门职责

就目前而言,我国的环境保护管理体制还局限于工业污染治理,农村污染管理才刚刚起步,农村环境管理基础薄弱,也相对滞后,建立专门的农村环境管理体制迫在眉睫。政府应明确各部门机构在环境建设工作中应发挥的作用,将农村人居环境建设的责任落到实处,加强各部门间的沟通协作,防止责任重叠或缺位现象出现。同时,上级政府应建立以绿色 GDP 为导向的生态经济绩效考核体系,防止下级政府为了经济效益而牺牲生态环境的行为出现,加强上级政府在环境建设中的监督与管理力度,将农村环境治理管理责任划分到每个部门,甚至每位负责人,以保证农村人居环境建设顺利推进。

(二)制定科学合理的农村环境治理规划,按照规划开展工作

科学的规划是对农村环境整治工作的必要指引,很大程度上可以避免项目实施过程中目标的不一致和执行的随意性。首先,要加强顶层设计,强化党对农村工作的领导,响应党中央、国务院的号召,将各部门提出的农村环境治理规划进行整合,并以此为指导思想,贯穿项目开展的始终,避免对项目的重复建设,发挥上级对下级的指导作用;其次,坚持以人为本的思想,以提高人民生活质量为最终目标。农村人居环境与农村居民的生活密不可分,与人民对美好生活的向往息息相关,项目实施过程中要兼顾农村居住环境在农民的生产与生活中的功能性,一方面有利于提高农村的经济水平,另一方面也能够让农民在居住环境中体会到舒适感和满足感,打造生态宜居、产业兴旺的新农村;最后,坚持因地制宜,体现地方区域特色。在项目实施过程中应制定符合各地实际情况的农村环境建设规划,根据村庄不同的地理位置、不同类型确定农村环境整治的重点,将村庄自身的发展特色和长远规划结合起来,再根据村庄不同的发展水平、开放程度及村民的意愿制定出专属于村庄的规划,在尽量保留地区原有乡土景观的前提下进行治理,建设生态与经济共同发展的农村人居环境。

(三)加大农村人居环境建设的资金投入与人才支持,完善基础设施建设

建设生态宜居、人民富足的新农村,是一个需要大家相互配合、全社会共同参与的大工程,也需要相应的基础设施建设作为物质基础和支撑,这就要求政府不仅要为农村

人居环境建设提供资金保障，还要满足环境政策实施所必需的人才和技术支持。首先，国家应将农村环境治理与城市环境治理、工业污染治理放在相同的位置，根据农村人居环境治理的实际需要，加大资金投入，因地制宜地在农村设置生活污水处理、生活垃圾分类处理等一系列基础设施。结合城市污水处理的相关理念，加快农村生活污水处理设施的布局和建设，同时，逐步推广生活垃圾分类回收的相关理念，普及分类知识，投放分类垃圾桶，设置垃圾分类回收站点，完善垃圾分类运输体系，从源头上做好垃圾分类，为后期资源循环利用提供最大限度的支持。其次，吸纳更多具有专业知识的技术人员参与到农村人居环境建设中来，加强对环保部门非专业人员的技能培训，提高其专业知识和技能，帮助相关人员更好地执行环境治理的监督义务，也使其有能力对管辖范围内的农村环境治理提出建设性意见。最后，建立农村人居环境建设专项资金，明确政府作为投资主体，确保国家对地方进行农村环境治理提供足够的资金支持和补偿。

（四）创新农村人居环境建设的运营模式，引入市场机制

建立"政府主导、农民主体、社会参与"的农村人居环境建设投融资机制，鼓励社会企业、个人参与到农村人居环境的建设过程中来。树立政府与市场共同参与的理念，落实相应的投融资机制和平台建设，鼓励采用PPP（public-private partnership，政府和社会资本合作）模式构建和运行农村人居环境支持体系，将社会资本拓展到环境治理与保护的相关领域。采取产业补贴、免税、退税等各种方式引导各类投资主体参与到农村环境公共物品的供给中来，建立由政府牵头，企业运营，第三方监督管理的模式，保证农村人居环境治理长效运行。社会资本参与程度不高的根本原因在于农村污染治理设施运营成本高，且难以收回投资，因此，若要使社会资本进入就必须创新投资回报机制。一方面，政府可以建立农村环境治理缴费机制，实行财政补贴与农户缴费相结合的方式，在一些地区出台生活垃圾、污水处理缴费制度，在农户能够负担得起的前提下适当收取污染治理的相关费用，保证社会资本能够从项目中获得收益。另一方面，根据当地的生态资源禀赋，采取将生态环保建设项目与乡村旅游等高收益项目打包的方式，实施一体化开发建设，拓宽社会资本获取回报的渠道，促使社会资本积极参与到农村人居环境建设中来。

（五）加大环境保护宣传力度，提高农村居民生态保护意识

充分利用广播、电视、网络等载体，根据农村居民年龄、职业、文化程度等各方面情况，采取组织农村居民集中学习、开展知识竞赛等多种方式开展环保知识和环境法律知识的宣传教育工作，加强农村居民的生态环境保护意识，使其树立生态文明保护观念，向其传达健康文明积极的生活方式，引导其养成懂文明、讲卫生的生活习惯，践行保护环境的义务，增强其保护农村人居环境的责任意识。

农村人居环境建设对整个社会的环境治理具有决定性意义。农村人居环境是衡量农民生活水平及社会福利的重要指标，虽然目前农村人居环境正在逐步改善，但在基础设施、社会服务及生态环境等方面与全面建成小康社会，建设生态宜居、村富民强的新农村还存在较大差距。由于环境制度不健全、政府投入不足、农民环保意识欠缺等，我国

农村在村庄建设和自然生态环境两方面出现了相应问题,主要表现在村容村貌整治、农村基础设施建设、生活垃圾污水处理及生态环境破坏等具体细节上。基于此,为了满足人民群众对美好生活的需要,全面落实乡村振兴战略,推动农村人居环境建设,建立生态宜居、村富民强的新农村,不仅要求政府健全和完善各项环境治理制度和体系,明确各方责任,创新农村环境治理的运营模式,吸引社会各方共同参与到环境建设中来,还需要及时提醒广大农民作为农村人居环境收益和保护的主体,必须转变观念,树立自我整治人居环境的意识,自觉培养文明健康的生活方式,摒弃不文明的行为,践行社会主义核心价值观,履行保护环境的义务。将科学规划、政策落实与全面参与相结合,将政府主导、农民主体与企业实施相结合,随着农村人居环境整治方案的不断推进,未来农村的整体生态环境必将迈上新台阶。

第三节 西部地区农村生态环境保护

一、生态环境保护概况

生态环境是水、土地、生物、气候等资源的质量和数量的总称,它影响人类的生存,关系人类社会和经济的持续发展(闫国宾,2012)。人是生态系统中最活跃又最具影响力的因素。一方面,人类活动范围逐步扩大,对自然资源的过度索取加剧了自然生态的失衡,造成一系列自然灾难;另一方面,人类也受到自然灾难的影响,威胁着人类自身的生存。近几十年来,随着全球化与城市化快速发展,生态环境问题日益凸显,其中,农村生态环境问题尤为突出。无论是发达国家还是发展中国家,农村生态环境问题都是地区、社会、国家共同关注的热点,并直接关系可持续发展战略的实现。我国幅员辽阔,各地区发展水平差异显著。2017年,西部地区的地区生产总值占全国GDP比重约为20.1%,而水土流失面积却占全国水土流失面积的83.1%[1],工业"三废"的排放强度也均高于全国平均水平,加上西部地区生态基础薄弱,使得西部地区整体的生态环境呈恶化趋势。如何实现西部地区生态环境的保护和治理是现阶段我国社会发展过程中面临的难题,也是生态文明建设的重要内容。

我国地形呈西高东低,西部地区拥有丰富的自然资源和生物资源,广阔的地域、复杂的地形、多变的气候也造成西部地区生态环境脆弱,土地荒漠化严重[2]。西部地区生态分布复杂,层次差异较大,西北地区多省(区、市)环境形势严峻。在经济发展方面,西部地区的经济依然较为落后,对自然资源具有强烈依赖性。在生态文明建设的目标下,西部地区的发展面临着环境和经济的双重压力。在乡村发展过程中,农业生产使用的化学药物逐年递增;乡镇企业只重视自身收入,肆意排放工业污染;国家对于整个农村地区生态环境保护的管控力度薄弱,尤其是企业组织与政府关联紧密的地区,出于双方利益考虑,尽管部分乡镇企业对周边生态造成污染,政府并未对其进行处理,从而出现了

---

[1] 根据《中国统计年鉴(2017)》计算。
[2] 《中国生态环境状况公报(2017)》。

调控失灵的局面（钮金华，2010；盖仲夏，2016）。总的来说，农业生产的快速发展加上政府对西部地区农村生态环境管控的重视不足，再加上缺乏健全治理体系的落实和实施，最终导致西部地区生态发展问题日益严重。

党的十九大报告将"生态宜居"作为乡村振兴的总要求之一，不仅强调了乡村环境保护的必要性，也使生态环境问题成为乡村振兴战略的重要议题。西部大开发实施以后，经济建设取得显著成效，但农业生产过程中存在的资源透支和环境过载问题依然制约着"三农"的可持续发展。

二、农村生态环境现状

西部地区虽然拥有全国 71.5% 的土地，但自然资源和人口分布极不均衡，大量人口分布在平原和丘陵地带，无法居住的荒漠和沙漠占据大部分面积。在长期的社会经济发展过程中，人口快速增长，生产技术进步缓慢，过度开垦、大量工业生产等加剧了经济发展与环境保护的矛盾，也使西部地区生态环境出现多种污染问题。

（一）大气污染

随着工业化进程的加快，尤其是能源、化工、冶金等行业的进一步发展，西部地区废气中污染物的排放量长期处于超标状态。由图 2-6 可以看出，虽然近年来污染减排工作取得一定成效，但总体排放量仍然处于较高水平。2017 年西部地区排放的废气中，二氧化硫（SO_2）含量约 420.3 万吨，氮氧化物含量达 402.7 万吨，烟（粉）尘总量达 297.2 万吨，各项污染物的排放都对空气质量带来严重影响。另外，西部地区的一些落后地区以煤炭、秸秆作为主要能源，其燃烧产生的 $PM_{2.5}$、PM_{10} 等颗粒物污染是空气质量下降的重要原因。

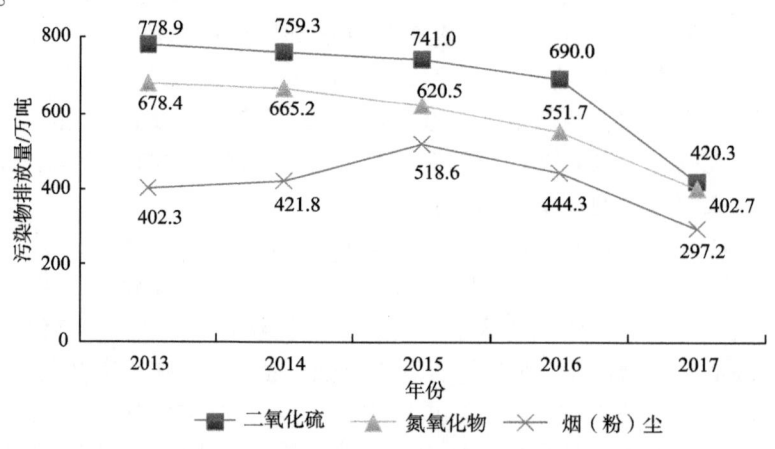

图 2-6　西部地区废气中主要污染物排放情况

资料来源：《中国统计年鉴》

（二）土壤污染

大力发展农业生产的同时，过度掠夺资源和非科学的生产方式导致西部农村地区土壤面临严重污染问题。调查数据显示，2014 年全国 19.4% 的耕地土壤存在污染指数超标，其中，重度污染点位占 1.1%，中度、轻度和轻微污染点位比例分别为 2.8%、1.8%和 13.7%[①]。农业生产中的农药、化肥、地膜的使用是土壤污染的主要来源。农药在农业生产中使用非常广泛，因其见效快、防治面广、效果好而在农业生产中被迅速推广使用。虽然农药保证了农作物的丰收，降低了劳动成本，但不合理的使用对农产品及环境都会造成巨大伤害。据统计，全国至少有 13 亿~16 亿公顷的耕地存在农药污染，每年因重金属污染减产的粮食达 1 000 万吨以上，造成直接经济损失逾 200 亿元（朱红波，2006）。化肥在农业生产中有增产的作用，西部地区为了弥补落后的经济而追求高产量，在种植农作物时使用的化肥量也更多。地膜在农业生产中不仅能保持土壤水分，保证肥料的利用率，还能灭草增湿。但地膜不易降解，残留在土壤中会影响植物根部的生长，废弃的地膜处理不当则变成农村的"白色污染"。西部地区多采用传统的农业生产模式，农药、化肥、地膜的使用在种植过程时中不可避免，造成的污染问题又难以治理，最终导致土壤的承载力不断减弱，生态平衡更加脆弱。

（三）工业污染

西部地区资源富集，如四川攀枝花的铁矿资源、四川泸州的天然气资源、新疆和甘肃的石油资源、云南的锡矿资源等储藏量十分丰富。大面积的资源开发带动经济发展，也带来严重环境问题。工矿企业对矿产资源过度开采利用，导致绿植被毁、水土流失、山体滑坡。在生产过程中对废水、废气和固体废弃物等污染源管控不严，污染物排放不达标造成周边水源和耕地土壤金属超标，使耕地资源更加稀缺。随着东部地区产业结构升级，高污染、高消耗的产业有向西部地区转移的趋势，进一步加大了西部地区的生态环境压力。

（四）生活污染

近年来，西部地区消费增长速度加快，生活质量提高的同时伴随着大量的资源消耗和垃圾污染。由图 2-7 可见，2017 年西部地区用电量达 16 847 亿千瓦·时，废水排放总量为 15.05 亿吨，生活垃圾清运量达 4 308 万吨，且逐年递增。生活污水肆意排放，污染周边的水资源；各种生活废弃物回收处理效率低，固体废弃物随处可见；禽畜粪污未被有效利用又未进行无害处理，成为乡村环生态境污染的又一源头。对各类污染物处理方法不当，导致西部乡村居住环境日益恶化。近年来，西部地区旅游业不断发展，游客数量大幅增加，旅游地区的垃圾污染问题也日趋严重。张寿香（2014）对泸沽湖污染源数据进行分析发现，游客数量和旅游活动是泸沽湖水质下降、水源污染的主要原因。青海茶卡盐湖在 2015 年因游客过载被严重污染，政府不得不实施封湖治理。西部地区旅游资源丰富，为其经济发展提供了潜力巨大的资源，因此，对这些资源的保护显得尤为重要。

---

① 环境保护部，国土资源部. 全国土壤污染状况调查公报. 中国环保产业，2014，(5)：10-11.

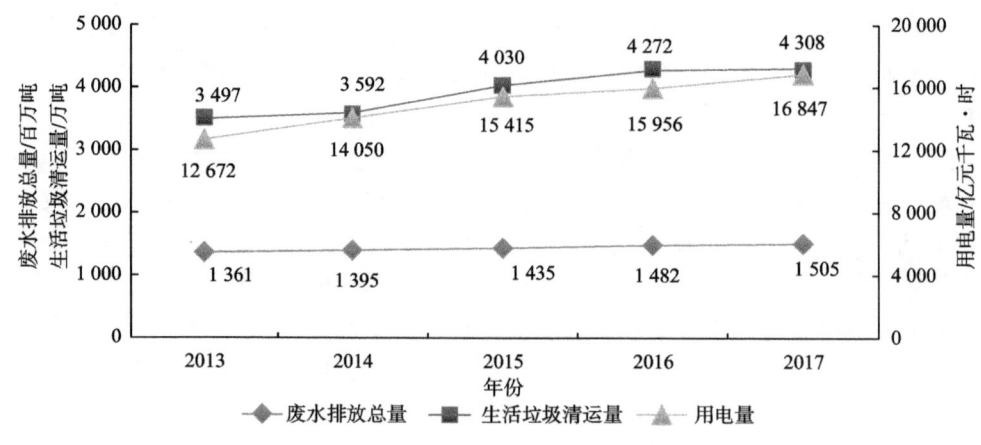

图 2-7　2013~2017 年西部地区部分资源环境指标
资料来源：《中国统计年鉴》

三、农民环境意识与行为

在长期的社会经济发展过程中，西部地区人口不断增长，截至 2017 年，西部地区人口超过 2.8 亿人。农村人口不断增长的同时，废弃物也随之增多，人的活动是农村生态环境污染的重要源头。农民对乡村生态环境的污染主要来自生产和生活两方面。作为农村环境保护的主体责任者，从生产和生活两方面把握环境意识与行为对农村生态环境保护具有重要意义。

（一）与生产活动相关的环境意识与行为

在农业生产中，不合理的使用农药和化肥对农作物和土壤均会产生污染。缓解人地关系矛盾、提高粮食产量是关键。为此，农民需要大量使用农药和化肥，而农药等现代化生产资料中含有的有毒物质将直接导致土壤地力下降、农产品质量降低，且在短时间内难以恢复。随着现代种植技术的推广，地膜被广泛利用，但其不易降解，滞留在土地中甚至会改变土壤的物理性质。试验表明，当土壤中残膜量达到 37~45 千克/公顷时，小麦减产 7%，蔬菜减产 10%（陈恺立，2011）。地膜虽然具有保温效果，但同时也存在负面效应，如阻碍水分渗透，不利于种子发芽，不利于根系发育生长，影响土壤中微生物的生存，影响土壤肥力，等等。因农业废弃物多零碎、难处理，农民多采用焚烧的处理方式，但农业废弃物大部分为塑料制品，燃烧会释放有毒物质，影响空气质量。

（二）与生活活动相关的环境意识与行为

垃圾治理是农村生态环境改善的重点部分。大量生活垃圾露天堆放，不仅占用土地资源，影响生活环境，垃圾中的有害物质、病毒易随空气流动四处传播，还会影响居民身体健康。农村基础设施相对落后，污水处理设施覆盖率低，生活污水中包含的各种洗涤剂等无法得到有效处理，肆意排放后污染成分在沟渠和土壤中扩散，导致大量饮用水和灌溉水无法使用，甚至影响地下水的质量安全。另外，人畜粪污处理不当也是环境污染的重要原因。由于传统习惯和养殖业的需要，农村有很大一部分家庭仍在使用旱厕。

粪污不经任何处理随意堆积,极易滋生细菌、传播病菌,影响农村的环境卫生。

对成都市周边村镇的 60 余名农民进行访谈发现,农民虽然具有一定的环境意识,但环境知识还比较欠缺,被调查者中 36.2%的农民表示从未听过"$PM_{2.5}$"。农民环境保护的行为意愿强烈,但与实际行动存在偏差,农民偏向于实施节约成本的环境行为,对操作起来烦琐和没有实际收益的环境行为不感兴趣。例如,在农药化肥的使用上,即使农民知道过多地使用农药、化肥会损害土壤、影响食品安全,但为了确保收入还是会选择大量使用。如表 2-4 所示,本书在分析农民环境保护行为的影响因素时发现,其环保行为与环境责任感、基础设施和政策氛围有紧密联系,即环境责任感会引导农民自觉采取环境保护措施;在基础设施越健全的农村,以及政策氛围越好的农村,农民越会实施更多的环境保护行为。

表 2-4 成都市周边农民环保行为影响因素分析

变量	非标准化系数		标准系数	t	显著性 P 值	共线性统计量	
	回归系数	标准误差	试用版			容差	方差膨胀因子
环境关心	0.004	0.073	0.006	0.059	0.953	0.64	1.563
环境知识	0.065	0.063	0.122	1.03	0.307	0.429	2.332
环境认知	−0.103	0.081	−0.109	−1.267	0.21	0.82	1.219
环境责任感	0.164	0.077	0.194	2.137	0.037	0.732	1.366
生活型环境行为意向	0.003	0.073	0.004	0.040	0.968	0.664	1.505
环境知识获取渠道	−0.003	0.021	−0.012	−0.123	0.902	0.651	1.537
基础设施	0.469	0.126	0.354	3.715	0.000[1)]	0.665	1.504
政策氛围	0.197	0.054	0.387	3.657	0.001	0.542	1.846
(常量)	1.074	0.494	—	2.173	0.034	—	—
R^2	0.655						
调整 R^2	0.607						

1) 0.000 是小于 0.001 而非 0。

(三)农民环境保护意识与行为的影响因素

从整个西部地区来看,农民环境保护意识与行为主要受以下几方面影响。

1. 农民整体文化素质偏低

闫国东等(2010)、田万慧和陈润羊(2013)等研究发现,文化水平是影响农民环境意识的重要因素之一。在思想道德层面,农民以小农意识为主,农民对环境的关注普遍比较局限,通常只关注自己生活的环境情况,而不太关注居住地以外的环境情况,对人与自然的关系缺乏正确认识,对现有的生存环境缺乏忧患意识。在受教育水平方面,农村人口受教育程度普遍偏低。2015 年开展的中国综合社会调查(Chinese General Social Survey,CGSS)结果表明,受过高中及以上教育的农民仅占 13.6%,超过一半的农民受访者未接受过初中教育或只接受过小学教育。虽然近年来农民的文化水平整体有所提升,但这仍然是制约其环境意识的重要因素。

2. 传统生活观念难以转变

农民的环境保护意识受传统生活观念和习惯的影响。在长期的生存历程中，人对自然的适应是自给自足的。在生存和环境的矛盾中，人类更多的是索取和征服，不仅不利于环境保护意识的形成，还造成大量资源浪费。在居住习惯上，人畜一院、焚烧垃圾、污水随意倾倒等传统生活方式是农村环境污染的重要原因。在风俗文化方面，农民特别重视婚葬习俗，乡宴中需大量使用一次性餐具，不仅造成自然资源的浪费，使用后不经处理随意丢弃的习惯也严重破坏了生态环境。目前，大部分农民未意识到这些行为产生的后果，长期的农村生活养成的习惯也难以在短时间内改变，从而制约着农村生态环境治理的进程（王凤，2007）。

3. 农村基础设施建设相对落后

在基础设施建设方面，由于缺乏环保设施和先进的污染控制技术，农村生态环境保护难以顺利进行。截至2016年末，全国设有污水处理设施的村镇在3年内增长了10.9%，但仅占总数的20%。虽有一定的增幅，但仍有80%的村镇未建成污水处理设施。在生活垃圾处理设施调查中，有垃圾回收设施的村镇占65%，较2013年增长28.4%，仍有35%的村镇垃圾污染没有得到很好改善（徐顺青，2018）。同时，在农业生产中，由于生产技术的限制，农民又缺乏相应的知识和技能，先进的技术无法被引入农村，农业生产仍然沿用高污染、低利用的发展模式，阻碍农民环境意识的形成，也不断加重环境负担。

4. 环保政策滞后

我国的环保政策具有滞后性，环境保护呈"先污染、后治理"的被动状态。虽然环境治理一直在进行，但"边治理，边破坏""局部治理，整体恶化"的局面没有得到根本性转变。受城乡二元结构的影响，环境治理的重点更多在城市，农村的环境保护政策缺乏系统性和普适性，环境保护政策对农民环境意识与行为的引导和约束程度不够，环境保护的重要性没有深入人心。

农民的环境意识及行为与生态环境保护密切相关，其环境行为直接影响着农村生态环境状况，关系着乡村振兴战略的实施成效。应发挥农民的主体作用，提高农民环境意识，传递可持续发展理念，使农民充分认识到环境污染带来的后果，树立正确的生态认知，修正错误观念，自觉保护环境，维护乡村的生态平衡和可持续发展。

四、农村生态环境保护中存在的问题

西部地区生态环境保护中出现的问题主要来自自然和人为两方面。西部地区集中了我国高山和极高山，尤其青藏高原东部和四川盆地西部结合成高山峡谷区，环境异质性大，自然条件恶劣，地质灾害频发。云南东川地形多为高山、深谷和陡坡，位于地震带上，极易形成山崩、泥石流，生态系统脆弱。人类无法控制自然因素造成的生态环境破坏，伴随着人类社会发展的生产活动也在破坏着生态平衡，从而造成一系列环境问题。

（一）农村生态环境保护意识薄弱

我国从20世纪90年代开始广泛关注环境问题，开展了一系列全国性的大型环境意

识调查研究。1995年的全民环境意识调查（中华环境保护基金会和中国人民大学社会调查中心）、1998年的全国公众环境意识调查（国家环境保护局）、2005年的中国公众环保民生指数调查（中国环境文化促进会）及2007年的中国公众环境意识调查（中国社会科学院社会学研究所）都是典型代表。从总体来看，西部地区农村居民的环境意识还有很大的提升空间。2007年开展的"中国公众环境意识调查"项目发现，环境意识较低的人群中，农民群体占77.9%（中国环境意识项目办，2008）。长期以来，西部地区农村的经济处于落后状态，农民更多关注的是怎样解决温饱问题，以满足物质需求为核心，普遍对生态环境保护比较忽视，加上农村地区的居民文化水平程度普遍较低，又受传统观念的制约，长期以来形成的生活习惯难以在短时间内转变，因此，现阶段农村居民的生态环境保护意识还比较薄弱。

（二）环保资源投入严重不足

在改革开放的初期阶段，西部地区农村的经济水平处于相对落后的阶段，人均资源相对比较少，因此农村地区更侧重推动当地经济水平及工业化水平的发展，对生态环境方面比较忽视。尽管近年来政府部门也逐渐重视西部地区农村生态环境的治理，但长期的资金缺乏使西部地区生态污染越来越严重且难以得到治理。从西部地区2015年的污染治理投入数据看，政府对城镇的污水治理的资金投入所占比例为5.8%，对农村地区的污水治理的资金投入所占比例仅为2.1%，和城镇相比，资金的投入比方面还有较大差距（陈吉宁，2016）。另外，西部地区对生态环保的人力资源方面没有足够的投入，农村的生态环境治理主要依靠县级的环保机构来管理，且经常顾此失彼，没有起到应有的作用。

（三）农村生态环境保护缺乏总体性规划和相关法律法规

实际上，西部地区农村生态环境污染是长期积累导致的，在污染的早期，绝大多数人没有察觉到问题的发生，对于生态环境破坏没有足够的重视，当环境问题以某种方式爆发时，人们才真正意识到环境的重要性。只有量的积累才会出现各种形式的爆发，环境污染问题已经给西部地区农村居民的生存及发展带来非常严重的危害及威胁，人们也不得不去正视生态环境治理的必要性。正是因为人们在早期没有对环境的足够重视，相关法律法规的制定严重滞后，在环境保护具体实施过程中缺乏整体规划性和合理性，配套体系方面是一种长期缺位状态。从已有的环保法律法规来看，城镇和农村环境治理差异显著，而且农村常处于一种被边缘化的地位。

（四）考评和监督机制不完善

首先，环保政绩评估机制不完整。环境具有公共资源的属性，这样的属性决定了政府平台应该在生态环境治理过程中处于主导决策地位。在长期发展过程中，环境保护治理方面一直没有一套完善有效的政绩考评机制。从政绩考评指标来看，对政府的考评基本上以GDP为主导进行核算，GDP增长占的权重较大。在这样的考评机制下，政府对招商引资及商业建设格外重视，而对于生态环境保护治理方面却没有足够的关注和动力。其次，农村环境监督机制机械、单一。对于农村环境的质量检测标准、评估机制及监督机制等方面都没有相应的机构及评判标准。由于机制的建立需要大量资金和人力的投入，农村地区资源匮乏，并且由于城镇化建设的步伐不断加快，大量人口向城市转移，环境监督机构在机制完善方面难度不断加大。在西部地区农村的生态环境治理过程中，农民应是治理的主体之一，但是他们所具有的监督功能并没有充分发挥。农民长期生活在农村，最能体会农村地区生态环境所发生的变化，虽然农民能感受到生活的环境质量有所下降，但往往意识不到自己的环境权利受到损害，从而无法起到环境监督者的作用（吴明红，2017）。

五、农村生态环境治理

党的十八大以来，生态环境保护和生态文明建设越来越凸显其重要性和必要性。但从西部地区农村的生态环境现状可以看出，形势依然非常严峻。落实生态环境保护措施，实现"生态振兴"，首先需要加快立法工作。要制定有针对性的规章制度，对西部地区的水体污染、土地污染、大气污染等不同的污染类型进行划分，针对不同的污染类型制定专项的污染管控治理政策，有效提升生态环境保护的工作效率。其次，要制定相应的管理条例，为西部地区农村生态环境治理过程提供一定的参考依据。要适当地调整目前相关法律法规中不合适的条款规定，对企业的污染行为要进一步加大处罚力度。同时，政府应加强对田园风光的保护。田园风光是农村地区的最大特色，政府对整个乡村田园风光的保护工作及乡村环境整治工作要统筹兼顾，全方位地展开生态文明建设。在农业种植过程中要严格控制农药的使用量，尽可能地打造一个天更蓝、水更清，人与自然和谐相处的农村生态环境。生态振兴离不开产业、人才、文化、组织的共同作用，"五大振兴"相辅相成，缺一不可。

（一）加快乡村产业转型升级，"产业振兴"与生态保护两不误

维护生态环境的平衡发展，必须尊重自然规律，对自然资源进行科学合理的利用。可借鉴传统的"桑基鱼塘"农业模式，既能获得稳定的农产品供给，又能保护和改善生态环境。贵州从江侗乡稻鱼鸭复合系统和云南梯田系统等都是成功典范，相反，产业发展的不合理、不规范则会严重影响当地生态环境。产业振兴能带动西部地区农村的经济不断发展，但在促进产业化的同时必须注重生态协调发展。生态振兴和产业振兴都要求对乡村第一、第二、第三产业进行绿色转型。在第一产业方面，事先做好产业方面的规划工作，每个地区的产业发展需要总体规划，在考虑自然资源的极限、尊重当地自然条件的情况下，可以结合当地的一些特色及实际情况，发展适当的产业。建立生态农业示范区，以品牌效应带动生态农业的推广，如新疆棉花产业、云贵川茶产业、内蒙古奶业等。在第二产业方面，发展特色农产品深加工，延长农产品的价值链。政府可以设置一些专门负责科研的项目，加大推广生态环保新技术的使用，引进一些其他国家或者地区的先进技术，发展绿色、循环的工艺，鼓励发展资源节约型、环境友好型项目，降低工业发展对环境的污染。在第三产业方面，西部地区农村可依托休闲和养生需求，结合当地一些比较具有特色的资源，发展一些特色产业来带动其他产业的发展。打造休闲农业和乡村旅游精品工程，在发展经济的同时也对当地的生态环境保护起到促进作用。产业发展需因地制宜，让绿色资源变成乡村的生态产品和生态服务，保护环境与产业发展形

成良性循环。在产业统筹规划的同时做好污染防治,政府应加快制定和完善相关技术标准和规范,降低化学药物和塑料制品的使用量,促进农业生产和畜禽养殖废弃物的回收和净化。制定税收、价格、信贷等优惠政策,促进企业污染治理、农业废弃物综合利用、农产品安全生产、有机肥的推广和使用。针对不同级别的区域要制定相关的法律法规、条例内容等,严格限制污染排放,对于资源浪费、污染治理不达标的企业加大惩罚力度。

(二)提升农村社会的环保意识,促进农村生态环境保护"文化振兴"

乡村振兴,文化要先行,在肯定政府主导性的前提下,进一步培养群众的自觉性。首先,可以充分运用现代发达的通信、媒体,由相关部门的专家为广大农村居民开展环境科学知识普及宣传活动,并针对乡镇相关人员和工业企业领导进行有针对性的环境法律法规讲座。定期组织环保活动,让农民参与到生态环境保护的行列。不断改变老旧的思想观念,树立"金山银山"的理念,让自觉保护生态环境的意识深入人心,提升整个农村社会的环境保护意识,让更多的农民及基层干部认识到环境对农村发展的重要性及保护环境的必要性。其次,政府要不断加强农民对于乡村振兴文化的学习,可以定期展开学习小组,不断提升当地的文化建设。教育部门应加大义务教育阶段生态环境保护方面的教育力度,让更多西部地区农村的孩子从小树立生态环境保护意识。除此之外,将农村生态环境保护意识和道德建设有效结合起来,借助媒体和地方政府的宣传,建立多渠道、易参与的生态环境保护公众参与机制。农民在充分行使自己的环境权利的同时,要对政府的生态环境措施进行监督,帮助政府形成正确的环境决策,要对身边发生的环境破坏、污染行为进行实时举报,以营造积极和谐的文化氛围,建设生态美丽的新乡村。

(三)完善政绩考评体系,吸引年轻力量,助力生态环境保护"人才振兴"

在推动西部地区农村振兴过程中,人才振兴应被放到一个重要的位置。任何一个地区的发展及振兴都离不开人才,科技、管理、营销都需要人才支持,没有人才就无法实现美丽乡村建设和全面振兴。首先,要着力培养农村基层干部。加大组织建设力度,逐步培养人才,加强乡贤群体的培育和开发,建立一支懂环保、爱环保的生态环境监测和生态环境监管综合执法队伍。政府部门要彻底改变以经济为发展目标的思想观念,把可持续的理念放到首位,更加有效地发挥政府在生态建设中的作用。建立一套以绿色发展为导向的考核体系,将乡村环境质量指标纳入政绩考核体系,进一步增加环境质量指标所占的比重,充分发挥乡镇干部的影响力,确保生态环境治理落到实处。其次,适当采取激励机制,吸引更多的人才回到农村,积极参与到农村地区的建设,重点吸引年轻的劳动力回乡创业。要鼓励更多年轻人参与到基层生态环境建设中去,年轻劳动力文化水平普遍较高且具有较强的创新能力,他们能够为西部地区农村的发展注入更多新鲜活力。最后,可以借助乡村地区的环境宜人、食品天然的优势吸引退休干部,充分利用他们的榜样力量,发挥他们在文明乡风建设中的影响力作用,带动农民共同参与环境保护建设。

(四)完善社会监督,鼓励环保机构发展,实现生态环境保护"组织振兴"

在农村生态环境治理方面,政府部门作为主导,重点要强化党的基层组织建设,厘清农村环保部门机构的职责分工,创新农村生态环境保护工作机制,梳理出村党支部委员会、村民委员会、村务监督委员会、行政服务中心等各部门在环境保护中的职责清单，提高各部门对农村生态环境的监管水平。完善环境保护监督机制，建立一套科学合理的环境质量监管制度，在乡镇建立生态环境质量的监测点，并且对当地的空气质量、土壤质量及水质量等环境指标进行定期的动态监测，随时关注环境治理的效果是否符合相关的标准要求。对农村环境保护薄弱环节全面排查，加快划定生态保护红线，对环境违法案件彻底清查。借助互联网技术专门建立一个可以查询相关生态环境质量保护结果的网站，定期对环境信息进行公开，定期向公众公布相关地区的环境污染情况、近期可能建设的污染项目清单及部分污染事故的调查结果。在建立市、县、乡三级环境保护管理网络中，聘请环保监察员，发挥基层人民群众在环境保护中的监督作用。保护舆论监督的合法权益，逐步扩大新闻媒体报道的力度和广度，鼓励新闻媒体积极参与监督工作。

综上所述，西部地区作为我国重要的生态屏障，对于国家的粮食安全、边疆安定等都具有极其重要的战略意义。西部地区农村生态环境治理是一项非常艰巨且长久的工程，要打造一个社会和谐、经济繁荣、环境优美的西部地区农村需要各方力量的援助。深入探索一套科学有效的治理体系，不断拓宽环境政策覆盖的领域，全面调动农民共同参与到环境保护行动中，才能加快推动整个西部地区农村生态环境治理朝着一个更加规范化、合理化的方向发展，从而真正实现西部地区农村的可持续发展，最终达到人和自然和谐共存。

参 考 文 献

白志礼. 2000. 农业科技与西部农业可持续发展战略. 中国农业科技导报, 2（4）: 23-28.
陈吉宁. 2016. 以改善环境质量为核心全力打好补齐环保短板攻坚战. 环境保护, 44（2）: 10-24.
陈恺立. 2011. 新农村建设中的农村环境问题与政府行为分析. 西北农林科技大学硕士学位论文.
樊帆. 2009. 农村人居环境现状调查及政策取向——以湖北荆州市为例. 农村经济,（4）: 110-113.
奉先焱, 刘海力, 陈灿芬, 等. 2018. 乡村振兴战略视角下农村人居环境整治的三个维度. 甘肃农业, （20）: 17-21.
盖仲夏. 2016. 农村生态环境现状与保护对策探讨. 资源节约与环保,（6）: 308.
高志友, 罗映光. 2002. 关于我国西部水资源环境可持续发展的思考. 西南民族大学学报,（S2）: 331-334.
郜彗, 金家胜, 李锋, 等. 2015. 中国省域农村人居环境建设评价及发展对策. 生态与农村环境学报, 31（6）: 835-843.
国务院办公厅. 2014-05-29. 国务院办公厅关于改善农村人居环境的指导意见. http://www.gov.cn/zhengce/content/2014-05/29/content_8835.htm.
国务院西部地区开发领导小组办公室, 水利部, 国家发展和改革委员会. 2002-03-27. 西部地区水利发展规划纲要. http://www.pkulaw.cn/fulltext_form.aspx?Db=chl&EncodingName=help/frame_top/frame_top/javascript/showdialog.js&Gid=abe7e5b86d5062b2&Search_IsTitle=0&Search_Mode&keyword.
郝美灵. 2014. 改善我国农村人居环境的对策研究. 武汉轻工大学硕士学位论文.
华中师范大学中国农村研究院. 2012. 中国农村贫富差距加大威胁社会稳定. 人口与计划生育,（11）: 60.

环境保护部，财政部. 2017.《全国农村环境综合整治"十三五"规划》. http://www.h2o-china.com/news/view?id=254280&page=1.

纪文娟. 2012. 对农村人居环境的思考. 科技信息，（7）：142-142.

江志峰，蒋润芸. 2019. 基于乡村振兴战略视角下改善农村人居环境的对策分析. 住宅与房地产，（3）：249.

焦艳，李合亮. 2017. 习近平绿色发展理念的形成及内容. 中共天津市委党校学报.（2）：39-44.

柯善北. 2014. 政府主导农民主体社会参与——《关于改善农村人居环境的指导意见》解读. 中华建设，（12）：24-27.

雷锡禄. 1986. 我国西部地区农村经济发展概况. 宏观经济研究，（S6）：13-16.

李从平. 2011. 中国西部水土流失及其综合治理. 中国西部科技，10（7）：61-62.

李雪. 2002. 西部农村经济的现状及发展举措. 农村经济，（10）：4-6.

马劲，刘宏斌. 2012. 浅论当前西部农村环境保护. 中小企业管理与科技，（7）：101-102.

钮金华. 2010. 我国农村生态环境现状及其保护对策研究. 太原城市职业技术学院学报，（10）：57-59.

农业农村部. 2019-04-11. 农业农村部办公厅关于印发《2019 年农业农村绿色发展工作要点》的通知. http://www.moa.gov.cn/ztzl/2019gzzd/sjgzyd/201904/t20190416_6179510.htm.

孙小杰. 2015. 美丽乡村视角下农村人居环境建设研究. 吉林大学硕士学位论文.

孙跃杰，叶苹，王勇. 2008. 中部地区农村人居环境改善问题探析. 安徽农业科学，36（24）：10459-10460.

唐江桥，尹峻. 2018. 改革开放 40 年来城镇化背景下农村生态环境问题探析. 现代经济探讨，（10）：104-109.

唐铭，郭浩磊. 2009. 西部农村人居环境现状与可持续发展对策研究. 环境与可持续发展，（6）：58-60.

田万慧，陈润羊. 2013. 甘肃省农村居民环境意识影响因素分析——基于年龄、性别、文化水平群体的分析. 干旱区资源与环境，27（5）：33-39.

王春玲，魏慧荣. 2013. 基于 GDP 导向下的西部农村生态环境治理中政府失灵研究. 广东农业科学，40（20）：208-210.

王凤. 2007. 公众参与环保行为的影响因素及其作用机理研究. 西北大学硕士学位论文.

吴良镛. 2001. 人居环境科学导论. 北京：中国建筑工业出版社.

吴明红. 2017. 论生态危机根源及我国生态文明建设主要任务. 理论探讨，（3）：43-47.

新华社. 2017-09-30. 中共中央办公厅 国务院办公厅印发《关于创新体制机制推进农业绿色发展的意见》. http://www.gov.cn/zhengce/2017-09/30/content_5228960.htm.

新华社. 2018-02-05. 中共中央办公厅 国务院办公厅印发《农村人居环境整治三年行动方案》. http://www.gov.cn/zhengce/2018-02/05/content_5264056.htm.

新华社. 2018-09-26. 中共中央 国务院印发《乡村振兴战略规划（2018—2022 年）》. http://politics.people.com.cn/n1/2018/0926/c1001-30315263.html.

新华社. 2019-02-19. 中共中央 国务院关于坚持农业农村优先发展做好"三农"工作的若干意见. http://www.gov.cn/zhengce/2019-02/19/content_5366917.htm.

徐顺青，逯元堂，何军，等. 2018. 农村人居环境现状分析及优化对策. 环境保护，46（19）：44-48.

闫国宾. 2012. 浅析农业生态环境的发展对策. 湖南农机，（7）：218-219.

闫国东，康建成，谢小进，等. 2010. 中国公众环境意识的变化趋势. 中国人口·资源与环境，20（10）：55-60.

于法稳，侯效敏，郝信波. 2018. 新时代农村人居环境整治的现状与对策. 郑州大学学报（哲学社会科学版），（3）：64-68.

张洪祥. 2017. 美丽乡村视角下的农村人居环境改善建设策略. 环境与发展，29（9）：238，240.

张寿香. 2014. 旅游活动对泸沽湖水环境的影响研究. 旅游纵览，（1）：245-247.

张晓丽，白煜，贾蕾，等. 2016. 浅谈改善农村人居环境. 环境与可持续发展，（4）：60-62.

赵玉凤. 2010. 山东省农村人居环境现状及评价分析. 山东师范大学硕士学位论文.

中国环境保护部. 2014. 全国土壤污染状况调查公报. 环境教育，（6）：8-10.

中国环境意识项目办. 2008. 2007年全国公众环境意识调查报告. 世界环境，（2）：72-77.

中国生态环境部. 2018. 2017中国生态环境状况公报. 环境经济，（11）：10-11.

周游，周剑云，黄祖璜. 2017. 广东省乡村人居环境的调查分析与政策建议. 南方建筑，（1）：78-83.

朱红波. 2006. 论粮食安全与耕地资源安全. 农业现代化研究，（3）：161-164.

Doxiadis C A. 1975. Action for Human Settlements. Athens：Athens Publishing Center.

第三章 乡风文明：西部地区乡村文化发展

党的十九大报告首次提出实施乡村振兴战略，明确指出"要坚持农业农村优先发展，按照产业兴旺、生态宜居、乡风文明、治理有效、生活富裕的总要求，建立健全城乡融合发展体制机制和政策体系，加快推进农业农村现代化"[①]。乡风文明成为乡村振兴战略的重要内容，也是加强乡村文化建设与发展的重要举措，为农村发展指明了道路和方向。这是继党的十六届五中全会提出要按照"生产发展、生活富裕、乡风文明、村容整洁、管理民主"的要求，扎实推进社会主义新农村建设之后[②]，再次将"乡风文明"视为发展与建设新农村的精神和灵魂。

乡风文明是一种文化形态，关系到整个农村发展的精神风貌，是乡村振兴的"灵魂"（刘晓雪，2018）。具体而言，乡风文明主要指农民的思想、文化、道德水平不断提高，形成崇尚文明与科学的社会风气，促进农村教育、文化、卫生、体育等事业的发展。实质上，乡风文明就是农村的精神文明建设问题，核心就是要推进农民的知识化、科学化、文明化和现代化（赵增彦，2010）。另外，人口思想道德素质是指支配人们行为的意识状态，与人口的科学文化素质紧密相连。因此，乡风文明是乡村振兴的关键内容之一。文明乡风、良好家风和淳朴民风的形成需要时间沉淀，而提高农村人口科学文化素质，弘扬地方淳朴民俗传统文化，加强乡村公共文化服务和乡村公共文化产业建设，能够促进乡风文明建设。本章主要从西部地区农村人口文化素质、优秀传统文化、公共文化服务和公共文化产业四个方面分析西部地区农村的乡风文明建设情况。

第一节 西部地区农村人口文化素质发展

农村人口文化素质发展主要从科学文化素质和精神文化生活水平两个角度分析。一方面，结合学前教育、义务教育、高中及以上教育三个阶段，以及农村人口平均受教育年限，多角度反映农村人口科学文化素质，旨在体现科教兴国战略和人才强国战略的实施成果。另一方面，农村人口文化娱乐支出比重反映农民精神文化的满足程度。基于上述两个视角反映农村人口文化素质的发展水平。

[①] 习近平.决胜全面建成小康社会 夺取新时代中国特色社会主义伟大胜利——在中国共产党第十九次全国代表大会上的报告. http://news.cnr.cn/native/gd/20171027/t20171027_524003098.shtml，2017-10-18.

[②] 中共中央 国务院关于推进社会主义新农村建设的若干意见. http://www.gov.cn/gongbao/content/2006/content_254151.htm，2015-12-31.

一、农村人口科学文化素质水平

习近平总书记同北京师范大学师生代表座谈时提出,教育是提高人民综合素质、促进人的全面发展的重要途径,是民族振兴、社会进步的重要基石,是对中华民族伟大复兴具有决定性意义的事业(习近平,2014)。但由于地区间公共教育资源分布的不均衡、公共教育服务不均等因素,扩大了区域和城乡间的教育差距。尤其是西部地区农村人口规模较大,中央和地方政府对公共教育财政投入不足,导致人均公共教育服务显著低于东部发达地区。下面将从农村地区的基础教育水平和平均受教育年限两个方面分析农村人口科学文化素质的现状。

(一)农村地区的基础教育水平

基于数据的可获得性,选用受过学前教育的学生所占比例、农村义务教育学校专任教师本科及以上学历所占比例、农户受高中及以上教育程度所占比例三个指标综合反映基础教育水平。

1. 受过学前教育的学生所占比例

学前教育是终身学习的开端,是国民教育体系的重要组成部分,是重要的社会公益事业。为了深入了解西部地区农村学前教育的基本情况,选用2003~2017年《中国教育统计年鉴》的数据,分析西部地区农村学前教育水平及西部地区学前教育与其他地区的差异,发现问题并提出对策建议。

如图3-1所示,一方面,西部地区农村受过学前教育的学生所占比例呈现不断上升的趋势,从2003年的65.03%上升到2017年的94.03%,上升29个百分点。另一方面,2003年西部地区农村受过学前教育的学生所占比例远低于全国平均水平及东北地区、东部地区、中部地区,低于最高值东北地区27.17个百分点,地区之间的差异较大。但是,随着国家财政对公共教育投入的增加,以及学前教育办学条件的提升,地区之间的差异有所缩小,到2017年西部地区农村受过学前教育的学生所占比例为94.03%,而最高值仍然是东北地区农村,所占比例为99.40%,高出西部地区农村最低值5.37个百分点。这说明随着经济社会发展,国家逐步加大基础教育的投入,提高公共教育的服务水平,明显缩小了地区间的差距。

基于历年《中国教育统计年鉴》的统计数据,分析西部地区12省(区、市)受过学前教育的学生所占比例情况。其中,受过学前教育的学生所占比例较高的是重庆、内蒙古和陕西,最低的始终是西藏,且地区间差异较大。分析表3-1发现,首先,2003年受过学前教育的学生所占比例最高的是重庆,高达88.85%,而所占比例最低的是西藏,仅为1.11%,西藏受过学前教育的学生所占比例不足重庆的2%,差异明显。而2003年受过学前教育的学生所占比例较高的是内蒙古、陕西,分别为85.62%和83.41%。其次,在社会经济高速发展的背景下,国家和地方政府逐步加大公共教育财政投入,12省(区、市)受过学前教育的学生所占比例逐步上升。2017年,受过学前教育的学生所占比例最高为新疆,高达99.98%,陕西和内蒙古次之,分别为99.63%和99.51%。与2003年相比,这3个省(区、市)的上升幅度分别为199.07%、19.45%和16.22%。最后,在西部地区

第三章 乡风文明：西部地区乡村文化发展

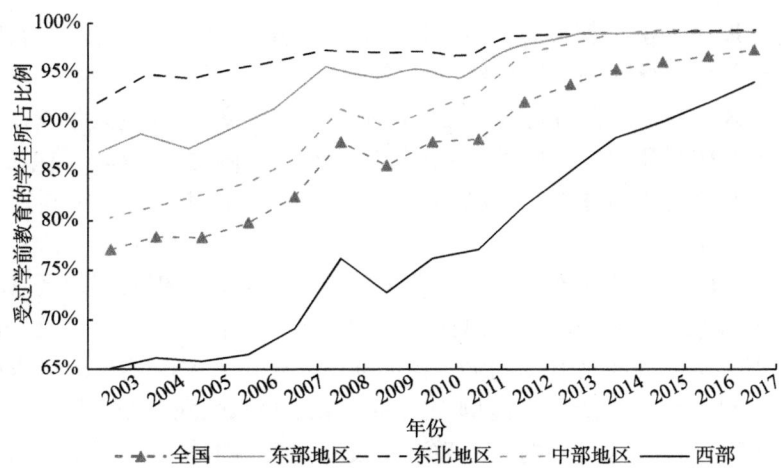

图 3-1 2003~2017 年全国分地区受过学前教育的学生所占比例

资料来源：《中国教育统计年鉴》（2003~2017 年）

12省（区、市）内部来看，2017年，西藏受过学前教育的学生所占比例仍然最低，仅为70.04%，与最高值差距较大，西藏受过学前教育的学生所占比例比新疆低29.94个百分点，区域间差异不断缩小。

表 3-1 2003~2017 年西部地区 12 省（区、市）受过学前教育的学生所占比例

年份	省（区、市）											
	内蒙古	广西	重庆	四川	贵州	云南	西藏	陕西	甘肃	青海	宁夏	新疆
2003	85.62%	83.20%	88.85%	82.94%	42.61%	51.64%	1.11%	83.41%	50.52%	50.67%	45.16%	33.43%
2004	87.68%	84.45%	92.80%	77.06%	46.26%	54.11%	1.74%	86.53%	50.34%	48.00%	50.35%	34.43%
2005	86.21%	87.33%	93.27%	71.72%	51.71%	53.63%	1.20%	88.11%	49.63%	51.09%	45.76%	37.24%
2006	87.91%	84.56%	92.08%	73.32%	52.57%	58.44%	3.24%	88.76%	47.93%	44.94%	54.65%	41.61%
2007	89.80%	88.53%	92.21%	73.46%	55.93%	62.59%	4.74%	89.11%	49.83%	46.93%	58.37%	51.18%
2008	94.28%	90.24%	93.66%	78.90%	64.21%	70.57%	13.35%	95.70%	53.23%	59.79%	69.16%	77.61%
2009	92.14%	86.12%	93.20%	78.59%	58.81%	67.45%	6.75%	93.60%	52.04%	59.14%	63.25%	66.71%
2010	94.28%	90.24%	93.66%	78.90%	64.21%	70.57%	13.35%	95.70%	53.23%	59.79%	69.16%	77.61%
2011	94.84%	91.96%	95.42%	79.86%	65.49%	73.75%	12.45%	95.96%	55.49%	69.86%	64.01%	80.33%
2012	98.47%	93.29%	96.72%	82.29%	75.46%	79.08%	25.65%	98.73%	60.92%	75.22%	80.16%	84.59%
2013	98.95%	94.71%	97.61%	82.83%	81.11%	82.04%	48.75%	98.67%	67.58%	85.69%	80.59%	88.65%
2014	99.36%	96.18%	98.35%	89.11%	87.15%	82.41%	55.37%	99.03%	76.06%	91.95%	86.05%	89.06%
2015	99.56%	96.48%	98.30%	92.34%	89.32%	84.50%	58.76%	99.33%	82.04%	89.83%	89.20%	88.77%
2016	99.89%	97.29%	99.04%	91.82%	92.03%	86.13%	64.20%	99.51%	86.93%	90.85%	94.20%	94.29%
2017	99.51%	97.30%	98.72%	96.79%	94.28%	84.96%	70.04%	99.63%	94.34%	88.35%	96.80%	99.98%

资料来源：《中国教育统计年鉴》（2003~2017 年）

2. 农村义务教育学校专任教师本科及以上学历所占比例

2014年习近平总书记在北京师范大学师生代表座谈会上，与来自贵州的50位"国培计划"小学骨干语文教师交流时强调，我国经济总量虽然已经是世界第二，但我国还是世界上最大的发展中国家，还处在社会主义初级阶段，各种教育资源历史积累不足，

地区之间教育发展不平衡,教育总体条件还不是很理想,教师特别是基层教师收入总体水平不高,办学条件标准不高,教育管理水平亟待提高(习近平,2014)。教育短板在西部地区、农村地区、老少边穷岛地区,尤其要加大扶持力度[①]。我国义务教育均衡发展的重点在农村,难点在西部农村,尤其是西部偏远的农村贫困地区。基于数据的可获得性,选用西部地区农村义务教育学校专任教师本科及以上学历所占比例,分析西部地区农村教育人力资源配置水平。

根据 2003~2017 年《中国教育统计年鉴》的统计数据,分析西部地区农村义务教育学校专任教师本科及以上学历情况。总体上,西部地区农村义务教育学校专任教师本科及以上学历所占比例呈逐年上升的趋势,但明显低于全国水平;西部地区农村义务教育学校专任教师本科及以上学历所占比例与东部、东北等地区间差距有所增加,如图 3-2 所示。首先,2003 年西部地区农村义务教育学校专任教师本科及以上学历所占比例最低仅为 3.49%,不足东北地区的 1/2,东北地区所占比例最高为 7.50%,地区间差异较大。其次,随着中央和地方政府义务教育财政投入的增加,各地采用多种方式引进高学历人才,不断加大农村学校师资配置力度,全国农村义务教育学校专任教师本科及以上学历所占比例均呈现上升趋势。2017 年,东部地区所占比例最高达 55.66%,增幅较大,年平均增长率为 17.15%;而所占比例最低的仍然是西部地区农村为 47.87%,但西部地区农村增幅最大,年平均增长率达 20.57%。最后,2004 年国家开始实施"国家西部地区'两基'攻坚计划(2004-2007 年)"[②]和"国家西部地区农村寄宿制学校建设工程"等一系列惠及西部地区义务教育的工程和项目。西部地区农村的义务教育事业,无论是在硬件设施还是师资力量等方面都取得较大的发展。西部地区农村义务教育学校专任教师本科及以上学历所占比例增幅较大,但由于我国教育事业地区发展不平衡现象长期存在,东部地区和西部地区间差异仍较大。因此,西部地区农村义务教育学校专任教师本科及以上学历所占比例与东部地区、东北地区和中部地区农村差距仍然存在且呈加大的趋势。

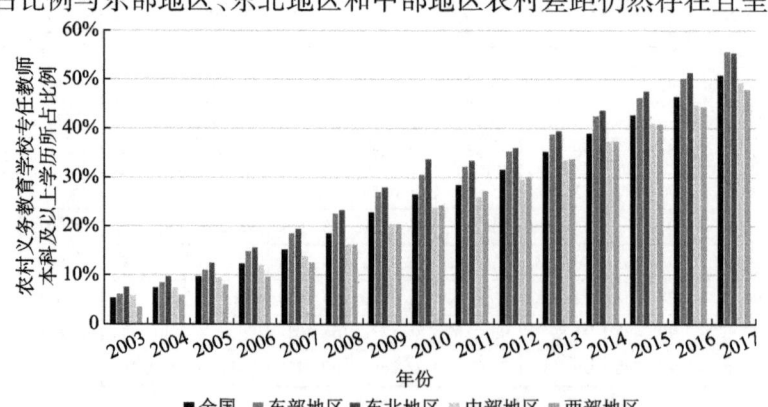

图 3-2　2003~2017 年各地区农村义务教育学校专任教师本科及以上学历所占比例

资料来源:《中国教育统计年鉴》(2003~2017 年)

---

① 习近平在北京师范大学考察——号召全国广大教师做党和人民满意的好老师. http://cpc.people.com.cn/n/2014/0910/c64094-25629944.html,2014-09-10.

② "两基"指基本普及九年义务教育、基本扫除青壮年文盲。

具体分析西部地区12省（区、市）农村义务教育学校专任教师本科及以上学历所占比例的变化趋势，如表3-2所示。西部地区12省（区、市）农村义务教育学校专任教师本科及以上学历所占比例均呈现上升趋势，但上升幅度各异。2003年，西藏农村义务教育学校专任教师本科及以上学历所占比例最低，仅为0.56%，不足最高值新疆的十分之一，远低于同年西部地区农村的平均水平。2003年，新疆农村义务教育学校专任教师本科及以上学历所占比例为7.99%，远高于同年西部地区农村的平均水平，甚至高出当年全国所占比例最高的东北地区农村0.49个百分点。新疆农村义务教育学校专任教师本科及以上学历所占比例较高，这主要得益于国家政策的扶持。为扎实推进"两基"工作，促进基础教育改革与发展，2003年，新疆维吾尔自治区人民政府印发《新疆维吾尔自治区人民政府贯彻国务院关于深化改革加快发展民族教育决定的意见》，全区建立了"由地方政府负责、分级管理、以县为主"的农村义务教育管理体制。农村实行税费改革，加大了农村地区教育财政投入，促进了新疆农村义务教育的迅速发展和"两基"攻坚任务的推进（姚文遐，2007）。

表3-2 西部地区12省（区、市）农村义务教育学校专任教师本科及以上学历所占比例

年份	省（区、市）											
	内蒙古	广西	重庆	四川	贵州	云南	西藏	陕西	甘肃	青海	宁夏	新疆
2003	4.25%	1.25%	4.82%	3.67%	1.77%	2.95%	0.56%	3.20%	2.93%	5.98%	6.21%	7.99%
2004	6.36%	1.87%	12.38%	6.02%	2.57%	4.68%	0.73%	5.70%	4.39%	7.62%	10.67%	10.70%
2005	10.81%	3.18%	16.54%	7.97%	3.47%	6.96%	1.12%	7.93%	5.82%	11.61%	15.50%	13.41%
2006	14.90%	4.03%	13.49%	9.58%	4.86%	8.01%	1.62%	11.13%	8.16%	16.77%	19.02%	15.82%
2007	18.79%	6.63%	14.46%	11.67%	7.26%	11.18%	2.32%	16.21%	11.35%	20.25%	22.24%	18.65%
2008	22.74%	9.87%	17.15%	14.34%	9.92%	14.62%	4.91%	22.27%	16.48%	23.58%	23.80%	21.96%
2009	27.23%	13.28%	20.71%	17.42%	13.80%	19.14%	7.64%	29.03%	21.79%	28.85%	27.02%	24.70%
2010	30.84%	16.37%	23.24%	20.47%	17.74%	23.13%	9.46%	34.46%	28.32%	33.12%	28.94%	27.56%
2011	32.31%	22.27%	26.72%	23.89%	22.30%	28.76%	25.48%	33.27%	33.42%	37.26%	29.50%	26.54%
2012	34.74%	24.49%	29.46%	26.32%	26.83%	31.69%	28.81%	34.00%	39.01%	40.07%	32.17%	29.22%
2013	36.58%	27.93%	33.80%	28.71%	31.07%	35.61%	33.73%	38.04%	44.64%	44.12%	37.44%	31.07%
2014	41.51%	30.35%	37.40%	32.21%	35.03%	39.23%	35.91%	43.40%	48.82%	47.92%	44.32%	33.68%
2015	46.65%	32.59%	41.92%	35.42%	39.64%	42.61%	38.88%	48.32%	53.09%	51.89%	49.41%	36.75%
2016	52.79%	34.37%	46.46%	38.77%	44.54%	46.33%	43.37%	53.90%	56.17%	54.19%	54.83%	39.54%
2017	57.17%	36.69%	50.24%	42.90%	48.34%	50.19%	48.21%	59.52%	59.48%	56.28%	57.55%	43.83%

资料来源：《中国教育统计年鉴》（2003~2017年）

随着经济社会的不断发展，以及国家和地方政府对义务教育财政投入的增加，西部地区农村的义务教育工作取得较大的进展。一方面，截至2017年底，西部地区农村义务教育学校专任教师本科及以上学历所占比例最低的是广西，仅为36.69%，所占比例最高的是陕西，达到59.52%，但两省（区、市）间的差异为22.83个百分点，地区差距有所上升。另一方面，虽然西藏农村义务教育学校专任教师本科及以上学历所占比例仍较低，为48.21%，但西藏增幅最大，年平均增长率高达37.47%。

3. 农户受高中及以上教育程度所占比例

我国西部地区农户规模较大，截至 2016 年，西部地区农户有 7 215 万户，占全国农户总规模数的 31.33%。西部地区自身发展基础、禀赋条件及要素结构等的差异，使得西部地区农业现代化水平普遍低于我国整体及沿海地区的水平（黄祖辉等，2003）。农户的科学文化素质是提高农业生产力与实现农业现代化生产的重要影响因素之一。基于 1996 年、2006 年和 2016 年三次全国农业普查数据，本书选用农户受高中及以上教育程度所占比例反映农户的科学文化素质水平。

如图 3-3 所示，总体上，我国各个地区农户受高中及以上教育程度所占比例都呈现上升的趋势，上升幅度各异。首先，1996 年，西部地区农户受高中及以上教育程度所占比例最低，仅占 0.43%，与所占比例最高的东部地区相比，差距为 0.27 个百分点。其次，截至 2016 年，西部地区农户受高中及以上教育程度所占比例上升到 12.55%，高出所占比例最低的东北地区 2.63 个百分点，但与所占比例最高的东部地区相比，差距有所增加，上升到 5.36 个百分点。全国农户高中及以上教育程度所占比例发展不均衡，地区间的差距有所增加。最后，从各地区增幅来看，农户受高中及以上教育程度所占比例上升幅度最大的是西部地区，年平均增长率达 18.37%，增幅最低的是东北地区，年平均增长率为 15.56%。

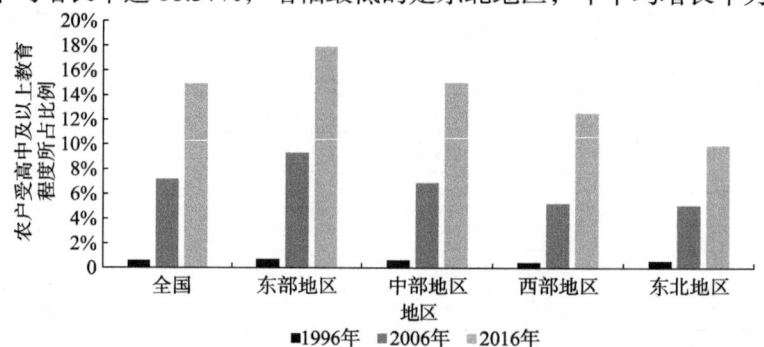

图 3-3 1996~2016 年各地区农户受高中及以上教育程度所占比例
资料来源：1996 年第一次全国农业普查、2006 年第二次全国农业普查和 2016 年第三次全国农业普查

分析西部地区 12 省（区、市）农户受高中及以上教育程度所占比例发现，总体上，西部地区 12 省（区、市）的所占比例都呈上升趋势，但增长幅度各异（表 3-3）。具体来看，1996 年农户受高中及以上教育程度所占比例最低的是西藏，仅为 0.15%，最高的是陕西，高出西藏 7.41 个百分点。截至 2016 年，农户受高中及以上教育程度所占比例最低的仍是西藏，为 6.24%，最高的仍是陕西，为 18.40%，高出西藏 12.16 个百分点，区域之间的差距有所增加。

表 3-3 1996~2016 年西部地区 12 省（区、市）农户受高中及以上教育程度所占比例

省（区、市）	1996 年	2006 年	2016 年
内蒙古	6.54%	7.34%	15.86%
广西	5.83%	6.01%	12.01%
重庆	3.67%	3.66%	13.93%
四川	3.32%	3.70%	12.13%
贵州	2.34%	3.69%	9.72%
云南	2.55%	4.54%	10.08%

续表

省（区、市）	1996年	2006年	2016年
西藏	0.15%	1.57%	6.24%
陕西	7.56%	8.66%	18.40%
甘肃	5.91%	6.29%	14.16%
青海	3.04%	4.46%	9.51%
宁夏	5.79%	5.34%	13.84%
新疆	5.34%	7.44%	12.52%

资料来源：1996年第一次全国农业普查、2006年第二次全国农业普查和2016年第三次全国农业普查

（二）平均受教育年限

平均受教育年限是综合衡量人口教育程度的指标。改革开放以来，随着经济社会的不断发展，国家加大对教育、科技等的投入，大力发展教育事业，使得全国人口的教育水平都大幅提高。

在我国中部地区、东部地区和东北地区农村人口平均受教育年限均高于西部地区农村，且西部地区农村人口平均受教育年限一直低于全国平均水平。如图3-4所示，首先，1987年西部地区农村人口平均受教育年限最低为4.50年，中部地区、东部地区次之，分别为4.86年和4.85年，最高的是东北地区，为5.04年，最高值比最低值的西部地区农村长0.54年。其次，随着宏观经济社会的不断发展，国家加大对教育的财政投入，推进了教育事业的发展，我国各地区农村人口平均受教育年限均呈大幅上升，但地区间差距逐步增加。2017年，西部地区农村人口平均受教育年限最低为7.40年，分别比全国平均水平、东北地区及中部地区低0.40年、0.50年和0.57年。农村人口平均受教育年限最高的是东部地区，达到8.03年，高出西部地区0.63年，地区间差距有所增加。最后，从各个地区的增幅来看，增幅最大的是东部地区，年平均增长率为1.69%；西部地区次之，年平均增长率为1.67%；增幅最小的是东北地区，年平均增长率为1.51%。

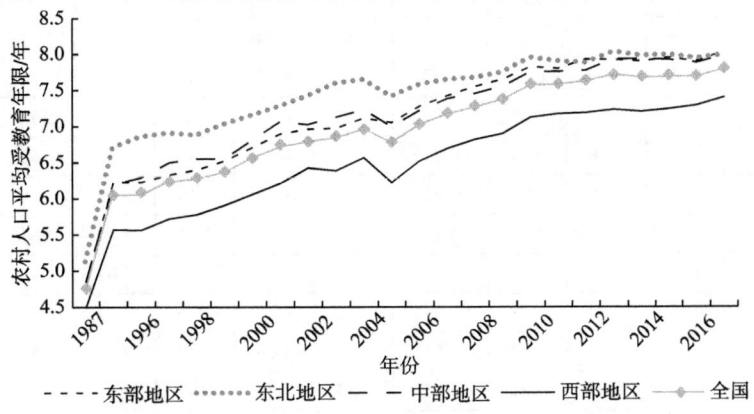

图3-4 1987~2017年各地区农村人口平均受教育年限

资料来源：《人口和就业统计年鉴》（1988~2018年）

受统计数据的限制，无法获取1989~1995年我国各地区的受教育人口的具体数据，因此无法测算1988~1994年各地区农村人口平均受教育年限

我国中部地区和东部地区农村人口平均受教育年限均比西部地区长,甚至西部地区一些省(区、市)的农村人口平均受教育年限远低于西部地区的平均值。如表3-4所示,总体上,西部地区12省(区、市)农村人口平均受教育年限都呈上升趋势,但增幅各异。具体来看,1987年,西部地区12省(区、市)中农村人口平均受教育年限最低的是西藏,仅为2.27年,表明该地区文盲人口所占比例较高。最高的是广西,为5.24年,新疆次之,为4.98年。最高值的广西比最低值的西藏高2.97年。在国家大力发展教育事业的推动下,2017年,西藏农村人口平均受教育年限增长到4.67年,但仍然是西部地区各省(区、市)最低水平;最高水平的是新疆,为7.93年,比西藏高3.26年;广西次之,为7.90年。区域间极值的差距从1987年的2.97年上升到2017年3.26年。区域间教育事业发展不平衡,区域间的差距有所增加。

表3-4 西部地区12省(区、市)农村人口平均受教育程度　　　　单位:年

年份	省(区、市)											
	内蒙古	广西	重庆	四川	贵州	云南	西藏	陕西	甘肃	青海	宁夏	新疆
1987	4.50	5.24	—	4.84	3.77	3.49	2.27	4.81	3.78	3.28	4.27	4.98
1995	6.11	6.18	—	5.83	5.04	4.92	1.85	6.09	4.52	3.94	5.06	6.06
1996	6.14	6.42	—	5.71	4.66	4.94	2.62	5.96	4.87	3.43	5.29	6.16
1997	6.15	6.30	5.86	5.77	5.10	5.23	3.25	6.26	5.29	3.34	5.21	6.47
1998	6.42	6.45	6.03	5.95	4.87	5.28	3.10	6.27	5.19	3.33	5.28	6.43
1999	6.28	6.52	6.01	5.98	5.11	5.35	3.02	6.43	5.47	4.41	5.58	6.88
2000	6.42	6.76	6.21	6.08	5.32	5.45	3.42	6.58	5.60	4.61	5.84	6.88
2001	6.56	6.99	6.41	6.18	5.53	5.55	3.83	6.73	5.74	4.81	6.09	6.88
2002	6.67	6.90	6.64	6.27	5.77	5.51	3.70	6.56	7.91	5.18	6.31	6.90
2003	6.53	6.97	6.83	6.57	5.68	5.54	4.14	6.88	5.99	5.22	6.03	7.11
2004	7.75	7.12	7.43	6.22	6.67	6.02	6.14	4.31	7.18	6.08	5.38	6.18
2005	6.71	6.90	6.31	6.01	5.65	5.63	3.24	7.08	5.95	5.15	5.96	7.34
2006	7.13	7.29	6.69	6.37	5.98	5.87	4.05	7.27	5.91	5.48	6.30	7.40
2007	7.16	7.38	6.89	6.65	6.14	6.00	4.35	7.34	6.22	5.72	6.57	7.60
2008	7.21	7.40	6.98	6.74	6.43	6.22	4.60	7.43	6.33	5.97	6.94	7.61
2009	7.37	7.43	7.16	6.83	6.51	6.23	4.36	7.60	6.42	5.99	6.97	7.74
2010	7.71	7.55	7.12	7.09	6.51	6.70	4.34	7.93	6.80	6.06	7.15	7.82
2011	7.75	7.61	7.04	7.29	6.41	6.63	4.77	7.96	7.03	6.15	7.31	7.59
2012	7.97	7.50	7.02	7.22	6.54	6.68	4.47	7.96	7.30	6.02	7.20	7.66
2013	7.86	7.59	7.13	6.97	6.84	6.87	4.09	8.22	7.16	6.26	7.22	7.93
2014	7.62	7.65	7.10	7.01	6.75	6.83	3.82	8.12	7.11	6.26	7.22	8.01
2015	7.72	7.59	7.31	7.15	6.76	6.87	4.47	8.12	6.98	5.88	7.17	7.91
2016	7.79	7.79	7.46	7.09	6.77	6.90	4.47	8.07	7.19	6.39	7.41	7.78
2017	7.72	7.90	7.44	7.29	7.10	7.12	4.67	7.84	7.11	6.73	7.26	7.93

资料来源:《人口和就业统计年鉴》(1988~2018年)

（三）少数民族地区人口教育水平

在现代社会，教育是提升个人社会经济地位的主要手段。改革开放以来，伴随经济社会的发展，国家加大了对各级教育的投入，各级、各类教育规模迅速扩张，居民的教育水平普遍提升。那么，对于少数民族人口占总人口达 50.66% 的西部少数民族地区而言，西部少数民族地区农村人口整体教育水平的变化趋势如何？教育水平在少数民族地区间是否存在显著的差异呢？

根据《中国民族人口资料（1990年人口普查数据）》、《2000年人口普查中国民族人口资料》和《中国2010年人口普查民族人口资料》三次普查数据，分析我国少数民族地区农村人口平均受教育年限。如图 3-5 所示，我国各地区少数民族地区农村人口平均受教育年限都大幅上升，上升幅度各异，但西部少数民族地区农村人口平均受教育年限始终保持在最低水平。具体来看，一方面，1990 年西部少数民族地区农村人口平均受教育年限最低为 4.32 年，比全国平均水平低 0.42 年；中部地区次之，为 5.63 年，东部地区为 5.82 年，最高的是东北地区，为 6.75 年，高出最低水平的西部少数民族地区 2.43 年。另一方面，由于国家加大教育财政投入，促进了教育事业发展，我国的各级、各类教育规模迅速扩张，截至 2010 年，西部少数民族地区农村人口平均受教育年限虽上升到 6.63 年，但仍是全国各地区中的最低水平，比全国平均水平低 0.27 年；中部地区次之，为 7.61 年；东部地区为 7.83 年；最高的仍然是东北地区，达 8.08 年，比当年西部地区高 1.45 年。各地区间的差距有所缩小。

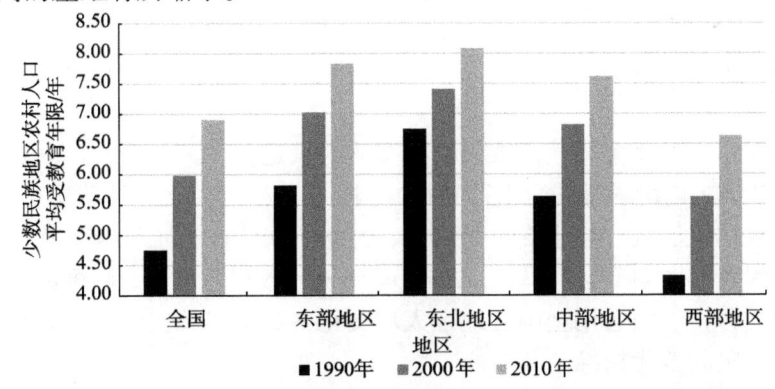

图 3-5　1990~2010 年各地区少数民族地区农村人口平均受教育年限

资料来源：《中国民族人口资料（1990年人口普查数据）》、《2000年人口普查中国民族人口资料》和《中国2010年人口普查民族人口资料》

从西部地区 12 省（区、市）来看，西部少数民族地区农村人口平均受教育年限逐年增加，但一些省（区、市）仍处于较低水平，远低于全国少数民族地区农村的平均水平，如表 3-5 所示。具体来看，第一，1990 年西部地区少数民族地区农村人口平均受教育年限最低的是西藏，仅为 1.48 年，甘肃次之，为 1.86 年，远低于全国少数民族地区农村的平均水平。西部少数民族地区农村人口平均受教育年限最高的是内蒙古，为 5.90 年，广西次之，为 5.55 年；内蒙古少数民族地区农村人口平均受教育年限比最低的西藏高 4.42 年，区域间差距较大。第二，到 2010 年西藏少数民族地区农村人口平均受教育年限上升到 4.21 年，但仍是当年西部少数民族地区农村中的最低水平，比全国平均水平低 2.69 年。最高的仍然是内蒙古，为 7.97 年，高出最低的西藏 3.76 年。第三，区域之间的差距从 1990 年的 4.42 年逐步降低到 2010 年的 3.76 年，区域之间的差距有所缩小，但总体水平仍较低。

表 3-5　西部 12 省（区、市）少数民族地区农村人口平均受教育年限　单位：年

省（区、市）	1990 年	2000 年	2010 年
内蒙古	5.90	7.08	7.97
广西	5.55	6.85	7.35
重庆	3.21	6.22	7.15
四川	3.21	3.75	4.95
贵州	3.94	5.21	6.34
云南	3.74	5.32	6.41
西藏	1.48	2.49	4.21
陕西	5.24	6.43	7.76
甘肃	1.86	3.29	5.37
青海	2.39	3.61	5.17
宁夏	3.25	4.90	6.40
新疆	5.17	6.50	7.64

资料来源：《中国民族人口资料（1990 年人口普查数据）》《2000 年人口普查中国民族人口资料》和《中国 2010 年人口普查民族人口资料》

二、农村精神文化生活水平

农民文化娱乐支出比重反映了农民精神文化的满足程度。由于我国农村地区经济发展相对落后，农民文化娱乐需求尚未得到很好满足。分析居民文化消费支出的影响因素，发现农村人口人均文、教、娱乐支出受年龄、性别、人均收入水平和人均文化事业的财政支出等多种因素的影响（赵卫军等，2018）。受统计数据的限制，我国的财政支出统计数据没有城乡之分，下面选用全国各地区人均文化事业费财政支出作为农村人均文化事业费财政支出情况的替代指标。

（一）人均文、教、娱乐支出所占比例

农村人口文、教、娱乐支出所占比例反映了其精神文化的满足程度，基于此，本书选用西部地区农村人均文、教、娱乐支出所占比例分析人口的精神文化水平。人均文、教、娱乐支出所占比例为人均文、教、娱乐支出与人均总的消费支出的比值。

依照国际经验，当人均 GDP 超过 3 000 美元时，文化消费将快速增长；当人均 GDP 在 5 000 美元左右时，文化消费将出现"井喷式"增长（文立杰等，2017）。2017 年，我国人均 GDP 接近 8 836 美元，但文化消费并未出现井喷式增长，反而在 2006 年以后，全国居民人均文化消费支出所占比例呈现下降趋势。如图 3-6 所示，总体而言，全国农村人均文、教、娱乐支出所占比例呈现先下降后上升，之后又是先下降后上升的变化趋势。2006 年以前中部地区农村人均文、教、娱乐支出所占比例最高，2006 年以后东北地

区农村人均文、教、娱乐支出所占比例最高。这可能是由于政府投入水平与文化消费水平呈负相关关系,以及个人收入水平对人均文、教、娱乐支出的正向作用的双向影响(赵卫军等,2018)。

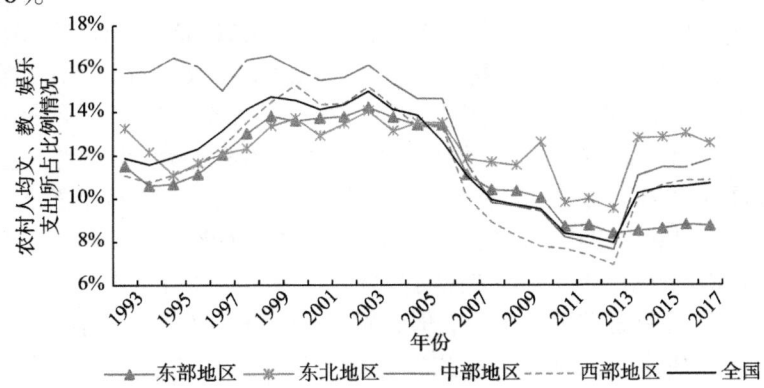

图 3-6 1993~2017 年各地区农村人均文、教、娱乐支出所占比例情况
资料来源:《中国统计年鉴》(1994~2018 年)

一方面,1993 年,中部地区农村人均文、教、娱乐支出所占比例最高为 15.82%,东北地区次之,所占比例为 13.25%,所占比例最低的是西部地区,为 11.08%。首先,1993 年,中部地区农村人均文化事业费财政支出所占比例是几个地区中最高的,这可能是由于政府公共财政投入不足,带来个人文、教、娱乐消费支出占总支出的比重上升。而 1993 年,西部地区农村人均文、教、娱乐支出所占比例最低主要是由于社会经济发展水平比较落后,人均可支配收入水平不高,西部地区农村食品和衣着消费支出占总的消费支出的比重较高,达到 52.82%,一定程度上挤压了西部地区农村人均文、教、娱乐支出水平。其次,教育水平与农村文化消费支出存在正相关关系。总体上,东部地区农村人口受教育程度是全国最高水平,在一定程度上刺激了东部地区农村居民的文化消费,相反,西部地区农村人口平均受教育程度不高,可能阻碍了农村居民文化消费。最后,农村居民的家庭人均收入水平越高,总体上文化消费支出越多。这进一步验证了布迪厄的文化消费理论,即受经济资本与文化资本影响产生的阶级习惯会直接影响文化消费行为(文立杰等,2017)。此外,从地区经济发展水平上看,东部地区和东北地区农村明显优于西部地区农村。基于此,东部地区和东北地区农村人均文化消费所占比例将会比西部地区农村高。

另一方面,随着国民经济的不断发展,国家加大了对公共财政的投入,丰富了文化产品,刺激了人们文、教、娱乐方面的消费。2017 年,东部地区农村人均文、教、娱乐支出所占比例最低,为 8.73%,比全国平均水平低 1.96 个百分点。西部地区农村人均文、教、娱乐支出所占比例为 10.84%,所占比例最高的是东北地区农村,为 12.53%,地区间差距有所缩小。首先,东部地区农村人均文、教、娱乐支出所占比例较低主要是由于东部地区经济发展较快,地方政府人均公共财政投入较高,在一定水平上降低了农村人口个人文、教、娱乐支出。而西部地区农村人均文、教、娱乐支出所占比例较低的主要原因是中央的转移支付提高了人均公共财政支出,降低了个人文、教、娱乐支出。其次,居民文化消费总体上是一种柔性消费,受到居民支出结构的强烈制约。相比之下,食物消费、教育消费、医疗消费和住房消费等是刚性消费,文化消费作为柔性消费要受到刚性消费的挤压(傅才武和曹余阳,2016)。傅才武和曹余阳(2016)通过问卷调查发现,在文化娱乐用品支出、教育支出、文化娱乐服务支出构成的居民家庭文、教、娱乐消费支出结构中,教育支出达到68%,其余两项所占比例则大致相当,文化、娱乐服务支出所占比例为15%,文化、娱乐用品支出比例为17%。教育支出是家庭开支中的刚性支出,会对其他类型的支出产生抑制效应。例如,东部地区经济发展水平较高,生育水平较低,家庭更着重个体人力资本的投入,教育消费支出较高,在一定程度上挤压了其他类型的消费。最后,文化领域供需结构的失衡,导致部分公共文化机构"空转",阻碍了居民将潜在的文化消费需求转化为现实的文化消费行为(傅才武和曹余阳,2016)。

尽管居民文化消费需求不断扩大,但它在整个居民消费中所占比例仍然有待提高,并且我国文化产品供求之间存在结构失衡,能够满足大学本科及以上高学历人员个性化需求的高层次文化产品供给不足。此外,某些低层次文化消费产品却供给过剩。因此,从产品供给的角度分析,受教育程度较低家庭的文化消费需求容易得到满足,而高学历人员的文化消费需求则存在市场空缺(赵吉林和桂河清,2014)。相对来说,东部地区高学历人口比例较高,因此这种需求与供给的不匹配可能阻碍了该地区的文化消费支出水平。

西部地区12省(区、市)农村人均文、教、娱乐支出所占比例都呈现先上升后下降的趋势,区域间差距有所缩小,如表3-6所示。1993年西部地区各省(区、市)农村人均文、教、娱乐支出所占比例最低的是西藏,仅为1.77%,远低于全国平均水平。最高的是广西,达16.71%,比最低的西藏高14.94个百分点。2017年,西部地区农村人均文、教、娱乐支出所占比例最高的贵州为14.26%,最低的西藏为3.57%,两个区域间差距为10.69个百分点,区域间的差距有所下降。

表3-6 西部地区12省(区、市)农村人均文、教、娱乐支出所占比例情况

年份	省(区、市)											
	内蒙古	广西	重庆	四川	贵州	云南	西藏	陕西	甘肃	青海	宁夏	新疆
1993	15.02%	16.71%	—	12.36%	10.24%	9.46%	1.77%	11.95%	12.49%	6.16%	11.87%	9.49%
1994	13.91%	15.77%	—	11.67%	10.36%	8.97%	1.87%	12.97%	12.69%	5.73%	10.81%	9.34%
1995	14.14%	16.28%	—	12.45%	10.80%	9.22%	1.54%	12.35%	12.93%	7.36%	10.94%	9.51%
1996	13.52%	16.35%	—	12.55%	12.16%	9.94%	2.07%	13.99%	15.13%	6.52%	11.20%	9.90%
1997	15.29%	17.34%	13.78%	13.14%	12.91%	10.10%	1.56%	15.73%	17.10%	6.94%	11.83%	9.15%
1998	16.88%	17.73%	14.80%	15.47%	13.60%	11.87%	1.74%	18.21%	17.80%	7.66%	10.82%	9.94%
1999	16.83%	17.05%	14.75%	15.50%	15.31%	13.66%	1.45%	19.78%	19.52%	8.27%	13.63%	12.32%
2000	19.86%	17.18%	16.67%	15.62%	15.62%	13.13%	2.33%	18.04%	19.24%	10.37%	14.25%	12.16%
2001	18.11%	15.43%	15.77%	16.07%	15.01%	11.91%	1.89%	19.02%	19.00%	10.22%	12.77%	10.75%
2002	18.25%	13.63%	16.13%	15.67%	15.38%	12.54%	4.41%	18.08%	19.27%	10.78%	13.73%	10.24%
2003	18.07%	12.96%	16.23%	16.93%	17.19%	13.55%	5.24%	21.51%	19.15%	12.18%	14.01%	10.19%
2004	17.51%	12.35%	16.13%	15.27%	17.06%	13.17%	4.51%	19.14%	19.28%	9.08%	14.58%	9.89%

续表

年份	省（区、市）										
	内蒙古	广西	重庆	四川	贵州	云南	西藏	陕西	甘肃	青海	宁夏	新疆
2005	15.53%	12.17%	16.71%	13.87%	14.69%	14.53%	2.91%	18.10%	19.90%	7.58%	10.79%	10.07%
2006	16.75%	10.33%	11.85%	10.83%	11.83%	11.14%	4.48%	15.27%	16.73%	7.16%	9.25%	9.25%
2007	15.35%	7.99%	10.71%	8.50%	11.00%	9.17%	3.95%	13.20%	13.87%	7.18%	9.07%	8.46%
2008	13.06%	7.51%	9.87%	7.16%	7.70%	7.63%	3.82%	12.98%	12.11%	6.74%	7.52%	7.60%
2009	11.51%	7.56%	9.66%	6.11%	8.03%	8.01%	3.29%	12.32%	9.74%	6.49%	7.81%	6.43%
2010	9.47%	6.56%	8.43%	7.00%	8.62%	8.01%	2.44%	11.34%	10.22%	6.41%	6.99%	6.00%
2011	10.89%	6.21%	8.97%	7.05%	6.85%	7.52%	1.83%	9.53%	9.29%	6.77%	7.71%	5.90%
2012	8.97%	6.49%	9.04%	7.34%	7.17%	7.74%	1.77%	9.12%	8.87%	5.93%	7.60%	5.47%
2013	8.21%	6.07%	8.76%	7.13%	7.75%	6.10%	2.39%	8.54%	8.34%	4.91%	7.39%	5.20%
2014	13.22%	10.22%	10.09%	7.23%	12.50%	11.03%	2.68%	12.42%	12.25%	7.41%	11.29%	8.16%
2015	13.70%	11.10%	10.33%	7.56%	13.13%	11.45%	3.21%	13.12%	12.50%	9.42%	11.83%	8.21%
2016	13.55%	11.98%	10.77%	6.94%	14.12%	12.55%	3.18%	12.87%	12.90%	9.23%	11.79%	8.66%
2017	13.45%	11.95%	11.21%	7.44%	14.26%	13.01%	3.57%	11.64%	12.38%	9.06%	12.15%	8.58%

资料来源：《中国统计年鉴》（1994~2018年）。

（二）少数民族地区人均文、教、娱乐支出所占比例

西部地区是我国少数民族主要聚居地，具有鲜明的民族特色。根据我国历年《中国民族统计年鉴》，分析西部11省（区、市）少数民族地区农村人均文、教、娱乐支出所占比例水平[①]，如表3-7所示。西部各省（区、市）少数民族地区农村人均文、教、娱乐支出所占比例呈现先下降后上升的变化趋势。2000年，西部11省（区、市）少数民族地区农村人均文、教、娱乐支出所占比例最高的是内蒙古，为14.40%，最低的是西藏，为0.99%。内蒙古少数民族地区农村人均文、教、娱乐支出所占比例高出西藏13.41个百分点。随着我国经济社会的发展、人均可支配收入的不断提高及国家加大对公共文化服务设施的投入，人均文、教、娱乐消费支出水平发生变化。2016年，西部11省（区、市）少数民族地区农村人均文、教、娱乐支出所占比例最高的仍是内蒙古，为13.55%，最低的仍是西藏，为3.18%。两省（区、市）人均文、教、娱乐支出所占比例的差距为10.37个百分点，区域间的差距有所缩小。

表3-7 西部11省（区、市）少数民族地区农村人均文、教、娱乐支出所占比例

年份	省（区、市）										
	内蒙古	广西	重庆	四川	贵州	云南	西藏	甘肃	青海	宁夏	新疆
2000	14.40	12.57	12.24	7.18	8.76	8.64	0.99	5.34	6.52	10.23	8.57
2001	13.76	11.23	14.05	8.03	9.52	7.53	0.98	6.38	8.44	9.50	7.57
2002	13.96	10.26	14.61	7.54	9.81	7.81	2.85	7.42	7.23	10.44	7.50

---

① 《中国民族统计年鉴》中，西部各省（区、市）少数民族地区不包括陕西省。

续表

年份	省（区、市）										
	内蒙古	广西	重庆	四川	贵州	云南	西藏	甘肃	青海	宁夏	新疆
2003	14.46	10.08	12.39	7.91	10.89	8.89	3.14	8.64	6.69	10.89	7.71
2006	14.36	8.20	8.87	6.70	10.16	8.23	3.21	8.39	6.10	7.51	7.73
2007	13.01	6.26	7.52	5.55	8.99	7.00	2.95	7.01	7.02	7.59	7.07
2008	11.04	5.80	7.68	5.24	6.43	5.98	2.83	15.15	7.82	6.22	6.28
2010	8.38	5.30	6.36	5.04	7.17	6.09	1.91	9.11	6.72	6.01	4.92
2011	6.99	5.19	4.93	4.72	4.35	4.55	1.49	3.30	4.20	6.86	5.90
2012	8.05	5.48	6.04	2.87	4.32	5.46	1.38	5.30	4.82	6.98	4.94
2015	13.71	11.10	9.60	6.76	11.16	11.38	3.21	6.24	8.38	11.82	8.21
2016	13.55	11.98	9.06	7.11	12.87	11.82	3.18	7.05	8.09	11.79	8.66

资料来源：《中国民族统计年鉴》（2001~2017年），西部各省（区、市）少数民族地区不包括陕西省

三、农村人口文化素质发展存在的问题

中央政府对西部地区农村的政策扶持和公共财政投入，都促进了西部地区农村人口文化素质的发展。例如，为进一步推进西部大开发，实现西部地区"两基"目标，国务院特地下发《国家西部地区"两基"攻坚计划（2004-2007）》。经过西部地区各级政府的努力，成效显著，"两基"攻坚的目标如期实现。但是，当前我国西部地区农村的人口文化素质仍存在一些问题。下面主要从义务教育资源配置不平衡、农村人口平均受教育年限不高和精神文化生活水平有待提高三个方面讨论西部地区农村人口文化素质发展存在的问题。

（一）义务教育资源配置不平衡，地区差异较大

义务教育资源的合理配置是义务教育均衡发展的基本保证。西部地区农村面临教育资源，如高学历教师的缺乏、物力和财力资源上明显落后于城市地区及与东部地区和西部地区差距较大等问题。东部地区农村义务教育学校专任教师本科及以上学历所占比例与西部地区农村差距从2003的2.58个百分点上升到2017年的7.79个百分点，地区间差距有所增加。

在西部地区欠发达的农村，教师的工资待遇不高，教学任务重，生活环境比较艰苦，造成农村教师资源的流失。从师资队伍来看，整体存在着基础薄弱、学历偏低的情况，同时，教学方式和教学观念较为落后。另外，农村基础教育的教师缺乏长期有效的培训机制，难以实现个人能力的提高。因此，农村义务教育发展存在较为严重的地区不平衡现象，尤其是西部地区偏远的农村。

（二）农村人口平均受教育年限不高，自身素质不能满足农村发展需要

总体上，1987~2017年西部地区农村人口平均受教育年限较低，均低于全国平均水平。教育既是提升人口素质的主要方式，也是促进国民经济发展及提高居民收入水平的重要因素之一。在我国城乡二元经济体制的背景下，教育对促进农村劳动力转移、推动

城镇化进程及促进农民增收具有重要的作用和意义。但是，受地区经济发展水平限制，我国西部地区农村教育水平落后，与东部地区、东北地区仍存在较大的差距。此外，西部地区农村辍学率高，一些地区甚至盛行"读书无用论"。相关研究表明，我国西部地区农村的教育回报率较低（高梦滔，2007；曹子坚等，2009）、西部地区农村普通高中教育不能满足学生的教育需求、学生家长教育功利化倾向严重等（李志辉和王纬虹，2017）是西部地区农村辍学率高的主要影响因素。西部地区农村高辍学率在一定程度上影响西部地区农村人口平均受教育水平提升；另外，西部地区农村人口科学文化素质较低，不利于自身素质的提升，不仅影响农村人口向非农部门转移，也影响个人收入水平提升。

（三）精神文化生活水平有待提高，难以满足农村居民多样化的需要

改革开放以来，随着国民收入水平稳步提高，人民群众对精神文化生活的需求也越来越高。西部地区农村居民人均文化消费支出不断提升，但西部地区农村居民人均文化消费支出所占比例从1993年的11.08%下降到2017年的10.84%，总体上呈下降趋势。西部地区农村人均文、教、娱乐支出的提升，一方面得益于中央对文化事业的财政转移支付较高；另一方面是由于地区经济的发展、人均可支配收入的提高及文化产品多元化等。但总体上，西部地区农村精神文化生活水平还有待提高，存在某些低层次文化消费产品供给过剩，高层次文化产品供给不足的现象，难以满足西部地区农村居民多样化的文化需求。

第二节　弘扬西部地区乡村优秀传统文化

《乡村振兴战略规划（2018-2022年）》明确提出，"乡村振兴，乡风文明是保障""实施乡村振兴战略是传承中华优秀传统文化的有效途径""历史文化名村、传统村落、少数民族特色村寨、特色景观旅游名村等自然历史文化特色资源丰富的村庄，是彰显和传承中华优秀传统文化的重要载体"[①]。通过传承发展乡村优秀传统文化，推动乡村文化振兴。很多优秀传统文化发源于农村，在农村得到广泛传播。乡村传统文化的表现形式丰富，一方面包括民族村寨、古村落和传统建筑等物质文化遗产，另一方面包括民族舞蹈、戏曲曲艺、手工技艺、美好传说、民间文化和少数民族文化等非物质文化遗产。本节主要分析西部地区农村物质传统文化与非物质传统文化。

一、乡村传统文化

在中国传统社会，乡村的文化秩序主要靠地方士绅通过宗族关系来维系，在器物技术水平较为低下的传统社会里，乡村成为社会文化的主要发源地（李佳，2012）。长期处于宗法血缘的传统社会，形成了"家国同构"的文化属性与"家天下"的文化意识。宗法血缘社会构成了优秀传统文化的社会基础，宗法血缘关系延伸出地缘、亲缘关系，进

---

① 中共中央 国务院印发《乡村振兴战略规划（2018-2022年）》. 人民日报，2018-09-27（1）.

而构建出稳固的"熟人社会",限定了社会存在方式与社会交往半径(万光侠和夏峰,2019)。传统文化有物质文化与非物质文化之分。中国传统文化积淀于过去,是一种文化遗产,精华与糟粕并存,新时代中国的传统文化被赋予了新的意义。

2013年11月26日,习近平总书记在曲阜孔府和孔子研究院参观考察时,就弘扬中华优秀传统文化发表重要讲话①。党的十九大报告明确指出:必须坚持马克思主义,牢固树立共产主义远大理想和中国特色社会主义共同理想,培育和践行社会主义核心价值观,不断增强意识形态领域主导权和话语权,推动中华优秀传统文化创造性转化、创新性发展,继承革命文化,发展社会主义先进文化,不忘本来、吸收外来、面向未来,更好构筑中国精神、中国价值、中国力量,为人民提供精神指引②。2018年1月2日,《中共中央 国务院关于实施乡村振兴战略的意见》明确指出:"繁荣兴盛农村文化,焕发乡风文明新气象。传承发展提升农村优秀传统文化。"③实际上,乡村振兴与农村传统文化传承创新之间是一种辩证统一的关系,二者统一于乡村文化振兴的实践过程中。一方面,乡村振兴包含乡村文化振兴的内容,而乡村文化振兴的基础与核心在于农村传统文化资源的传承创新;另一方面,农村传统文化资源传承创新要以乡村振兴战略为新起点和新契机(余俊渠和秦红增,2019)。

(一)物质文化遗产

历史文化名村、古村古镇、民族村寨及自然景观等物质文化,是彰显和传承中华优秀传统文化的重要载体。传承与发展农村优秀传统文化,首先应保护乡土文化的物质载体,即农村物质文化遗产。例如,甘肃敦煌莫高窟、陕西西安秦始皇陵与兵马俑,以及我国"四大佛教名山"之一的四川峨眉山等。

由于西部地区地域广袤,少数民族众多,形成了较多的古村落、古镇、民族村寨等丰富物质文化,如云南红河哈尼梯田文化、四川羌族土司遗址等。根据2007~2017年《中国民族统计年鉴》的统计数据,分析西部少数民族地区农村的全国历史名村和历史名镇物质文化遗产的变化趋势。一方面,2006年西部少数民族地区的全国历史文化名村有3个,其中内蒙古、四川和新疆地区各1个,而同年我国东部、东北及中部少数民族地区的全国历史文化名村还未实现零的突破。截至2016年,西部少数民族地区的全国历史文化名村增加到41个,主要分布在广西、贵州、云南、西藏和青海农村地区,远高于我国东部、东北及中部少数民族地区的全国历史文化名村数量。另一方面,2006年,西部少数民族地区的全国历史名镇有4个,其中重庆地区2个,四川和新疆地区各1个。到2016年,西部少数民族地区的全国历史名镇增加到29个,主要分布在内蒙古、广西、云南和新疆地区,分别高出我国东部、东北和中部少数民族地区的全国历史文化名镇数28个、28个和24个,西部少数民族地区的全国历史文化名镇拥有量位居全国第一。

---

① 习近平在山东考察. http://cpc.people.com.cn/n/2013/1129/c64094-23694123-6.html,2013-11-29.

② 习近平. 决胜全面建成小康社会 夺取新时代中国特色社会主义伟大胜利——在中国共产党第十九次全国代表大会上的报告. http://news.cnr.cn/native/gd/20171027/t20171027_524003098.shtml,2017-10-18.

③ 中共中央 国务院关于实施乡村振兴战略的意见. 人民日报,2018-02-05(1).

（二）非物质文化遗产

弘扬与发展优秀传统文化是乡村振兴的重要内容之一，非物质文化遗产是不可抹去的历史与文化记忆。非物质文化遗产包括但不限于民间艺术、曲艺、民族服饰、民俗活动与节庆等。西部地区是我国少数民族主要聚居和杂居的地区，少数民族人口众多、民族成分较为复杂，汇聚了少数民族文化及民族特色曲艺等农村优秀传统文化和民族特色。例如，云南的南诏大理国文化等；贵州的布依族"六月六"节涵盖了歌舞、祭祀、农耕、婚俗和日常礼俗等多重文化内涵，是当地少数民族最为盛大的节日之一；青海、四川和西藏等地，藏族民间以说唱和歌舞的形式传颂英雄的《格萨尔》史诗，在2009年被列入世界非物质文化遗产（范霁雯和范建华，2018）。四川及云南等地的蜀绣、羌族的羌绣、壮族和苗族的刺绣等手工；四川、云南和贵州等地彝族的毕摩剪纸、傣族的寺庙剪纸、壮族的巫术剪纸、苗族的绣花剪纸和水族的绣花剪纸等；在广西，侗族和壮族的歌、瑶族的舞、苗族的节、侗族的楼与桥构成了丰富的民间文化。少数民族的节庆有彝族火把节、傣族泼水节、蒙古族祭敖包及藏族萨噶达瓦节等。在民族习俗、宗教信仰和歌舞艺术等相结合之余，西部少数民族将外来文化融会贯通，打造了诸如《云南映像》《多彩贵州》等经典之作（范霁雯和范建华，2018）。

二、乡村传统文化存在的问题

（一）非物质文化的传承面临困境

改革开放的不断推进和经济体制由计划经济向市场经济的转变，明显弱化了我国以户籍制度为核心的二元社会结构；快速的城市化进程，促进了农村青壮年人口向非农产业和城镇转移。一方面，农村地区留下的大多是老年人、妇女和儿童，俗称"389961"部队。农村空心化与农业劳动力老龄化现象日趋严重。另一方面，农村青壮年外出务工，与传统的父传子、师傅带徒弟、一门传一门的传承观念相冲突，一些年轻人不愿继承传统的技艺或者手艺，继承民间技术、手工技艺传统文化的后人逐渐减少，不利于非物质文化的传承与发展（田琨，2018）。

（二）精神文化诉求降低

社会经济的转型意味着文化形貌的变迁，强势的主流文化的传播，使得处于劣势地位的传统文化逐渐失去原有的意义和形式，如根植于传统社会的手艺、民间手工艺等难以满足现代人生活的经济需求，其精神价值也因弱势地位而被贬低（杭间，2001）。此外，乡村文化开放过程中趋利性明显，忽视乡村文化价值，不注重保护村落建筑，未深度挖掘蕴藏其中的历史、艺术、社会等方面的价值，更看重开发项目的经济利益（田琨，2018）。

（三）乡村传统文化保护力度不够

城镇化的快速推进，一方面促进了农村地区的发展；另一方面，也对乡村传统文化带来了一些破坏，在一定程度上不利于乡村传统文化的保护。例如，一些地方在拆旧建新的过程中，一味追求生活的便捷性，追求保持村容村貌的整洁性，放弃了原有的乡村传统文化。同时，我国乡村传统文化保护力度仍较小，乡村传统文化保护覆盖面小且不均衡，一些传统村落出于经济实力等方面的原因，处于自然衰落的状况，没有得到应有的保护，大量文化资源面临消失的困境（田琨，2018）。

第三节 西部地区乡村公共文化服务建设

与改革开放之前相比，我国基础设施水平和公共文化服务水平显著提高，但总体上仍存在城乡发展不平衡的矛盾。因此，加强农村基本公共文化服务建设，振兴乡村文化具有长远意义。《中共中央 国务院关于实施乡村振兴战略的意见》明确指出："加强公共文化基础设施建设，应按照有标准、有网络、有内容、有人才的要求，健全乡村公共文化服务体系。"[①] 乡村公共文化建设作为激发乡村活力、实现乡风文明的内在动力，在推进乡村文化振兴过程中扮演着重要的角色。本节从公共文化服务人力供给水平、资金投入水平、基础设施供给水平和公共文化产品及服务供给水平四个方面梳理西部地区乡村公共文化服务供给的现状与特征。

一、乡村公共文化服务建设

我国目前的公共文化服务供给为狭义的公共文化服务，基本内容包括除公共文化服务法规、政策等上层建筑以外的公共文化人才、公共文化事业经费、公共文化基础设施建设、公共文化产品和活动等内容（周恩毅等，2018）。

（一）人力供给水平

公共文化服务供给需要一支高素质的人才队伍推动服务内容和种类的持续创新，促进公共文化服务的可持续发展。乡村公共文化服务人员分布在各个领域，具体涉及公共图书馆、群众艺术馆、文化馆、文化站等文化从业人员。基于数据的可获得性，本书选用历年《中国文化文物统计年鉴》中的农村文化、娱乐从业人员数，比较分析西部地区与全国、东部地区、中部地区及东北地区乡村公共文化服务的人力供给水平及变化趋势。

第一，各地区公共文化服务人力供给呈逐年递增趋势。如图3-7所示，西部地区乡村公共文化服务人力供给水平从2000年的0.38万人上升到2016年的0.72万人，累积增加了89.47%。另外，在2004年和2011年均出现了较为明显的增长期，尤其是在2011年之后，增长速度更为明显。第二，西部地区乡村公共文化服务人力供给水平仍较低。从2016年各地区的平均水平看，西部地区为0.72万人，比全国平均水平低0.22万人，较之东部地区和中部地区分别低0.53万人和0.36万人。第三，个别地区间的差距有所增加。在2003年之前，各地区之间基本上处于相对均衡的状态。从2004年之后，各地区平均农村文化、娱乐从业人员数均明显上升，但西部地区与除东北地区之外的其他地区相比，差距却在明显加大。

[①] 中共中央 国务院关于实施乡村振兴战略的意见. 人民日报，2018-02-05（1）.

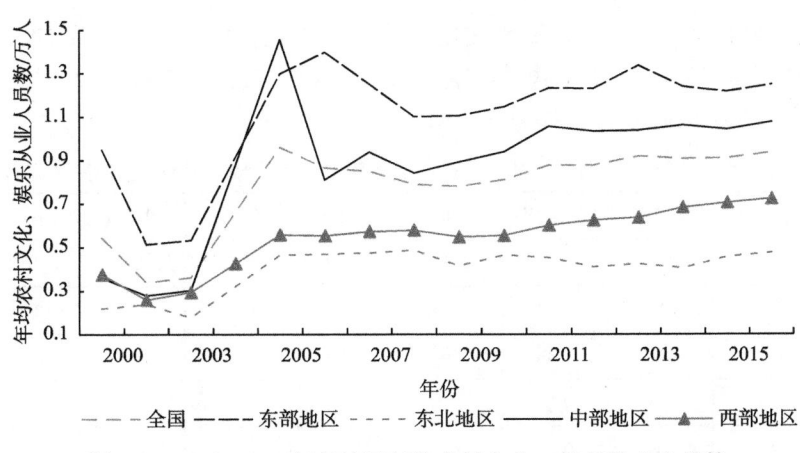

图 3-7 2000~2016 年各地区年均农村文化、娱乐从业人员数
资料来源:《中国文化文物统计年鉴》(2001~2017 年)

基于历年《中国文化文物统计年鉴》的统计数据,分析西部地区 12 省(区、市)年均农村文化、娱乐从业人员数的分布情况,如表 3-8 所示。一方面,西部地区各省(区、市)年均农村文化、娱乐从业人员数呈上升趋势。其中,四川年均农村文化、娱乐从业人员数从 2000 年的 1.39 万人上升到 2016 年的 1.96 万人。同时,增幅最大的是贵州,其从 2000 年的 0.14 万人上升到 2016 年的 1.00 万人,增长 0.86 万人。另一方面,西部地区各省(区、市)间差异明显。年均农村文化、娱乐从业人员供给水平最高的始终是四川,云南次之。2000 年,年均农村文化、娱乐从业人员数最高的四川比最低的西藏高 1.39 万人,截至 2016 年,最高的四川比最低的宁夏高 1.85 万人,差距较大,且区域间的差距有所增加。

表 3-8 2000~2016 年西部地区 12 省(区、市)年均农村文化、娱乐从业人员数 单位:万人

省(区、市)	2000 年	2002 年	2004 年	2006 年	2008 年	2010 年	2012 年	2014 年	2016 年
内蒙古	0.24	0.25	0.26	0.26	0.26	0.36	0.34	0.38	0.43
广西	0.49	0.39	0.68	1.06	1.11	1.03	1.08	0.95	0.84
重庆	0.51	0.32	0.50	0.57	0.53	0.57	0.69	0.72	0.70
四川	1.39	0.66	1.31	1.62	1.74	1.83	1.85	2.05	1.96
贵州	0.14	0.18	0.29	0.43	0.58	0.54	0.62	0.74	1.00
云南	0.91	0.62	1.02	1.38	1.22	0.78	0.97	1.15	1.21
西藏	0	0	0.02	0.04	0.02	0.02	0.01	0.19	0.40
陕西	0.40	0.33	0.45	0.54	0.59	0.59	0.79	0.86	0.77
甘肃	0.22	0.15	0.20	0.25	0.34	0.34	0.46	0.58	0.56
青海	0.02	0.03	0.04	0.04	0.06	0.08	0.14	0.08	0.13
宁夏	0.05	0.05	0.09	0.10	0.10	0.10	0.10	0.11	0.11
新疆	0.15	0.16	0.25	0.35	0.41	0.42	0.43	0.39	0.56

资料来源:《中国文化文物统计年鉴》(2001~2017 年)

从西部地区少数民族公共文化服务人力供给发展水平看,受统计资料的限制,本书

以西部地区各省（区、市）少数民族文化、娱乐从业人员数来反映公共文化服务人力供给水平。具体指标计算为：少数民族文化、娱乐从业人员数＝文化站从业人员＋文化馆从业人员＋图书馆事业从业人员，如表3-9所示。

表3-9　西部地区11省（区、市）少数民族文化、娱乐从业人员数　　单位：万人

省（区、市）	2000年	2002年	2004年	2006年	2008年	2010年	2012年	2014年	2016年
内蒙古	0.60	0.58	0.56	0.53	0.55	0.57	0.64	0.67	0.70
广西	0.44	0.52	0.53	0.53	0.54	0.56	0.63	0.65	0.71
重庆	0.02	0.03	0.03	0.04	0.04	0.05	0.07	0.08	0.08
四川	0.08	0.09	0.10	0.10	0.09	0.14	0.13	0.17	0.22
贵州	0.10	0.12	0.15	0.17	0.20	0.15	0.19	0.20	0.22
云南	0.30	0.32	0.34	0.35	0.37	0.38	0.44	0.46	0.48
西藏	0.03	0.05	0.05	0.05	0.04	0.04	0.05	0.17	0.47
甘肃	0	0.03	0.03	0.03	0.03	0.06	0.08	0.09	0.12
青海	0.06	0.06	0.06	0.06	0.07	0.09	0.09	0.09	0.11
宁夏	0.15	0.16	0.16	0.15	0.15	0.16	0.17	0.18	0.18
新疆	0.36	0.38	0.40	0.42	0.43	0.46	0.50	0.54	0.73

资料来源：《中国民族统计年鉴》（2001~2017年），西部各省（区、市）少数民族地区不包括陕西省

总体上，西部地区少数民族公共文化服务人力供给水平呈现上升的趋势，但上升幅度各异，且区域间的差距较为明显。一方面，少数民族公共文化服务人员供给水平呈持续上升趋势。例如，西藏少数民族文化、娱乐从业人员从2000年的0.03万人增长到2016年的0.47万人，增长幅度最大，增长了0.44万人。新疆少数民族文化、娱乐从业人员增长幅度也较大，从2000年的0.36万人增长到2016年的0.73万人。另一方面，少数民族公共文化服务人力供给水平差距明显，区域间的差距有所增加。从西部地区11省（区、市）[①]少数民族文化、娱乐从业人员数分布来看，2000年最高的是内蒙古，为0.60万人，最低的是甘肃，两省（区、市）之间的差距达0.60万人。截至2016年，少数民族文化、娱乐从业人员数最高的是新疆，为0.73万人，广西次之，为0.71万人；而最低的是重庆，仅为0.08万人，青海次之，为0.11万人；新疆少数民族文化、娱乐从业人员比重庆高0.65万人，区域间的差距有所增加。

（二）资金投入水平

西部地区乡村公共文化服务的发展不仅需要人力，更需要资金的支持。公共文化服务资金投入是公共文化服务基础设施、人力、产品及服务投入的经济基础，是公共文化服务供给发展的核心。由于缺少农村地区公共文化事业经费及财政投入的统计数据，本节利用文化和旅游部《2017年文化发展统计公报》中"农村文化事业费"这一指标进行

---

① 《中国民族统计年鉴》中，西部各省（区、市）少数民族地区不包括陕西省。

分析，具体如表3-10所示。

表3-10 1995~2017年各地区乡村公共文化服务资金供给水平

项目		1995年	2000年	2005年	2010年	2015年	2016年	2017年
总量/亿元	全国农村	8.95	16.87	35.7	116.41	330.13	399.69	457.45
	东部地区	3.84	8.45	18.76	54.22	147.11	181.03	177.58
	西部地区	2.73	4.41	8.91	29.75	83.95	100.28	134.45
	中部地区	2.38	4.01	8.03	32.44	99.07	118.38	145.42
所占比例	东部地区	42.91%	50.09%	52.55%	46.58%	44.56%	45.29%	38.82%
	西部地区	30.50%	26.14%	24.96%	25.56%	25.43%	25.09%	29.39%
	中部地区	26.59%	23.77%	22.49%	27.86%	30.01%	29.62%	31.79%

资料来源：根据文化和旅游部《2017年文化发展统计公报》数据汇总计算

总体上，西部地区乡村公共文化服务资金供给水平不高，且发展速度较为缓慢。一方面，从各地区乡村公共文化服务资金供给水平看，西部地区处于全国最低水平。从2015年、2016年和2017年的情况看，西部地区乡村公共文化服务资金分别为83.95亿元、100.28亿元和134.45亿元，除2017年外，所占比例均在25%左右。2015~2017年，无论是绝对量还是相对所占比例，西部地区都落后于其他地区，尤其是公共文化服务资金的所占比例，没有明显增加。另一方面，公共文化服务资金供给水平相对增速放缓。分析西部地区农村2015~2017年公共文化服务资金供给水平，发现其增幅明显，从1995年的2.73亿元增加到2017年的134.45亿元，但从相对所占比例来看，西部地区的相对所占比例呈下降趋势，从1995年的30.50%下降到2017年的29.39%。在2005年之前，西部地区乡村公共文化服务资金供给水平和所占比例水平都高于中部地区，从2005年之后，反而低于中部地区。

（三）基础设施供给水平

公共文化服务设施是提供公共文化服务供给的物质基础，具体包括广播电视设备、影剧院、图书馆、艺术馆等（周恩毅等，2018）。限于统计数据的可获得性，以农村文化站的个数衡量乡村公共文化服务基础设施供给水平。

比较分析西部地区与全国、东部地区、中部地区及东北地区乡村公共文化服务基础设施供给水平，如图3-8所示。一方面，乡村公共文化服务基础设施供给处于中等以上水平。2000年之前，西部地区乡村公共文化服务基础设施供给水平与全国及其他地区水平相当。2000年之后，西部地区乡村公共文化服务基础设施供给水平开始超越东部地区和东北地区，并于2006年之后高于全国平均水平。截至2016年，西部地区农村文化站个数为1 221个，高出全国平均水平116个（全国平均水平为1 105个）和东部地区437个（东部地区为784个）。另一方面，西部地区公共文化服务基础设施供给水平呈先下降后上升，之后又下降再上升的变化趋势。1992~2006年西部地区同全国绝大多数地区的发展趋势基本一致，农村文化站个数从1 315个下降到1 072个。2008年之后，西部地区乡村公共文化基础设施供给水平出现缓慢回升的趋势，尤其是在2010年以后，上升幅度超越了全国平均水平。

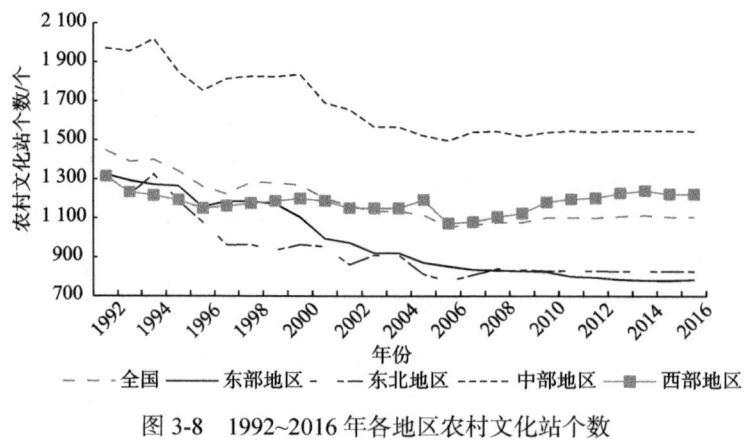

图 3-8 1992~2016 年各地区农村文化站个数
资料来源：《中国农村统计年鉴》(1993~2017 年)

具体分析西部地区 12 省（区、市）农村文化站个数及变化趋势，如表 3-11 所示。一方面，除四川、贵州、西藏、青海和新疆农村文化站个数呈上升趋势外，其他地区的文化站个数均呈下降趋势。另一方面，西部地区各省（区、市）差距明显。2000 年农村文化站个数最多的是四川，高达 3 467 个，最少的是西藏，仅为 20 个，两省（区、市）的差距为 3 447 个。截至 2016 年，农村文化站个数最多的是四川，为 4 306 个，贵州次之，为 1 411 个；最少的是宁夏，仅为 200 个，青海次之，为 359 个。四川农村文化站个数比宁夏多 4 106 个，17 年来区域间的差距明显增加。

表 3-11 2000~2016 年西部地区各省（区、市）农村文化站个数　　单位：个

省（区、市）	2000 年	2002 年	2004 年	2006 年	2008 年	2010 年	2012 年	2014 年	2016 年
内蒙古	1 509	1 178	1 143	831	723	751	840	859	894
广西	1 294	1 341	1 321	1 127	1 127	1 126	1 128	1 126	1 127
重庆	1 145	1 061	1 051	961	868	850	827	825	819
四川	3 467	3 392	3 546	3 249	3 682	4 264	4 375	4 349	4 306
贵州	913	1 018	1 141	1 284	1 303	1 345	1 428	1 434	1 411
云南	1 551	1 542	1 561	1 360	1 327	1 295	1 278	1 295	1 302
西藏	20	168	86	165	205	238	236	683	684
陕西	1 865	1 521	1 529	1 460	1 513	1 542	1 499	1 501	1 298
甘肃	1 311	1 319	1 175	1 022	1 078	1 226	1 227	1 228	1 229
青海	191	185	181	208	195	353	358	358	359
宁夏	258	271	203	189	205	198	198	199	200
新疆	863	811	857	1 004	1 034	977	1 024	1 021	1 020

资料来源：《中国农村统计年鉴》(2001~2017 年)

基于历年《中国民族统计年鉴》的数据，分析西部少数民族地区公共文化服务基础设施供给水平。受限于统计资料，本书用西部各省（区、市）少数民族地区文化站个数分析少数民族地区公共文化服务基础设施供给水平，如表 3-12 所示。一方面，少数民族地区公共文化服务基础设施供给增长速度较为缓慢。2000~2016 年，西部少数民

族地区农村文化站个数从 529 个增加到 705 个,增幅达 33.27%。到 2016 年,西部地区过半的省(区、市)农村文化站个数均低于西部地区的平均水平,最低的是重庆,仅为 167 个。另一方面,少数民族地区公共文化服务基础设施发展不平衡,但区域间的差距明显减小。2000 年农村文化站个数最多的是内蒙古,为 1 564 个,广西次之,为 1 294 个;最少的是甘肃,仅为 3 个,与当年内蒙古农村文化站个数差距较大,比内蒙古少 1 561 个。截至 2016 年,少数民族地区农村文化站个数较多的为四川和新疆,分别为 1 176 和 1 170 个,内蒙古和广西次之。其中,农村文化站个数最少的重庆仅为 167 个,比最高的四川少 1 009 个,区域间公共文化设施发展仍不平衡,但区域间的差距有所减小。

表 3-12　2000~2016 年西部各省(区、市)少数民族地区农村文化站个数　单位:个

省(区、市)	2000 年	2002 年	2004 年	2006 年	2008 年	2010 年	2012 年	2014 年	2016 年
内蒙古	1 564	2 367	1 633	899	858	901	1 016	1 061	1 106
广西	1 294	1 341	1 239	1 137	1 103	1 162	1 167	1 168	1 168
重庆	75	126	144	161	172	172	166	167	167
四川	196	220	310	400	553	1 106	1 218	1 197	1 176
贵州	350	441	516	590	606	525	603	609	615
云南	926	938	881	824	812	814	820	829	837
西藏	35	170	168	165	205	239	239	466	692
甘肃	3	95	77	58	65	265	116	196	276
青海	142	133	134	134	152	298	301	302	302
宁夏	283	302	259	215	214	224	227	236	244
新疆	952	909	1 011	1 112	1 146	1 097	1 328	1 249	1 170
西部地区均值	529	640	579	518	535	618	655	680	705

资料来源:《中国民族统计年鉴》中,西部各省(区、市)少数民族地区不包括陕西省

(四)公共文化产品及服务供给水平

实现乡村文明,推动乡村公共文化建设,除了必要的人员、资金投入及相应的基础设施配备外,还需要激发和活跃公共文化市场,提升公共文化产品及服务供给水平。公共文化产品及服务活动主要包括文物保护藏品、公共图书馆藏书及各类文化机构举办的文艺活动、培训班等(胡志平,2015)。受统计数据的限制,本书选用每万人公共文化活动服务人次[①]来反映乡村公共文化产品及服务供给水平。

基于历年的《中国文化文物统计年鉴》,比较分析西部地区和全国、东部地区、中部地区及东北地区农村每万人公共文化活动服务人次,如图 3-9 所示。

---

① 具体的计算方法为:每万人公共文化活动服务人次=(举办展览馆次数+组织文艺活动次数+举办训练班次)/农村总人口。

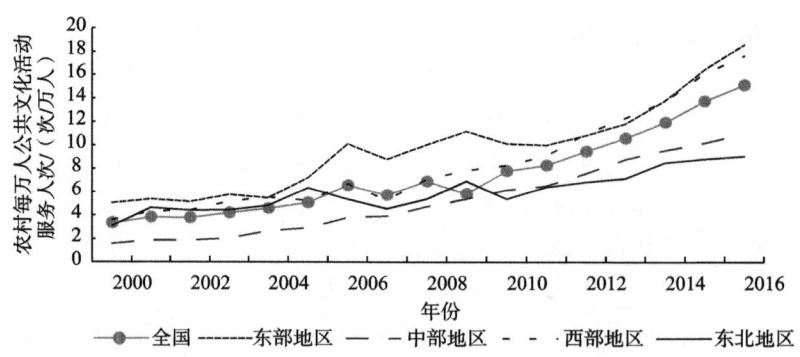

图 3-9　2000~2016 年各地区农村每万人公共文化活动服务人次

资料来源：《中国文化文物统计年鉴》（2001~2017 年）

第一，西部地区农村每万人公共文化活动服务人次处于中等以上水平。2008 年之前，西部地区这一指标仅低于东部地区，与全国、中部地区和东北地区水平基本持平，2008 年之后，除 2012 年和 2013 年外，西部地区仍低于东部地区，但绝对水平已经明显高于全国、中部地区及东北地区。截至 2016 年，西部地区为 17.61 次/万人，比全国和中部地区平均水平分别高出 2.48 次/万人和 6.61 次/万人，比东部地区低 0.99 次/万人。

第二，西部地区农村每万人公共文化活动服务人次增长势头迅猛。2000~2007 年，农村每万人公共文化活动服务人次从 3.62 次/万人增加到 5.34 次/万人，年平均增长率为 5.71%。从 2008 年之后，一直到 2016 年，出现了明显的快速增长期，农村每万人公共文化服务活动服务人次从 7.10 次/万人增加到 17.61 次/万人，年平均增长幅度为 12.02%。

第三，各地区之间农村每万人公共文化活动服务人次差距有所增加。2000 年，中部地区农村每万人公共文化活动服务人次最低为 1.58 次/万人，远低于全国平均水平，同时低于最高值东部地区农村 3.47 次/万人。截至 2016 年，东北地区农村每万人公共文化活动服务人次最低为 9.08 次/万人，不足最高值东部地区农村的二分之一，最高值与最低值间的差距较大，为 9.52 次/万人，地区之间的差距有所增加。

从西部地区 12 省（区、市）分析各个地区农村每万人公共文化活动服务人次，如表3-13 所示。一方面，西部地区各省（区、市）农村每万人公共文化活动服务人次均呈上升趋势，但增幅各异。例如，西藏农村每万人公共文化活动服务人次从 2000 年的 1.17 次/万人，增加到 2016 年的 34.95 次/万人，上升幅度较大，年平均增长率高达 23.65%。另外，增幅最低的是内蒙古，从 2000 年的 10.35 次/万人，增长到 2016 年的 14.58 次/万人，年平均增长率仅为 2.16%。另一方面，西部地区各省（区、市）差异呈加大的趋势。2000 年，农村每万人公共文化活动服务人次最低的是贵州，仅为 0.99 次/万人，最高的是内蒙古，高达 10.35 次/万人，比贵州高 9.36 次/万人；截至 2016 年，农村每万人公共文化活动服务人次最低的仍然是贵州，仅为 10.38 次/万人，不足最高值新疆的四分之一，比新疆农村每万人公共文化活动服务人次低 37.38 次/万人，区域之间的差距有所增加。

表3-13　2000~2016年西部地区各省（区、市）农村每万人公共文化活动服务人次　单位：次/万人

省（区、市）	2000年	2002年	2004年	2006年	2008年	2010年	2012年	2014年	2016年
内蒙古	10.35	6.79	8.07	14.16	6.71	8.25	8.64	11.53	14.58
广西	2.66	4.35	5.10	6.31	7.35	7.31	9.68	10.73	11.34
重庆	3.25	4.54	3.39	8.93	9.57	11.90	13.98	14.24	24.63
四川	3.00	3.89	4.73	5.12	6.69	7.49	13.00	14.89	17.98
贵州	0.99	1.10	0.99	1.66	2.66	3.30	5.55	9.14	10.38
云南	4.17	5.36	6.02	8.67	7.82	8.88	10.50	11.39	13.17
西藏	1.17	1.70	1.16	6.29	1.58	5.15	3.68	15.51	34.95
陕西	4.46	4.21	12.14	8.04	6.38	8.98	10.35	13.95	16.48
甘肃	4.54	4.09	4.30	5.41	8.13	6.68	9.01	11.62	14.17
青海	1.68	2.46	1.02	2.29	3.11	7.77	10.20	14.29	15.60
宁夏	5.58	17.16	11.15	11.24	13.88	20.07	9.29	18.69	21.85
新疆	4.48	8.56	11.07	9.81	13.28	16.62	21.71	30.62	47.76

资料来源：《中国文化文物统计年鉴》（2001~2017年）。

从西部地区少数民族发展水平看，由于缺少分城乡少数民族地区公共文化产品及服务活动的统计数据，本书选用少数民族地区图书、报纸、杂志出版种类作为近似替代指标，计算方法为：少数民族公共文化产品供给=图书出版种类+报纸出版种类+杂志出版种类。

基于历年的《中国民族统计年鉴》，分析西部地区11省（区、市）少数民族图书、报纸和杂志出版种类的拥有量及变迁趋势[①]，如表3-14所示。一方面，西部地区11省（区、市）少数民族图书、报纸和杂志出版种类的拥有量，除了西藏和甘肃外，其他9个省（区、市）均呈现上升趋势。另一方面，少数民族公共文化产品及服务供给差距明显。以少数民族图书、报纸、杂志出版种类近似替代的少数民族公共文化产品及服务供给水平这一指标看，2000年，西部地区11省（区、市）少数民族图书、报纸和杂志出版种类中，最低的重庆仅为4种，最高的是新疆，达3 714种，广西次之，为2 990种，最高值与最低值之间差距较大，为3 710种；截至2016年，西部地区11省（区、市）少数民族图书、报纸、杂志出版种类最高的为新疆，高达9 234种，广西次之，为7 653种，而最低的是甘肃，仅为2种，与最高值之间的差距高达9 232种，区域之间的差距有所增加。因统计资料的限制，较难获取直接反映西部地区各省（区、市）少数民族地区公共文化产品及服务供给的相关数据与资料。因此，具体的结论还有待进一步分析。

表3-14　2000~2016年西部地区各省（区、市）少数民族图书、报纸和杂志出版种类　单位：种

省（区、市）	2000年	2002年	2004年	2006年	2008年	2010年	2012年	2014年	2016年
内蒙古	1 762	1 808	2 495	3 182	2 633	3 095	3 072	3 263	3 453
广西	2 990	3 424	4 059	4 693	8 370	7 584	8 907	8 280	7 653
重庆	4	1	2	2	2	2	4	230	455

---

① 《中国民族统计年鉴》中，西部各省（区、市）少数民族地区不包括陕西省。

续表

省（区、市）	2000年	2002年	2004年	2006年	2008年	2010年	2012年	2014年	2016年
四川	14	14	21	27	29	33	22	23	23
贵州	15	16	13	10	12	38	47	90	132
云南	185	511	328	144	143	188	419	468	517
西藏	342	0	29	57	57	627	604	352	99
甘肃	12	4	9	13	3	3	3	3	2
青海	7	0	1	2	3	58	71	219	367
宁夏	436	728	664	600	515	956	1 727	2 441	3 154
新疆	3 714	3 629	4 391	5 153	6 142	5 288	8 998	9 116	9 234
西部地区均值	862	921	1 092	1 262	1 628	1 625	2 170	2 226	2 281

资料来源：《中国民族统计年鉴》(2001~2017年)，西部各省（区、市）少数民族地区不包括陕西省

二、乡村公共文化服务建设存在的问题

随着新农村建设及乡村振兴战略的推进，西部地区乡村公共文化服务建设取得长足发展。整体上，公共文化服务体系逐渐完善，呈现逐年增长的趋势。但仍然存在一些问题，表现在以下几个方面。

（一）公共文化服务人员供给不足

西部地区乡村公共文化服务人员供给不足，将直接影响各项公共文化服务事业的开展，同时对文化产品的创新、文化事业的管理及乡村公共文化事业的可持续发展等带来不利影响。另外，具体分析西部地区各省（区、市）公共文化服务人员情况发现，公共文化服务人员主要集中在少数经济和旅游相对发达的省（区、市），如四川、云南和陕西等，其他省（区、市）则相对匮乏，这将加剧区域整体发展的不均衡。除上述问题外，西部地区也面临高层次和优秀人才严重缺乏，人才数量匮乏、专业能力不足、管理观念滞后和水平不高的问题（周恩毅等，2018）。同时，公共文化服务从业人员的待遇不高，人才队伍的建设不够稳定，导致较为严重的高技能和专业人才流失问题（陈飞宇等，2016）。

（二）公共文化服务资金供给匮乏且增速缓慢

从乡村公共文化服务资金供给水平上看，西部地区处于全国最低水平，且增速缓慢。农村文化产品供给和基础设施建设的资金主要来源于国家和地方财政拨款，自身的营利性较小，在公共文化资金供给不足的情况下，严重限制了农村地区公共文化事业的各项发展（朱晓琴，2017）。西部地区由于社会经济发展水平的滞后，地方经济水平限制了财政用于乡村公共文化事业费的支出，也反映出地方政府对乡村公共文化事业的态度。受统计资料的限制，本书未能更详细反映西部地区各省（区、市）的差异，但按照财政预算的一般原则，支出在一定程度上取决于财政额和对某项事业的重视程度，这都不利于西部地区农村公共事业经费的增加。

（三）公共文化基础设施薄弱且利用率低

从乡村公共文化基础设施水平看，西部地区同全国及其他地区一致，均表现出下滑的趋势。同时，西部地区农村文化站的活动室利用率不足，一般都是老年人聚在一起打牌、聊天，文化站没有起到相应的文化宣传和教育作用，这也从另一个侧面透视出乡村公共文化基础设施的配备与使用情况（许玲和张希，2016）。从西部地区各省（区、市）来看，乡村公共文化基础设施也呈现分布不均衡的特点。其中西南五省（区、市）①的旅游资源相对发达，除西藏外，其他各乡村公共文化基础设施在公共文化基础设施的配备上均有优势。西北地区和西部少数民族地区自身发展能力不足和资源相对匮乏，因而处在相对落后的位置。

（四）公共文化产品与服务供给水平有待进一步提高

从乡村公共文化产品与服务供给水平上看，西部地区虽然仅低于东部地区，高于全国和中部地区，但从绝对量上看，仍有待提高。以每万人公共文化活动服务人次反映乡村公共文化产品与服务供给水平在很大程度上受农村人口总量的影响。因而，对西部地区而言，大量农村人口外流也可能导致这一指标明显高于中部地区和东北地区。乡村公共文化产品与服务作为提升农民文化意识的重要途径对乡村文明建设起着至关重要的作用，它不仅可以改变农民的文化主体意识，同时还是推动乡风文明的重要方式之一。从西部地区乡村公共文化产品与服务供给水平的区域差异看，西北五省（区、市）②的平均水平最为落后，需要着力提高，而西部少数民族地区还有待于进一步的分析与讨论。

第四节　西部地区乡村公共文化产业建设

党的十九大报告明确了农村文化产业对于发展社会主义先进文化、促进文化大发展大繁荣的重要意义，并且将发展文化产业作为调结构、稳增长、促稳定的关键性因素，积极推进建设农村文化产业是农村文化集约化、市场化的集中体现（于秀丽，2018）。乡村文化产业发展与建设有利于实现农村思想道德建设、传承发展提升农村优秀传统文化和加强乡村公共文化建设。虽然我国西部地区农村长期处于落后闭塞的状态，产业结构相对滞后，但文化产业的发展仍有其独特的优势。

一、乡村公共文化产业建设

文化产业具体可划分为三大类：包括以文化旅游业、博览业和民族民俗文化产业等为主的资源型文化产业；以演艺业、音像业、广电影视业、广告业等为主的创意型文化产业；以文化用品制造业、体育用品制造业、乐器制造业及美术工艺品制造业等为主的制造型文化产业（李波等，2010）。

---

① 西南五省（区、市）指：重庆市、四川省、贵州省、云南省、西藏自治区。
② 西北五省（区、市）指：陕西省、甘肃省、青海省、宁夏回族自治区、新疆维吾尔自治区。

（一）资源型文化产业

资源型文化产业作为乡村文化产业的核心内容和主要文化产业支撑，对乡村文化产业发展起到支柱性的作用。本节以2006年第二次全国农业普查和2016年第三次全国农业普查中各地区有旅游、商业机构的村个数及比重反映农村资源型文化产业的基本情况，如图3-10所示。

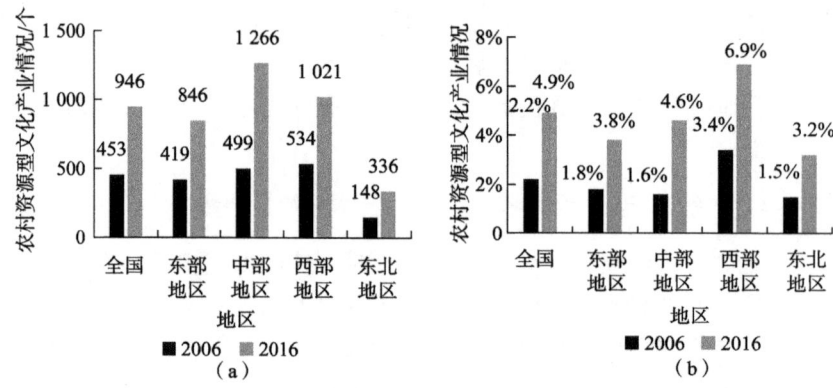

图3-10　2006~2016年各地区农村资源型文化产业情况
资料来源：2006年第二次全国农业普查和2016年第三次全国农业普查

第一，各地区农村资源型文化产业发展水平均呈上升趋势，但上升幅度各异。2006年，西部地区农村有旅游、商业机构的村为534个，逐步上升到2016年的1 021个，年均增长率为6.70%；东部地区、中部地区及东北地区分别从2006年的419个、499个和148个，逐步上升到2016年的846个、1 266个和336个，年均增长率分别为7.28%、9.76%和8.54%。其中，中部地区年平均增长率最高，西部地区最低。

第二，西部地区农村资源型文化产业发展水平较高。从2006年西部地区农村有旅游、商业机构的村个数及所占比例看，平均值分别为534个和3.4%，位居全国第一，明显高于全国平均水平和其他地区的拥有量。到2016年，西部地区农村有旅游、商业机构的村个数均值为1 021个，比中部地区低245个，但是从所占比例上看，西部地区仍是全国最高水平。

第三，西部地区农村资源型文化产业发展速度较快。从西部地区农村有旅游、商业机构的村个数及所占比例变化情况看，西部地区农村资源型文化产业发展速度较快。2006~2016年，西部地区农村有旅游、商业机构的村个数增长了91.20%，西部地区农村有旅游、商业机构的村拥有量的所占比例[①]从3.4%上升到6.9%。

分析西部地区12省（区、市）农村资源型文化产业情况，如表3-15所示。一方面，西部地区各省（区、市）农村有旅游、商业机构的村个数及所占比例均呈上升趋势，但上升幅度各异。贵州农村有旅游、商业机构的村个数从2006年的530个，逐步上升到2016年的1 604个，年均增长率最高，达11.71%；同时，新疆农村有旅游、商业机构的村个数从2006年的507个，逐步上升到2016年的797个，年均增长率最低，为4.63%。

---

① 其中，"所占比例"为各省（区、市）有旅游、商业机构的村个数占该省（区、市）农村总个数的比重。

另一方面，西部地区各省（区、市）农村资源型文化产业发展不平衡。具体分析西部地区各省（区、市）农村有旅游、商业机构的村个数及所占比例发现，发展水平较高的为四川、重庆和贵州等传统旅游业发达的地区，尤其是四川始终保持在最高水平。四川农村有旅游、商业机构的村个数从2006年的高达2 017个，逐步上升到2016年3 385个。而西藏、宁夏等自然环境恶劣、地理位置较偏远的地区，长期保持在较低水平。截至2016年，宁夏农村有旅游、商业机构的村个数最低，为108个，较最高值的四川低3 277个，区域间差距较大，且区域间发展不平衡。

表3-15 2006~2016年西部地区各省（区、市）农村资源型文化产业情况

省（区、市）	2006年		2016年	
	个数/个	所占比例	个数/个	所占比例
内蒙古	236	2.0%	699	5.9%
广西	302	2.0%	591	3.8%
重庆	564	5.6%	1 611	16.9%
四川	2 017	4.0%	3 385	6.7%
贵州	530	2.7%	1 604	9.1%
云南	864	6.6%	930	6.8%
西藏	79	1.3%	239	4.4%
陕西	756	2.7%	1 227	5.8%
甘肃	384	2.3%	724	4.4%
青海	122	2.9%	333	7.8%
宁夏	51	2.1%	108	4.6%
新疆	507	5.4%	797	8.0%

资料来源：2006年第二次全国农业普查和2016年第三次全国农业普查

（二）创意型文化产业

创意型文化产业的最大特点是以高科技为支撑，以全球化为背景，代表了文化产业中的潮流和方向。限于统计数据不足，本书采用历次全国人口普查中分行业类型的从业人员在整个产业从业人员的所占比例作为近似指标。具体指标计算为：农村创意型产业从业人员所占比例=（农村广播、电视、电影和音像从业人员+农村文化艺术事业从业人员）/农村从业人员总数。

基于1990~2010年全国人口普查数据，具体分析西部地区与全国、东部地区、中部地区及东北地区农村创意型文化产业的水平及发展趋势，如图3-11所示。一方面，农村创意型文化产业发展水平较低。1990年，西部地区农村创意型文化产业从业人员所占比例为0.24%，分别低于全国（0.65%）及东部地区（1.15%）。到2000年，这一指标依旧处于全国较低水平，但与其他地区的差距明显缩小。到2010年，西部地区农村创意型文化产业从业人员所占比例仅为0.05%，明显偏低，但与全国的平均发展水平基本保持一致。另一方面，农村创意型文化产业发展水平呈下降趋势。同全国农村创意型文化产业从业人员所占比例的变动趋势一致，西部地区农村创意型文化产业从业人员也经历了由高到低的转变。但是，西部地区的下降幅度并不明显，从1990年的0.24%下降到2010

年的 0.05%。

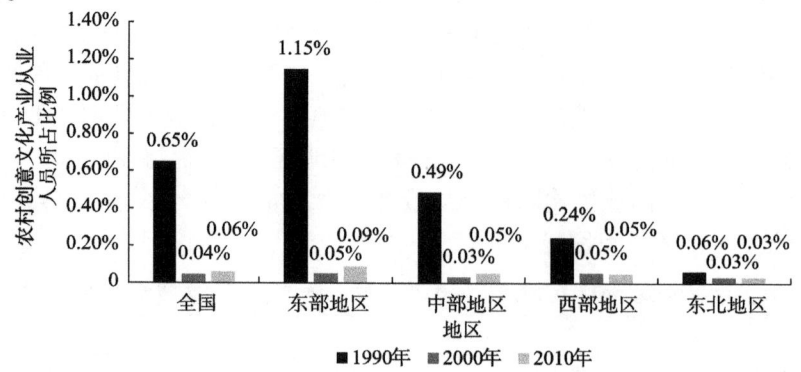

图 3-11　1990~2010 年各地区农村创意型文化产业从业人员所占比例
资料来源：1990 年全国人口普查数据、2000 年全国人口普查数据和 2010 年全国人口普查数据

分析西部地区 12 省（区、市）农村创意型文化产业从业人员所占比例情况，如表3-16所示。一方面，西部地区绝大多数省（区、市）农村创意型文化产业从业人员所占比例呈现不断下降的趋势。例如，1990 年，青海农村创意型文化产业人员所占比例是西部地区中的最高值，为 1.07%，后逐步下降到 2010 年的 0.02%；西藏农村创意型文化产业人员所占比例从 1990 年的 0.25%，下降到 2010 年的 0.06%，降幅较大。另一方面，西部地区各省（区、市）农村创意型文化产业从业人员所占比例差距不明显。1990 年，农村创意型文化产业从业人员所占比例最高的是青海，为 1.07%，最低的是贵州，仅为 0.01%。截至 2010 年，农村创意型文化产业从业人员所占比例水平最高的仍是西藏，为 0.06%，这可能是由于西藏城市化水平不高，具有丰富的民族特色，且相对闭塞，人员外流的可能性较小，因而西藏的创意型文化产业水平是西部地区的最高水平。

表 3-16　1990~2010 年西部地区各省（区、市）农村创意型文化产业从业人员所占比例

省（区、市）	1990 年	2000 年	2010 年
内蒙古	0.07%	0.04%	0.03%
广西	0.03%	0.02%	0.01%
重庆	—	0.03%	0.02%
四川	0.09%	0.08%	0.01%
贵州	0.01%	0.01%	0.01%
云南	0.05%	0.03%	0.02%
西藏	0.25%	0.20%	0.06%
陕西	0.06%	0.05%	0.04%
甘肃	0.10%	0.09%	0.01%
青海	1.07%	0.18%	0.02%
宁夏	0.20%	0.18%	0.04%
新疆	0.09%	0.07%	0.03%

资料来源：1990 年全国人口普查数据、2000 年全国人口普查数据和 2010 年全国人口普查数据

（三）制造型文化产业

制造型文化产业反映了一个地区对文化服务产品的制造能力和创造能力。限于统计数据不足，本书同样采用全国人口普查中分行业类型的从业人员在整个产业从业人员的所占比例作为近似指标。具体指标计算为：农村制造型产业从业人员所占比例=（农村文教、体育用品制造业从业人员+农村艺术品及其他制造业从业人员）/农村从业人员总数。

基于历次全国人口普查数据，分析西部地区与全国、东部地区、中部地区及东北地区农村制造型文化产业从业人员所占比例情况，如图3-12所示。一方面，全国除东北地区外，各地区农村制造型文化产业从业人员所占比例均呈现上升趋势。西部地区从1990年的0.06%上升到2010年的0.24%，东部地区和中部地区农村制造型文化产业从业人员所占比例分别从1990年的0.72%和0.14%，上升到2010年的1.15%和0.49%。另一方面，西部地区农村制造型文化产业发展水平不高。截至2010年，西部地区农村制造型文化产业从业人员所占比例为0.24%，低于全国平均水平，且较最高水平东部地区低0.91个百分点。从全国发展水平来看，东部地区的农村制造型文化产业发展最快。

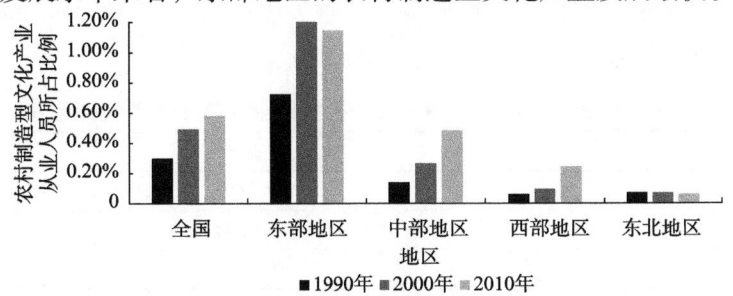

图3-12 1990~2010年各地区农村制造型文化产业从业人员所占比例
资料来源：1990年全国人口普查数据、2000年全国人口普查数据和2010年全国人口普查数据

具体分析西部地区12省（区、市）农村制造型文化产业从业人员所占比例水平，如表3-17所示。一方面，制造型文化产业发展趋势各异。内蒙古农村制造型文化产业从业人员所占比例从1990年的0.25%下降到2010年的0.02%，西藏、甘肃和宁夏也呈现下降趋势；但是，重庆、四川等地均呈现上升趋势，云南农村制造型文化产业从业人员所占比例从1990年的0.04%上升到2010年的0.34%。另一方面，西部地区各省（区、市）间的差距有所增加。1990年，农村制造型文化产业从业人员所占比例最高的内蒙古为0.25%，最低的贵州仅为0.01%；截至2010年，农村制造型文化产业从业人员所占比例最高的广西为0.40%，所占比例最低的内蒙古为0.02%，区域间差距呈增长趋势。

表3-17 1990~2010年西部地区12省（区、市）农村制造型文化产业情况

省（区、市）	1990年	2000年	2010年
内蒙古	0.25%	0.06%	0.02%
广西	0.06%	0.20%	0.40%
重庆	—	0.08%	0.20%

续表

省（区、市）	1990年	2000年	2010年
四川	0.04%	0.08%	0.26%
贵州	0.01%	0.08%	0.29%
云南	0.04%	0.04%	0.34%
西藏	0.07%	0.02%	0.04%
陕西	0.07%	0.13%	0.21%
甘肃	0.13%	0.06%	0.05%
青海	0.13%	0.05%	0.15%
宁夏	0.07%	0.07%	0.04%
新疆	0.11%	0.15%	0.19%

资料来源：1990年全国人口普查数据、2000年全国人口普查数据和2010年全国人口普查数据

（四）少数民族文化产业

受限于统计资料，人口普查数据中仅提供了少数民族人口按行业大类划分的就业情况，本书利用西部地区少数民族人口文化、体育、娱乐从业人员数这一指标近似反映西部地区少数民族文化产业发展状况，如表3-18所示。

表3-18　1990~2010年西部地区12省（区、市）少数民族人口文化产业从业情况　单位：万人

省（区、市）	1990年	2000年	2010年
内蒙古	5.68	4.78	0.70
广西	2.04	2.48	0.23
重庆	—	2.01	0.22
四川	2.22	2.20	0.19
贵州	1.55	1.94	0.17
云南	1.53	1.80	0.25
西藏	4.12	2.01	0.38
陕西	4.24	5.01	1.03
甘肃	2.16	2.07	0.21
青海	3.22	2.06	0.26
宁夏	2.09	2.30	0.37
新疆	3.18	3.76	0.28
西部地区均值	2.91	2.70	0.36

资料来源：1990年全国人口普查数据、2000年全国人口普查数据和2010年全国人口普查数据中少数民族人口资料汇编

一方面，少数民族文化产业规模逐年下降。1990~2010年，少数民族文化产业从业人员规模呈大幅度下降趋势，尤其是2000~2010年下降得更为明显。其中，截至2010年，西部地区少数民族文化产业从业人员为0.36万人，降幅较大。另一方面，少数民族文化产业发展水平普遍不高。到2010年，西部地区少数民族文化产业从业人员均处于较低水平，除陕西的少数民族文化产业从业人员为1.03万人以外，其他各省（区、市）均在1万人以下。这与前文分析的创意型文化产业和制造型文化产业从业人员的情况相似。

（五）人均文化事业费财政支出

文化产业的发展，除了需要具备一定的文化产业从业人员外，还需要经费的支出。目前，我国对于文化产业的公共财政投入主要包括文化事业费、财政专项拨款、财政转移支付等，其中尤以文化事业费为主（吕志胜，2012）。

受地区经济发展水平、自然环境条件、历史文化传统等多因素的影响，我国文化事业发展存在较大的地区差距。从文化事业财政投入来看，东部地区农村人均文化事业费最高、西部地区农村次之，中部地区农村最差。如图 3-13 所示，1985 年，农村人均文化事业费财政支出最高的是东北地区，为 1.75 元；西部地区次之，为 1.15 元，高出全国平均水平 0.26 元；东部地区人均文化事业费财政支出为 1.12 元；最低的中部地区为 0.95 元。随着经济社会的不断发展，国家公共财政投入的不断增加，各地区的农村人均文化事业费财政支出都呈现上升趋势。截至 2016 年，农村人均文化事业费财政支出最高的是东部地区，为 66.23 元；西部地区次之，为 61.84 元；最低的是中部地区，为 36.05 元，远低于全国平均水平。西部地区农村人均文化事业费财政支出高出全国平均水平 6.10 元，人均文化事业费财政支出最高的东部地区比最低的中部地区高 30.18 元。地区之间的差距明显增加，究其原因主要是东部地区经济发展水平较高，地方财政投入较多，西部地区主要得益于中央的财政转移支付。

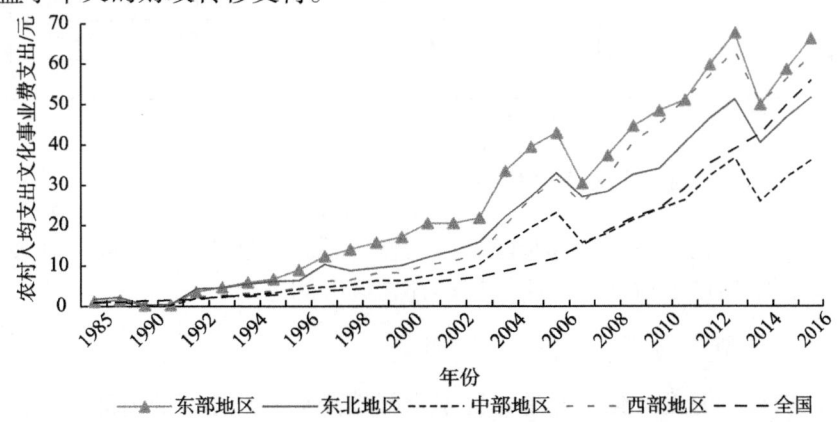

图 3-13　1985~2016 年各地区农村人均文化事业费财政支出
资料来源：《中国文化文物统计年鉴》（1986~2017 年）
受统计数据的限制，无法获取 1988~1990 年我国各地区文化事业费支出情况的具体数据，
因此无法测算 1987~1989 年我国各地区农村人均文化事业费财政支出

分析西部地区 12 省（区、市）农村人均文化事业费财政支出水平，发现各省（区、市）农村人均文化事业费财政支出明显上升，但一些省（区、市）的水平明显低于全国平均水平，如表 3-19 所示。一方面，1985 年西部地区各省（区、市）中，四川农村人均文化事业费财政支出最低，为 0.56 元，比全国平均水平低 0.33 元。农村人均文化事业费财政支出最高的西藏高达 6.43 元。另一方面，随着国家公共财政投入的增加，西部地区各省（区、市）农村人均文化事业费财政支出都呈上升趋势。截至 2016 年，广西人均文化事业费财政支出最低，仅为 41.20 元，比当年全国平均水平低 14.54 元；农村人均文

化事业费财政支出最高的仍然是西藏,高达220.01元,是当年全国人均文化事业费财政支出最高的地区。2016年,西藏农村人均文化事业费财政支出比最低的广西高178.81元。区域间差距明显扩大,主要是国家对西部地区中央财政转移支付带来西部地区12省(区、市)农村人均文化事业费财政支出明显上升,但中央财政转移支付也存在区域不平衡性,使得区域间差距明显上升。

表3-19 西部地区12省(区、市)农村人均文化事业费财政支出　　单位:元

省(区、市)	1985年	1990年	1995年	2000年	2004年	2008年	2012年	2016年
内蒙古	1.71	2.19	4.13	6.31	11.15	27.47	65.12	103.60
广西	0.64	0.90	1.93	3.09	5.66	10.56	25.00	41.20
重庆	—	—	—	2.96	4.72	16.30	41.00	67.20
四川	0.56	0.85	1.56	2.44	4.61	13.61	34.04	48.86
贵州	0.59	0.83	1.36	2.48	4.05	10.24	27.81	42.51
云南	0.90	1.57	3.47	5.87	9.09	17.47	28.07	45.85
西藏	6.43	4.40	3.22	16.97	27.63	38.68	88.09	220.01
陕西	0.93	1.34	2.42	3.91	4.83	15.95	40.87	56.83
甘肃	1.03	1.40	2.93	3.6	6.78	14.99	35.38	54.85
青海	2.96	3.03	5.30	7.69	12.01	26.66	89.80	132.32
宁夏	2.73	3.18	4.23	6.54	11.33	37.60	68.84	100.27
新疆	2.06	2.32	5.39	5.87	11.20	21.89	56.01	69.04

资料来源:《中国文化文物统计年鉴》(1986~2017年)

二、乡村文化产业建设存在的问题

西部地区乡村文化产业发展起步晚、发展慢,不同类型的乡村文化产业发展呈现出不同的特点。西部地区乡村文化产业发展还存在以下问题。

(一)资源型文化产业发展不均衡

西部地区农村资源型文化产业整体处于全国较高水平,但区域内部差距比较明显。四川、云南和重庆几个旅游大省(区、市)资源型文化产业丰富,而西北地区则相对匮乏,区域间的不合理布局导致了西部地区整体发展的不均衡。这将导致资源型文化产业的发展与布局出现优势资源过分集中,带来文化产业的"马太效应",不利于西部地区整体的资源型文化产业开发。不仅如此,西部地区农村资源型文化产业发展水平虽相对较高,但这一类文化产业主要依托于旅游业和民族民俗文化业等相关产业的发展,这就使得西部地区发挥优势的同时也面临对文化产业的传承、保护和开发等问题。

(二)创意型文化产业优势丧失

西部地区农村创意型文化产业的优势在不断丧失,且近年来西部地区各省(区、市)均处于较低水平。创意型文化产业的发展需要新的技术和潮流的支持与引领,西部地区农村创意型文化的优势随着城乡人口快速流动和城市化进程不断推进,呈现被东部地区和城市发展取代的现象。越来越多的农村创意型文化从业人员开始远离农村,寻求新的

发展契机。当然，农村创意型文化产业的衰落除以上原因外，还与当前创意型文化产业的辐射范围和影响地区越来越广泛有关。例如，演艺、电影、电视等产业不需要像以前那样，在每个农村都要配备相关产业和设施。

（三）制造型文化产业明显滞后

西部地区农村制造型文化产业在全国处于较低水平，而且在区域内部发展参差不齐。制造型文化产业的发展除了需要一定的设备和原料之外，更多的是需要相关的从业人员。西部地区农村制造型文化产业在整体产业滞后的情况下，未能把握住发展的先机，致使这一产业发展的优势主要集中在东部地区。长期以来，西部地区农村制造型文化产业处于极为缓慢的增长态势。只有根植文化土壤，结合西部地区的区域特色和农民的切实需要，打造有特色的制造型文化产业，才能在丧失了发展的先机之后，把握新的发展契机，促进西部地区农村文化产业新发展。

（四）人均文化事业费财政支出分布不合理

西部地区农村人均文化事业费财政支出在2006年之后发展迅速。从增速和绝对所占比例上看，其远高于中部地区和全国平均水平，仅略低于东部地区；从西部地区内部看，却存在区域内部失衡的现象。2016年，农村人均文化事业费财政支出最高的西藏为220.01元，是最低的广西的5倍左右。西部地区各省（区、市）的发展不平衡将严重制约西部地区整个文化产业的协调发展，影响西部地区内部发展的公平性。

第五节 加强西部地区乡村文化发展的对策与建议

本章从西部地区农村人口文化素质、公共文化事业、公共文化产业和农村优秀传统文化四个方面分析西部地区农村文明乡风。通过数据分析，我们发现西部地区乡村文化发展存在不同层次的问题，并提出相应的对策与建议。首先，针对西部地区农村普遍存在的人口科学文化素质水平较低及公共文化服务人员匮乏等现状，从西部地区农村人口自身科学文化水平提高和加强外部引进优秀公共文化服务人员等多方面着手，提升农村文化发展软实力。其次，就西部地区乡村公共文化事业经费不足和文化产业资金滞后问题，从合理增加各级政府对公共文化事业发展的支出力度、规划各级政府财政支出的分配比例等方面着手，努力构建和完善我国农村公共服务型财政制度。再次，面对西部地区乡村文化事业发展基础设施薄弱等问题，重点完善文化发展各方面的基础设施配备，为文化事业和文化产业的发展提供物质基础。最后，针对西部地区农村优秀文化传统不断消失、文化产业发展优势不足等问题，从弘扬和传承农村优秀文化传统、打造农村特有文化产业等视角，推动西部地区乡村文化事业的全面发展。

一、提高农村人口文化素质，加强公共文化服务人员管理

农村人口科学精神文化素质水平的高低直接影响农村经济社会发展，也将对乡村公共文化服务人员的建设带来直接影响。具体而言，第一，鼓励优秀教师去农村学校任教，

倡导设立"国家教师"制度，提高西部地区农村教师的工资待遇，稳定农村学校教师队伍，从而提高农村教育的师资配备，为农村教育事业的发展奠定基础。第二，加大发达地区对西部地区农村教育事业的对口帮扶，促进西部地区农村教育事业发展。发达地区不仅可直接提供教育物资设备的支持，还可以加强优秀教师的对口支援，尤其重点加强对农村落后贫困地区的支援力度。第三，提高西部地区农村人口科学文化素质，为乡村公共文化服务人员储备后备力量。培育和巩固西部地区农村既有的公共服务专业技术人员及一些民间艺人，形成多层次的文化队伍（曾崇碧，2009）。第四，从国家政策方面着手，鼓励具有较高公共文化服务专业技术背景的人才及优秀大学毕业生深入西部地区农村的基层工作。管理现有的公共文化服务从业人员，改善工作条件和环境，提高工资和福利待遇，鼓励西部地区农村优秀公共文化服务人员留在农村（周晓丽，2010）。

二、合理规划财政支出，促进公共文化事业全方位发展

西部地区农村由于社会经济发展相对滞后，严重制约了公共文化事业的发展。尤其是财政支出不足和分配不合理等，使乡村公共文化事业长期处在较低水平。促进西部地区乡村公共文化事业的发展，必须在财政支出力度和分配上进行合理规划，从而促进公共文化事业的全方面发展。第一，提高农村人口文化消费支出水平。居民文化消费支出受多种因素的影响，最主要的是收入和财富两个因素（赵吉林和桂河清，2014）。因此，应尝试对农村居民文化消费进行补贴，通过增加文化福利，刺激农村居民进行文化消费，缩小城乡文化消费差距。第二，针对西部地区乡村公共文化服务资金供给不足问题，从中央和地方各级政府着手，加大各级政府财政的投入力度。中央财政应优化配置过程，加大对西部地区乡村公共文化服务建设的拨款额度，同时要兼顾区域差异，体现财政的公平性。地方政府也应该高度重视乡村公共文化服务建设的重要性，在合理规划财政支出预算的前提下，整合中央和地方财政资源，努力构建和完善我国农村公共服务型财政制度（周素萍等，2010）。第三，协调区域内部人均文化事业费财政支出的比重。地方财政需要与中央财政的转移支付共同协调，依据农村的文化产业发展情况和人口情况进行调整。

三、完善公共文化服务基础设施，推动公共文化产业发展

西部地区乡村公共文化服务基础设施薄弱是目前制约西部地区乡村公共文化事业和公共文化产业发展的主要"瓶颈"。本书基于目前西部地区乡村公共文化服务基础设施存在的主要问题，提出相应的建议。第一，完善乡村公共文化服务基础设施的配套体系。加强对农村义务教育硬件设施配套，加大对包括公共图书馆、群众艺术馆、文化站、广播电视及网络覆盖等的建设。第二，乡村公共文化服务基础设施的配置应该因时、因地做出科学合理的调整。乡村公共文化服务基础设施建设更应该体现农村居民的切实需求，避免资源的闲置与浪费（郑蔚，2017）。第三，加大对西北地区和少数民族地区公共文化服务基础设施的建设力度，完善配套体系。

四、弘扬农村优秀传统文化，打造特色文化产业

农村优秀传统文化是乡村公共文化事业发展的重要内容，弘扬中华民族传统优秀文化，要让农村"看得见青山绿水，记得住乡愁"。将西部地区农村优秀传统文化融入农村文化产业的发展中，是农村文化事业发展的题中之意。第一，以人为本，重视发挥人的主体能动性。尤其是提升西部地区人口的文化认同性，增强人口的文化自觉性，使优秀文化代代相传。例如，在一些少数民族地区重视、提倡保护与传承少数民族的传统文化，使传统的节庆、服饰和曲艺表演等成为某一民族或者地区的一种文化遗产，并逐渐演化为人们价值取向的一部分。第二，丰富优秀传统文化传承的渠道。在科技不断发展的背景下，除通过教育、文献记载、群体活动和口传身授等传统方式外，还可以尝试电子媒体、场馆等传承方式。第三，将西部地区农村优秀传统文化和少数地区民族特色融入乡村公共文化产业发展中。一方面，要激发西部地区农村整体的公共文化产品与服务活动的发展潜力，不断地创新公共文化产品与服务的载体（王公尚和车凯龙，2010）；另一方面，在公共文化产品和服务活动中突出多民族和区域特色，通过喜闻乐见的方式将公共文化产品和服务融入农民的生活中去，形成文化认同。

参 考 文 献

曹子坚，付婷婷，许红. 2009. 欠发达地区农村教育收益率评估——基于西北四省区的实地调研. 西北人口，30（6）：27-30，36.

陈飞宇，邱婷，付恩砚. 2016. 西部农村文化建设的发展困境与对策探讨. 学理论，（7）：163-164.

范霁雯，范建华. 2018. 特色文化产业——中国西部少数民族地区脱贫的不二选择. 云南民族大学学报（哲学社会科学版），35（3）：69-76.

傅才武，曹余阳. 2016. 探索文化领域供给侧与消费侧协同改革：政策与技术路径. 江汉论坛，（8）：120-128.

高梦滔. 2007. 高等教育投资回报率估算——基于西部三个城市的微观数据. 统计研究，（9）：69-76.

杭间. 2001. 手艺的思想. 济南：山东画报出版社.

胡志平. 2015. 文化强国梦、文化产业与公共服务机制及其创新. 社会科学研究，（2）：42-49.

黄祖辉，林坚，张冬平，等. 2003. 农业现代化：理论、进程与途径. 北京：中国农业出版社.

李波，王谦，汪寿阳，等. 2010. 中外文化产业分类体系比较研究. 管理评论，（3）：12-18.

李佳. 2012. 从资源到产业：乡村文化的现代性重构. 学术论坛，35（1）：77-81.

李志辉，王纬虹. 2017. 西部地区农村普通高中学生辍学现象研究——基于重庆市8个区（县）14所学校的调查. 教育理论与实践，37（11）：21-23.

刘晓雪. 2018. 新时代乡村振兴战略的新要求——2018年中央一号文件解读. 毛泽东邓小平理论研究，（3）：13-20，107.

吕志胜. 2012. 公共财政投入与文化产业增长：影响与对策建议. 财政研究，（10）：36-39.

田琨. 2018. 乡村振兴战略·乡风文明和治理有效篇. 北京：中国农业出版社.

万光侠, 夏锋. 2019. 新时代弘扬中华优秀传统文化服务现代化强国建设的系统思考. 东岳论丛, 40(5): 67-76, 192.

王公尚, 车凯龙. 2010. 西部地区新农村公共文化服务的创新思路和创新举措. 社科纵横, (2): 38-41.

文立杰, 张杰, 李少多. 2017. 农村居民文化消费支出及其影响因素分析——基于个体因素视角和对应分析模型. 湖南农业大学学报（社会科学版）, 18(3): 1-6.

习近平. 2014-09-10. 做党和人民满意的好老师——同北京师范大学师生代表座谈时的讲话（2014年9月9日）. 人民日报, (2).

许玲, 张希. 2016. 农村公共文化存在的问题及对策研究——以S县为例. 世纪桥, (3): 48-49.

姚文遐. 2007. 新疆少数民族教育政策研究中的几个问题. 新疆社会科学, (5): 60-63.

于秀丽. 2018. 吉林省农村文化产业发展研究. 吉林农业大学硕士学位论文.

余俊渠, 秦红增. 2019. 乡村振兴与农村传统文化资源传承创新的村落社区机理探析. 云南民族大学学报（哲学社会科学版）, 36(3): 63-69.

曾崇碧. 2009. 西部农村公共文化建设问题及对策. 重庆教育学院学报, (4): 78-81.

赵吉林, 桂河清. 2014. 中国家庭文化消费影响因素分析：来自CHFS的证据. 消费经济, 30(6): 25-31, 54.

赵卫军, 张爱英, Muhammad Waqas Akbar. 2018. 中国文化消费影响因素分析和水平预测——基于误差修正与历史趋势外推模型. 经济问题, (7): 59-66.

赵增彦. 2010. 当前经济欠发达农村乡风文明建设存在的突出问题及对策建议. 前沿, (13): 116-120.

郑蔚. 2017. 农村公共文化服务供给问题研究. 郑州大学硕士学位论文.

周恩毅, 党睿涛, 陈小彤. 2018. 公共文化服务供给对文化产业发展的影响研究——基于各省2012-2016年数据的分析. 长白学刊, (5): 150-156.

周素萍, 赵京华, 张亦明, 等. 2010. 我国农村公共服务体系的建立及完善. 农村经济, (8): 29-31.

周晓丽. 2010. 农村公共文化服务：问题与对策分析. 理论月刊, (5): 176-179.

朱晓琴. 2017. 西部农村公共文化服务体系建设现状与发展对策研究. 江西农业学报, (2): 124-128.

第四章 治理有效：西部地区乡村治理体系

乡村治理是国家治理的基础，是国家治理体系的重要组成部分（李亚冬，2018）。相对于社会主义新农村时期提出的"管理民主"，在农村转型的新时期，乡村治理的主体、事务、制度等发生变化后，村民提出新的诉求，农村治理涌现出亟待解决的新问题，现阶段更加强调"治理有效"。治理有效就是指要健全自治、法治、德治相结合的乡村治理体系。坚持系统治理、依法治理、综合治理、源头治理，确保广大农民安居乐业、农村社会安定有序。

第一节 西部地区乡村治理的演进历程

一、乡村治理的时代内涵

传统的乡村社会具有"边界封闭""农民流动少"的特征，使得乡村能够依靠内生的规则和机制维持本有的秩序。但是，在现代化国家建设的推进过程中，乡村的经济、价值、政策基础都发生了变化，致使传统乡村发生包括观念、社会认同、行为方式等多方面的转变。原有的乡村治理体系难以适应治理基础的变迁，其体制表现出滞缓和不适应。为更好地适应乡村社会发生的变化，结合新时代的背景，党的十九大报告提出，"实施乡村振兴战略。农业农村农民问题是关系国计民生的根本性问题，必须始终把解决好'三农'问题作为全党工作重中之重。要坚持农业农村优先发展，按照产业兴旺、生态宜居、乡风文明、治理有效、生活富裕的总要求，建立健全城乡融合发展体制机制和政策体系，加快推进农业农村现代化"[①]。

就乡村治理的内涵来说，学者认为需要从价值培育、治权塑造及机制创新等层面，挖掘乡土社会内生资源，构建起新型乡村治理体系（张敬燕，2018）；要求作为政治主体的广大村民积极参与（徐勇，2018），治理的最终目的在于维护广大人民群众的根本利益（詹国辉，2019）。在新时代背景下，乡村治理是既包含公共领域，又包含私人部门的一个过程，是一个持续性的互动，强调的是协调而不是控制，不是一种权威和固定的制度

---

① 习近平. 决胜全面建成小康社会 夺取新时代中国特色社会主义伟大胜利——在中国共产党第十九次全国代表大会上的报告. http://news.cnr.cn/native/gd/20171027/t20171027_524003098.shtml，2017-10-18.

(胡红霞和包雯娟，2018）。乡村治理中的"治理有效"是对"治理质量"的考察（詹国辉，2019），其有效实施有赖于代表政府权力的乡村公共权力主体与不同组织关系之下的广大民众所代表的权力客体间的相互协作（贺雪峰，2018）。

二、乡村治理的演进阶段

不同的学者对于乡村治理阶段的划分依据有所不同，并且对每个阶段的乡村治理特征做了总结。多数学者按照时间变迁的顺序，以关键事件为节点划分乡村治理阶段（苏海新和吴家庆，2014；徐明强和许汉泽，2018；马池春和马华，2018）。

以"改革开放"作为分界点，将乡村治理阶段划分为改革开放前、改革开放后、新时代三个阶段。在改革开放前，一是传统时期，"皇权不下县"，此时国家权力与社会自治力量共生，农村基层社会治理结构是自上而下的皇权与自下而上的绅权和族权相结合的模式（尤琳和陈世伟，2014）；二是 1949 年中华人民共和国成立后，"生产集体化"成为核心的村庄治理体系（郑永君，2017），基层治理的模式经历了从乡与行政村并存，到"村社合一"，再到乡、村"并社"（"政社合一"）的转变（何植民和陈齐铭，2017）。在改革开放后，可分为四个阶段（马池春和马华，2018；公丕祥，2019）。1978~1981 年：乡村治理自我探索时期。在这一时期农村经济体制改革催生了乡村治理。1982~1988 年：乡村治理制度化建设时期。在这期间国家主导下的乡村治理制度化建设同步展开，以村民自治制度为核心的治理体系开始建立和实践（郑永君，2017），"乡政村治""两委并存"的基本治理结构应运而生，并且成为当前讨论"治理有效"的实践与理论起点（徐明强和许汉泽，2018）。1989~2007 年：乡村治理组织化建设时期，明确乡村治理组织的角色定位。2008~2016 年：农民主体能力建设时期，农民的主体地位逐渐明确。进入新时代后，2017 年至今为乡村治理全面整合时期。乡村治理从制度、组织再到能力建设都有了架构并逐步完善，但是乡村制度的落地、组织空转与主体能力发展不平衡等新问题也亟待解决。也有学者认为"多元善治"模式能够更好地适应新时代（郑永君，2017），多元化治理主体的村治模式成为历史发展的必然（韩小凤，2014）。

以"免征税费"为分界点，有学者认为村庄治理经历了税费时代、后税费时代和新时代三个不同阶段（管前程，2019）。在税费时代，农村在经济上和政治上采取不同的治理措施，经济方面实行家庭联产承包责任制，政治方面推行村民自治。村庄的治理模式从人民公社时期国家行政权力全面渗入的"政社合一"模式，转型为"乡政村治"格局下的村民自治模式。自中华人民共和国成立至 2005 年，国家延续对农民收税的传统，但是农民承担的税费过重，干群关系紧张、矛盾冲突严重，给村庄治理带来挑战。自 2006 年起村庄治理进入后税费时代，各项惠农政策开始实施，国家资源不断输入，基层政府工作性质发生转变，更加倾向于服务群众。由于取消征税，政府财政收入减少，乡村公共治理方面的新问题出现了。2012 年至今，农村发展成就巨大，村庄治理稳定和谐，但是仍然存在诸如利益纠纷、公共产品供给不足等新的治理问题。

以中国共产党逐步执政过程为依据，有学者将治理阶段分为局部执政条件下中国共产党对构建农村治理结构的尝试、全面执政条件下中国共产党对农村治理结构的重构、改革开放条件下中国共产党对农村治理结构的改革(雷国珍,2018)。还有学者以国家治理能力为依据,认为乡村治理模式按阶段分为:传统时期的"双轨政治"治理模式、近代时期的"赢利性经纪人"治理模式、人民公社时期的"全能主义"治理模式、改革开放以来的"乡政村治"模式(尤琳和陈世伟,2014)。有学者以国家权力的逐渐退出和组织逐步实现整合为依据,从村落政治精英的角度着手,讨论了中华人民共和国成立以来乡村治理变迁的阶段,即可以分为国家权力主导阶段、乡村民主萌生阶段、家族文化复兴阶段、经济能人村治阶段(任映红,2011)。

以中央一号文件为依据,以政策演进为思路,有学者认为乡村治理政策的演进呈现梯次发展趋势,并且可以分为五个阶段(曲延春和王成利,2018)。第一个阶段:1982~1986年,这一阶段虽然没有提及增收概念,但是各种措施都是以提高农民收入为目标,初步形成了乡村治理促进农民增收的主线。第二个阶段:2004~2007年,明确指出乡村治理以"农民增收"为主线。第三个阶段:2008~2012年,强调农业农村的地位与作用,突出需加强农村基层组织建设的内容。第四个阶段:2013~2017年,乡村治理机制作为乡村治理的重要方面和提升乡村治理水平的重要保障得到重视。政府部门于2013年明确提出"完善乡村治理机制"、2014年提出"改善乡村治理机制"、2015年提出"创新和完善乡村治理机制"、2016年提出继续创新和完善的同时强调农民的主体地位及乡村治理的主线"增进农民福祉"。第五个阶段:2018年以来,有关文件对构建乡村治理新体系进行明确部署,开启了我国农村发展的新历程。

综上所述,乡村治理的阶段可以划分为六个阶段:1949年以前,"皇权不下县""士绅治村"阶段;1949~1978年,"政社合一"阶段;1978~2006年,"乡政村治""两委并存"阶段;2006~2012年,"服务型"政府转变阶段;2013~2017年,乡村治理机制完善与创新阶段;2018年至今,乡村治理新体系探索阶段。

第二节 西部地区农村自治概况

一、西部地区农村村民自治的现状

村民自治是指村民通过村民自治组织,以民主选举、民主决策、民主管理和民主监督的方式(马曼和冯治,2015),依法自主管理与村民利益相关的本村公共事务,实现自我管理、自我教育和自我服务。村民自治制度的有效实施,不仅需要有农民的参与意愿,更需要培养和提升农民的政治参与能力,整体来看,我国村民自治能力还较为薄弱,西部地区尤为薄弱(徐勇,2015)。

(一)西部地区农村村民委员会规模

如图4-1所示,从全国和东部地区、中部地区、西部地区等不同地区的比较来看,西部地区农村村民委员会年末成员数呈现以下特点。

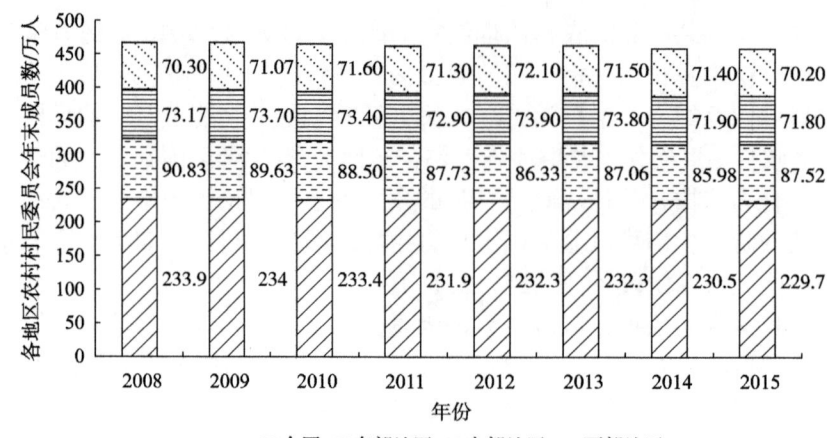

图 4-1 2008~2015 年各地区农村村民委员会年末成员数

1. 村民委员会规模处于低水平

从西部地区与全国及其他地区比较来看,西部地区农村村民委员会年末成员数与中部地区较为接近,总量维持在 70 万~71 万人左右,但明显低于东部地区。2012 年以来,西部地区与中部地区之间的农村村民委员会年末成员数差距不断缩小,与东部地区的差距呈现不稳定波动状态,其中 2012 年东部地区与西部地区差距最小。西部地区长期低水平的状态在一定程度上反映了西部地区农村村民委员会的规模。

2. 村民委员会规模近年来呈逐年下降趋势

2012 年以来,各地区农村村民委员会成员呈现不同程度的下降趋势。如图 4-2 所示,西部地区农村村民委员会规模于 2012 年达到顶峰,有 72.10 万人。随后西部地区下降趋势明显,农村村民委员会人数从 2012 年的 72.10 万人下降到 2015 年的 70.20 万人。这与西部地区农村"空心化"密切相关,青壮年外出务工,村庄独居老人、留守儿童和无劳动能力的人口逐年增加,能够加入村民委员会的核心成员较少。

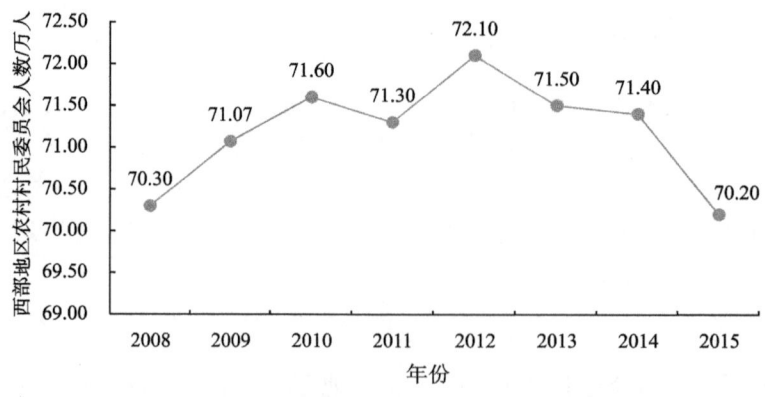

图 4-2 2008~2015 年西部地区农村村民委员会规模趋势图

如表 4-1 和图 4-3 所示,从西部地区 12 省(区、市)的内部比较来看,西部地区农村村民委员规模呈现以下特点。

表 4-1 2008~2015 年西部地区 12 省（区、市）农村村民委员会年末成员数 单位：万人

年份	省（区、市）											
	重庆	四川	贵州	云南	西藏	陕西	甘肃	青海	宁夏	新疆	内蒙古	广西
2008	3.70	18.71	7.40	4.90	2.40	9.75	6.14	1.80	1.00	4.00	3.80	6.70
2009	3.90	18.50	7.50	5.40	2.40	9.80	6.10	1.80	0.97	4.10	3.90	6.70
2010	3.90	18.10	7.60	6.00	2.40	9.80	6.10	1.80	1.00	4.20	4.10	6.60
2011	3.90	18.40	7.80	5.70	2.50	9.90	5.90	1.70	1.00	4.00	3.90	6.60
2012	3.90	18.20	8.30	5.60	2.50	9.80	6.10	1.70	0.90	4.20	4.20	6.70
2013	3.80	18.40	7.60	5.80	2.40	9.80	6.10	1.70	0.90	4.20	4.10	6.70
2014	3.80	18.30	7.70	5.80	2.30	9.70	6.10	1.60	0.90	4.20	4.10	6.90
2015	3.80	18.00	7.70	5.80	2.40	8.50	6.10	1.60	1.00	4.30	4.20	6.80

资料来源：中国经济社会大数据研究平台

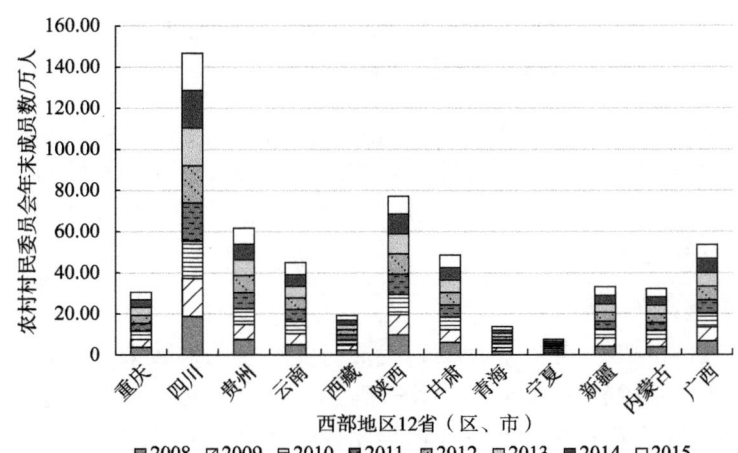

图 4-3 2008~2015 年西部地区 12 省（区、市）农村村民委员会年末成员数

3. 各地区村民委员会规模存在差异

近年来我国西部地区农村村民委员会规模总体呈现递减趋势，但西部地区内部农村村民委员会年末成员数始终存在差异。其中，规模总量历年来排名前五的有四川、陕西、贵州、广西、甘肃。四川是我国农村改革的重要发源地之一，既是人口大省也是农业大省，其农村村民委员会规模在西部地区排名第一，是排名第二的陕西农村村民委员会成员数的两倍左右，历年来成员数维持在 18.5 万人左右。农村村民委员会规模最小的省（区、市）为宁夏，成员数常年维持在 1 万人左右。

（二）西部地区农业及农村发展行业社会团体规模

如图 4-4 所示，从全国和东部地区、中部地区、西部地区的比较来看，西部地区农业及农村发展行业社会团体呈现以下特点。

1. 社会团体规模水平较高

从西部地区与全国及其他地区比较来看，西部地区农业及农村发展行业社会团体总量较大，历年来占全国的 40% 左右，并且常年维持高比例，2015 年西部地区农村的社会

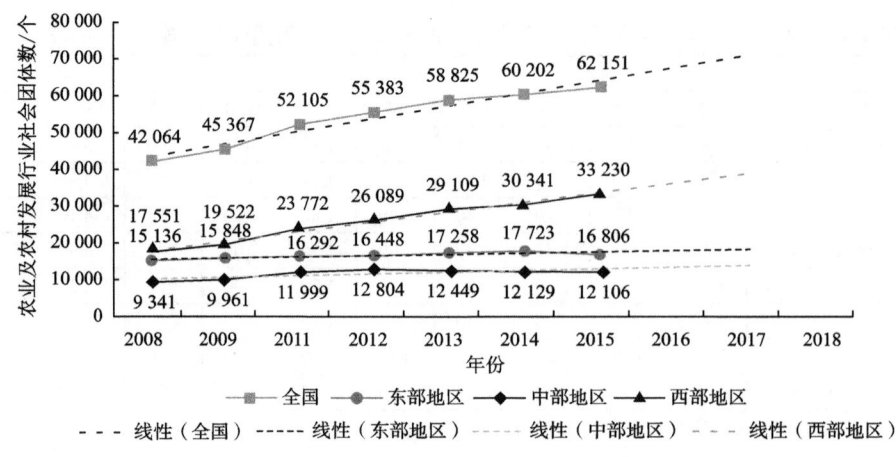

图 4-4 2008~2015 年各地区农业及农村发展行业社会团体数

资料来源：中国经济社会大数据研究平台，其中 2010 年数据缺失

团体已占全国农村社会团体的 53%左右。与其他地区相比，西部地区农业及农村发展行业社会团体远高于东部地区与中部地区，且差距逐渐加大。西部地区与东部地区、中部地区差距最小，自 2011 年起差距逐渐加大。西部地区与东部地区差距从 13%加大到 49%，与中部地区由 46%加大到 63%。

2. 社会团体增长势头迅猛

从西部地区 2008~2015 年农业及农村发展行业社会团体数来看，其增长势头明显。2008~2011 年，社会团体数从 17 551 个增长至 23 772 个，累计增长幅度为 35.45%。2011 年以后，西部地区农业及农村发展行业社会团体依然呈现波动式增长趋势，平均增幅为 8.77%。从趋势线可以看出，西部地区农业及农村发展行业社会团体在 2016~2018 年呈现持续增长的态势。

从西部各省（区、市）内部来看，如图 4-5 和图 4-6 所示，西部地区农业及农村发展行业社会团体规模呈现以下特点。

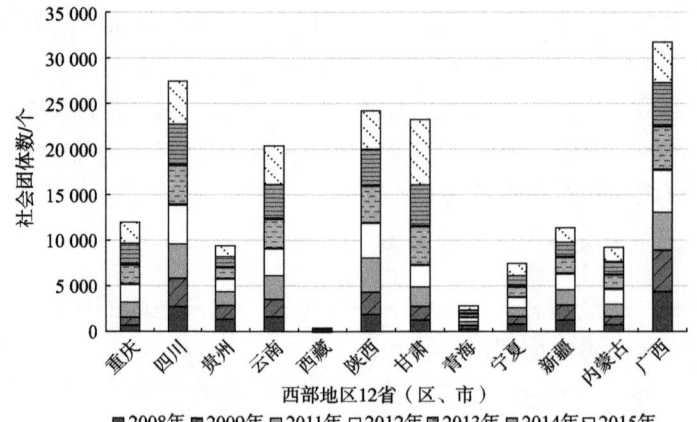

图 4-5 2008~2015 年西部地区 12 省（区、市）农业及农村发展行业社会团体数

资料来源：中国经济社会大数据研究平台，其中 2010 年数据缺失

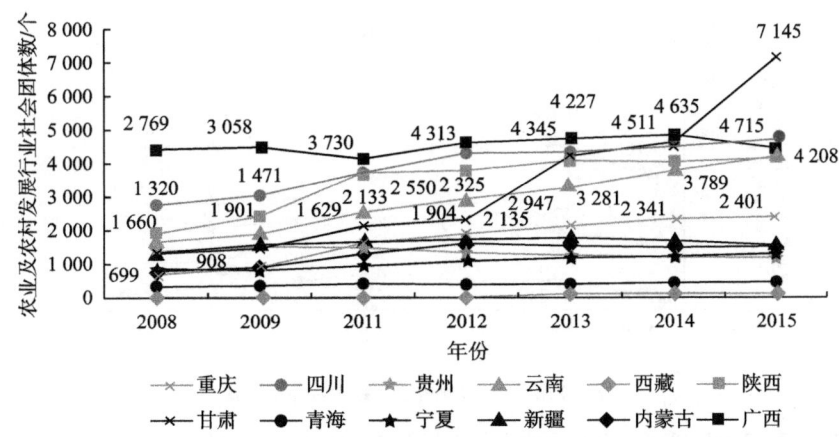

图 4-6 2008~2015 年西部地区 12 省（区、市）农业及农村发展行业社会团体趋势图
资料来源：中国经济社会大数据研究平台，其中 2010 年数据缺失

3. 社会团体规模总体呈现稳步递增趋势，各省（区、市）间差异较大

西部地区农业及农村发展行业社会团体规模最大的省（区、市）依次是广西、四川、陕西、甘肃、云南。其中，甘肃省 2014~2015 年农村社会团体增速迅猛，从 4 635 个增加至 7 145 个，接近原来的两倍，如表 4-2 所示。呈现强势增幅的还有四川、云南、陕西、重庆，平均增幅达 10% 左右；其他省（区、市）增幅较小，但依然呈现稳定递增趋势，平均增幅约为 4%。西部地区农业及农村发展行业社会团体规模最小的省（区、市）是西藏和青海，与排名第一的甘肃相比差距甚远，虽然总量最小，但也呈逐年递增趋势。

表 4-2 2008~2015 年西部地区 12 省（区、市）农业及农村发展行业社会团体 单位：个

年份	省（区、市）											
	重庆	四川	贵州	云南	西藏	陕西	甘肃	青海	宁夏	新疆	内蒙古	广西
2008	699	2 769	1 378	1 660	16	1 913	1 320	343	870	1 341	805	4 437
2009	908	3 058	1 533	1 901	16	2 436	1 471	368	827	1 590	915	4 499
2011	1 629	3 730	1 494	2 550	21	3 731	2 133	422	950	1 660	1 308	4 144
2012	1 904	4 313	1 338	2 947	7	3 797	2 325	392	1 092	1 736	1 615	4 623
2013	2 135	4 345	1 262	3 281	112	4 089	4 227	407	1 185	1 781	1 543	4 742
2014	2 341	4 511	1 195	3 789	121	4 050	4 635	441	1 223	1 692	1 496	4 847
2015	2 401	4 715	1 184	4 208	113	4 161	7 145	461	1 308	1 563	1 517	4 454

资料来源：中国经济社会大数据研究平台，其中 2010 年数据缺失

（三）西部地区农业及农村发展行业社会组织（民办非企业）规模

从西部地区与全国及其他地区比较来看（图 4-7），西部地区农业及农村发展行业社会组织（民办非企业）规模呈现以下特点。

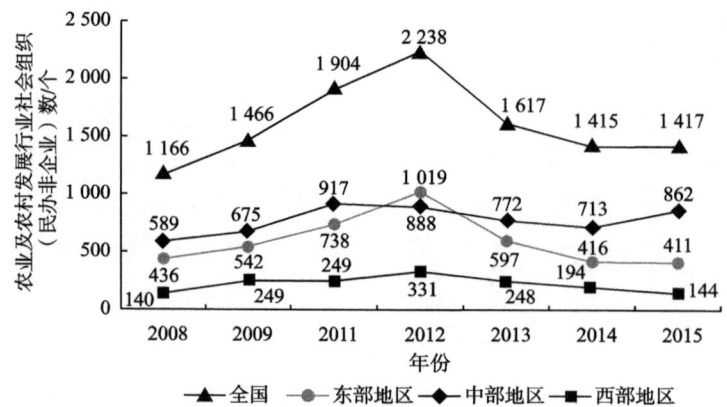

图 4-7　2008~2015 年各地区农业及农村发展行业社会组织（民办非企业）数

资料来源：中国经济社会大数据研究平台，其中 2010 年数据缺失

1. 社会组织（民办非企业）规模处于低水平

从不同时间段来看，西部地区农业及农村发展行业社会组织（民办非企业）规模均小于东部地区和中部地区。2011 年以前，各地区农业及农村发展行业社会组织（民办非企业）呈递增趋势。西部地区农业及农村发展行业社会组织（民办非企业）与 2008 年相比增加近 2 倍，自 2011 年以来呈现逐年减少趋势，由 331 个降至 144 个，降幅达 56.50%。虽然全国农业及农村发展行业社会组织（民办非企业）近年呈递减趋势，但是总体来看，西部地区水平仍处于低水平供给阶段。

从西部地区各省（区、市）内部比较（图 4-8），西部地区农业及农村发展行业社会组织（民办非企业）规模有如下特点。

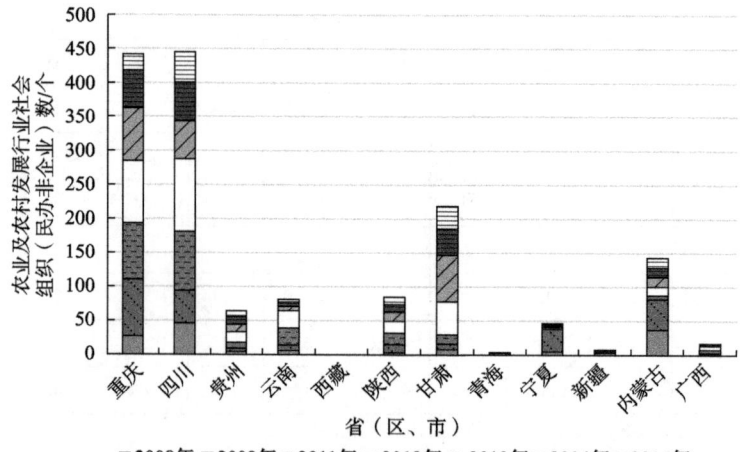

图 4-8　2008~2015 年西部地区 12 省（区、市）农业及农村发展行业社会组织（民办非企业）数

资料来源：中国经济社会大数据研究平台，其中 2010 年数据缺失

2. 各省（区、市）农业及农村发展行业社会组织（民办非企业）规模差异较大

比较西部地区各省（区、市）的农业及农村发展行业社会组织（民办非企业），可

知川渝地区的农业及农村发展行业社会组织（民办非企业）规模较大，2012年时重庆达92个，四川达107个；2013年时甘肃达68个；规模最小的是广西，平均数为2个，如表4-3所示。

表4-3　2008~2015年西部地区12省（区、市）农业及农村发展行业社会组织（民办非企业）

单位：个

年份	省（区、市）											
	重庆	四川	贵州	云南	西藏	陕西	甘肃	青海	宁夏	新疆	内蒙古	广西
2008	27	46	4	6	—	3	8	—	5	3	37	1
2009	83	48	5	8	—	12	8	3	33	2	45	2
2010	—	—	—	—	—	—	—	—	—	—	—	—
2011	83	87	9	25	—	17	14	—	3	—	6	5
2012	92	107	16	26	—	18	49	—	2	—	13	6
2013	78	56	11	6	—	13	68	1	—	—	14	1
2014	55	57	11	5	—	11	39	—	2	—	13	1
2015	24	44	8	5	—	11	33	—	2	1	15	1

资料来源：中国经济社会大数据研究平台

二、西部地区农村村民自治存在的问题

（一）多元主体间的治理危机

各个治理主体存在共识不足（张立荣和冉鹏程，2018）、功能发挥不平衡等问题，如乡（镇）政府职能转变不到位、村两委组织涣散、社会组织发育滞后、农民参与不足等（袁金辉和乔彦斌，2018）。在村干部方面，由于干部素质不高、任务化治理倾向严重，在治理过程中重形式、轻目的，造成干群信任流失（张立荣和冉鹏程，2018；萧子扬等，2019）、治理绩效"内卷化"（杨一哲和陶珊珊，2019）。在农民主体方面，存在农村"空心化"带来的治理主体缺失、精英缺乏的障碍（梅立润，2018），多个行动主体"分利"、乡村治理灰色化等问题突出（陈锋，2015）；农民主体参与不足，致使村民的参与网络完全失效（张立荣和冉鹏程，2018）；等等。在利益关系方面，多对利益关系之间形成多种矛盾，如社区自治与政府管理间的博弈、个体利益与公共利益之间的矛盾、乡村治理文化与法律规则间的冲突等（李长健和李曦，2019）。

（二）人口流动带来的治理危机

乡村若要实现有效治理需要大量人力、财力的支持和回流，但是乡村的产业基础根本无法支撑如此之多的人口生存。为了缓解乡村人口、土地紧张等一系列根本问题，就需要大量的人口离开乡村，并能够一体化地融入城市生活（周少来，2019）。劳动力流失时会带来如"空心化"、农村基层组织建设不足等治理负面效应（张艳华，2016），使得农村无论是在生产方面还是管理方面都后继无人；劳动力回流则会带来治理主体之间矛盾，在特定利益面前，回流村治精英和当地村治精英之间存在博弈失衡局面（刘玉侠和石峰浩，2019），甚至造成人口爆炸使村民原子化程度加深，社会呈现出失序状态。对于徘徊于城市与农村之间的流动性农民工而言，其户籍不在城市，且随着季节的变动而流

动。他们因户籍无法享受城市便利政策,又因长期不在农村生活,无法获得农村社区所赋予的各项权利,成为城乡之间的"漂浮流动"群体,无法成为乡村振兴和乡村治理的"有效主体和有效对象"(周少来,2019)。

(三)农村"集体性"弱化的危机

集体经济弱化带来一系列的治理问题。农业本身对于经济资本的吸引力不足,使农村发展难以获得资金(姜玉欣和王忠武,2016)、农村的集体经济呈现空洞化状态。村干部的作用空间越来越小,村民自治制度发育越来越难,村两委的执行力、战斗力及村集体的向心力、凝聚力严重弱化(杨一哲和陶珊珊,2019)。当国家输入大量资源时,又存在着基层组织无法有效承接,或者村庄过度依赖政府、行政化下沉趋势日益凸显,导致村庄缺乏内在营造力量,无法实现可持续性繁荣的问题(申明锐和张京祥,2019)。随着农民个体化和原子化程度逐渐加深,村民的集体意识逐渐缺失,致使诸如修路等集体公共事业等工作的开展受到阻碍。同时,村民以个体为单位发生市场行为时也很容易陷入市场风险中。农村基层组织弱化引起诸如组织队伍建设不足、活动开展欠缺、制度流于形式等问题。为了解决农村基层组织弱化的问题,县乡政府部门工作人员采取"工作组""第一书记""第一副主任"等多种形式深入乡村,协助农村基层组织进行治理工作。这虽然在一定程度上改善了农村基层组织的建设现状,但是也带来指挥越级、行政化倾向严重的问题,加剧了资源配置的不公平,反而强化了"等""靠""要"的依赖意识,一定程度上损伤了村民自治的制度基础(杨一哲和陶珊珊,2019)。

三、西部地区农村关于改善村民自治的建议

第一,回归农民主体性地位,协调多元治理主体间矛盾。坚持农民主体地位,尊重农民群众的首创精神,集中农民群众的智慧,调动农民群体积极性、主动性和创造性。回归农民主体性的地位需要明确农民的主体定位、推动农村人口回流、提高农民主体意识和主体能力;需要重塑农民集体化观念、调动农民全方位参与的积极性、建立农民权利和义务关联纽带(吴蓉和施国庆,2018)。具体来说,可通过优惠政策吸引人才、发展支柱产业吸引能人、打造投资环境聚集人才等方式促进人口回流,从根源上治理"空心化"的问题。

对于多对利益关系、利益主体之间的问题,要通过农村基层党组织的核心作用、镇政府的主导作用、自治组织的基础作用和社会力量的协同作用来解决(谢元和张鸿雁,2018)。需要提升政府行政能力(张立荣和冉鹏程,2018)、加强对基层政权的监控(吴蓉和施国庆,2018),如不断提升基层政府的行政吸纳能力,逐步实现依法治理托底化、权力运行透明化、职能界限清晰化,挽回群众信任(吴蓉和施国庆,2018);应打造回流精英与本地精英共同治村的新格局,构建双方互动协同机制(刘玉侠和石峰浩,2019);在资源配置高效的情况下,应该坚持公平原则,从而起到规制村庄内部利益分配、保障农民根本利益的作用(杨一哲和陶珊珊,2019);需要坚持基于分工基础上的多主体、多部门协同合作(梅立润,2018)。

第二,重塑农村基层组织,构建多方社会组织联动网。农村基层组织涵盖了党在全

村的工作，是联系农民群众的桥梁和纽带，也是落实党的工作任务的战斗堡垒和领导核心。针对当前农村基层组织面临的困局，需要加强农村基层党组织建设（曲延春和王海镁，2018）、健全乡村社会组织。在强化基层党组织建设上，要对村干部、大学生村干部、农村精英等人才进行分阶段和分层次的培养与吸引。具体而言，可以通过培训提高村干部素质；通过改变户籍、组织关系等措施留住大学生村干部；吸引诸如商业、技术等农村精英加入村两委组织。完善村内和村外的联合建立党组织，对村与村之间进行协调统筹，组建联合党支部；对村内部完善竞争与合作，不断加强组织活力（杨一哲和陶珊珊，2019）。

在完善社会组织方面，要培育和健全农村各类群体组织。具体而言，要积极培育多种社会、草根组织，发展由地域性、血缘性等建立起的文化社会组织。同时，应该完善诸如村务监督委员会、群团组织、妇联组织、青年团等对应的配套设施（杨一哲和陶珊珊，2019），厘清各个组织间的职责，通过联动机制，形成合力。

第三，扭转"集体性"弱化趋势，提升农村基层组织力。完善农村基层治理和壮大集体经济相互促进、密切关联，只有壮大集体经济才能切实解决村民的生产、生活问题。当村集体没有任何经济实力甚至负债累累时，农村基层组织自身无法有效运转，更难组织村民实现经济事务和社会事务合作（耿羽，2019）。壮大农村集体经济需要与集体化时期的集体经济进行区分，现阶段农村集体经济承担着许多功能，对应不同的功能需要交由不同的主体来承担。例如，集体经济中公共产品职能归于政府，村民自治功能则应该归于村民自治组织（叶兴庆，2019）。同时，应创新现有农村集体经济组织的模式和利益连接机制，帮助村集体做实经济。

第三节　西部地区农村德治概况

一、西部地区农村德治概述

（一）德治思想的演进

德治是中国古代统治国家的重要理论。长期以来，德治被封建统治者认为是正统思想，也被群众认为是一种重要的道德典范。儒家思想由思想家孔子创立，最初的含义是"司仪"，后来演变为以"仁"为核心的思想体系。周人最初提出"明德慎刑"和"为政以德"，后来经过两汉、魏、晋、南北朝时期的法律儒家化运动，《唐律疏议》最终确定了"德礼为政教之本，刑罚为政教之用"的德治方略。儒家的德治就是主张以道德教育人，认为无论人性的善与恶，都可以用道德去感化、教育。在中国几千年的文明发展历史中，儒家的德治对于维持封建社会的统治起到了稳定作用，并逐渐成为一个完整且内涵丰富的治国方略和思想体系。

中国共产党成立之初，虽然没有明确的文献记载，但是在实际的宣传教育中涵盖了共产主义思想道德的核心要义（李元勋和李魁铭，2019）。中华人民共和国成立后，逐步形成了以"德治"为主、"法治"为辅的治国理念和治国方略。改革开放以后，社会主义道德建设在继承共产主义道德建设的基础上与时俱进，确定了"以德治国"的方略。

党的十八大以来，以习近平同志为核心的党中央提出了"治理国家、治理社会必须一手抓法治、一手抓德治，既重视发挥法律的规范作用，又重视发挥道德的教化作用，实现法律和道德相辅相成、法治和德治相得益彰"（习近平，2015）。乡村治理是国家治理体系的重要组成部分，"以德治国"方略必须落实在"以德治村"的微观层面上。以德治为抓手推进乡村治理，有益于实施乡村振兴战略，推进国家治理体系和治理能力现代化（李元勋和李魁铭，2019）。

（二）新时代农村德治的含义与作用

中国农村有着丰富的非正式制度资源。在乡村治理体系中，德治也指通过文化建设，运用传统乡村具备的特殊文化，建立起群众愿意遵守的规则体系，从而提高治理水平。一方面，德治尊重传统的道德文化，注重传统的习俗与习惯；另一方面，德治改变乡村价值体系，结合社会主义核心价值观，形成新的道德标准，提高群众的道德水平（乔惠波，2018）。

德治能够提升村民自治水平。乡村自治决定了农村地区的政策不能通过政治力量来实施，相反，村内事务如果通过有威望的贤人治理往往能起到更好的效果，因此，"能人治村"的模式逐渐发展起来（徐茜，2018）。但是，"能人治村"也存在治理弊端，即能人治理的绩效取决于他的道德水平。当一个有能力的人道德水平很高时，为了村民的利益放弃个人利益，其将获得更高的声望并实现更好的治理绩效；当其能力强但道德水平差时，再加上外部监督严重缺乏时，村庄公共资源很可能被其充当个人财产；当地的"混混"也可能通过村民选举成为村干部，从而造成恶性治理。

德治能够弥补法治的不足。农村社会的治理与城市治理不同，其治理与乡土文化的非正式制度具有紧密联系。这些非正式制度是在乡村社会实践中不断产生的，得到了农民的普遍认可和接受。随着农村事务日益复杂，大量的民间纠纷更容易产生，如果没有合理的除自治、法治以外的治理力量介入，将会造成更大的治理负担。

德治可以促进农村社会稳定，提高农民生活质量。随着城市化进程的发展，传统的农业生产向现代化方向转型。乡村原本的价值体系受到冲击，新的极端思想在农村兴起，如拜金功利主义、享乐奢靡主义等，对农民生活质量提升带来影响。以德治为基础，积极加强村民的道德文化建设，重构农村的道德体系，对于农村稳定具有重要意义（徐茜，2018）。

二、西部地区农村德治存在的问题

（一）道德建设滞后于乡村形势变化

在社会秩序方面，传统乡土社会的乡村治理可以依靠乡绅、乡约、宗族力量等内生性力量整合。但是在乡村社会从"传统熟人社会"走向"无主体熟人社会"过程中，乡土社会逐渐呈现出个体原子化、关系陌生化等特征（董运生和张立瑶，2018）。农村不再是传统的、封闭的，而是朝着开放性、流动性、异质性、变化性等方向转变（袁金辉和乔彦斌，2018）。于是，当村民自治制度、法制法规、社会组织等外生力量嵌入时，其与原本存留在乡村的内生力量互相博弈，形成乡村疏离化、乡村社会失序困境，导致社会治理失灵的结果（邹海霞和李瑞，2018）。同时，乡村道德体系被打乱，传统礼俗与现代秩序观念未能有效契合，原本制定约束村民行为的"村规民约"并不能有效实施。乡村道德不同程度滑坡（李元勋和李魁铭，2019）、传统优秀文化失语、社会主义核心价值观无法引领乡村文化的现象严重。

（二）乡村主流意识形态分散化

出于历史沿袭的原因，我国农村仍然存在着非法宗教组织，这些组织不断向群众进行价值输入，污染群众的精神世界。一些文化素质不高、思想觉悟不先进的农民受其影响甚至出现拒绝接受社会主义主流意识教育的情况（李元勋和李魁铭，2019）。全球化进程加快了国外文化的渗入，但西方不健康、反动的思想也同时传入国内，乡村主流意识受影响的状况尤其严重，个人主义、拜金主义和享乐主义等极端思想影响着村民。在形势严峻的状况下，农村基层党组织却呈现出散乱的状态，如基层党组织的日常工作和生活无法正常开展、对群众缺乏足够的教育、没有足够的舆论宣传教育等，这直接导致了群众主流意识的凝聚力、向心力不强，乡村舆论阵地建设薄弱（李元勋和李魁铭，2019）。

（三）德治约束力较弱

在乡村治理体系中，自治确定了乡村的治理模式，法治起到了保障作用，而德治是推动乡村发展的动力（徐茜，2018）。在具体的治理过程中，三者很难做到相互融合。例如，通过自治实现了民主选举，在治理过程中却容易造成缺乏监督的情况；对于农村社区来说，出现的多为纠纷，如果所有问题都采取法律的手段解决，在增加治理成本的同时也可能无法起到调解的作用。相较于此，德治的作用便体现出来。有效的德治能够约束村民行为，树立道德规范，能够实现软法治理，起到引导作用。同时，德治的约束力较弱，单纯通过德治改变乡村风气是一个漫长的过程，需要与自治和法治结合起来才能发挥作用。

三、西部地区农村关于强化德治的建议

第一，加强思想道德教育。针对不同年龄阶段的不同群体，采取不同的形式和手段，扩大道德宣传的覆盖面，增强道德教育的渗透能力。展开爱国主义、集体主义教育等，教育农民认识社会主义制度的优越性（姜华，2013）；引导农民树立正确的三观，改变其思想观念，强化法治观念，从而增强道德修养。坚持以人为本的发展思想，将时代培养新人的要求与农民实际生活问题相结合。将与思想道德有关的内容融入活动等载体之中，弘扬榜样力量，用身边的人和事引导农民，实现农民的自我教育与提升。

第二，构建与时俱进的乡村文化体系。充分发挥基层党组织的核心作用，建立和完善农村基层德治，落实自治组织的德治责任，发挥诸如道德评议会、红白理事会等群众性组织的引导示范作用（徐茜，2018）。继承和弘扬中华民族的优秀文化传统，在传承的基础上结合时代发展，对其进行创新，真正实现能让人民群众接受且内化于心。弘扬传统美德，使诚实守信、乐于助人等良好风俗成为人民群众的内在精神需求和价值追求。

构建与时俱进的乡村文化体系、牢牢掌控意识形态的领导权和话语权、积极培养和践行社会主义核心价值观（李元勋和李魁铭，2019）。

第三，发挥道德模范引领作用。树立好、宣传好新乡贤典型，用榜样的力量激励群众身体力行遵守道德规范，用乡贤的言行垂范乡里，用乡贤的智慧解决乡土治理问题。实施公民道德建设工程，开展文明村镇、农村文明家庭、星级文明户、五好家庭等创建活动，开展农村道德模范、最美邻里、身边好人、新时代好少年、寻找最美家庭等活动，开展乡风评议，用身边的人和事弘扬道德新风[1]。

第四，发挥乡规民约等非正式制度在德治中的作用。农民更多地受到人情、礼俗、习惯等非正式规范的约束，以民间习俗、乡规民约等为主要形式的非正式制度是进行德治的重要资源（高艳芳和黄永林，2019）。这些非正式制度不具有明文规定的强制力，却是基于道德规范基础形成的自发行为规范，对农村社会秩序的维护起到了重要作用。充分挖掘其中的道德价值，并结合社会主义核心价值观，充分发挥其在规范乡村秩序、建立公序良俗中的作用。

第五，完善激励约束机制，保证乡村德治水平。建立健全道德激励约束机制，有效激励农民遏制违反道德的行为，是加强农民思想道德建设的重要条件。积极搭建"道德"与"获得"的联系通道[2]，让有德者有更多获得感，让有德者有"得"。要约束和惩治失德、失信、失范行为，大幅增加不道德行为的成本，真正让"想恶者不敢恶"。建立农村思想道德评议机制，通过群众推荐，选举产生农民思想道德评议委员会，制定道德评议标准，明确道德评议内容并定期进行评议，公布评议结果和督导整改情况，做到突出问题集中解决。把自律和他律、提倡和禁止、软性约束和硬性规定结合起来，才能有助于农民养成良好的道德习惯，形成扶正祛邪、惩恶扬善的社会风气（钱文艳，2012）。

第四节　西部地区农村法治概况

一、西部地区农村法治基本情况概述

（一）农村法治的重要性与现状

乡村基层组织是架构在农村与上级政府之间的桥梁，乡村有效治理是实现农村农业现代化目标、贯彻新发展理念、解放和发展农村生产力的保障。如何用法治手段来保障乡村振兴战略健康有序推进和发展，成为新时代乡村法治的重要使命和重要课题（胡胜，2018）。

农村是中国法治社会的重要一环，提高农村法治水平能为"三农"问题奠定制度基

---

[1] 《关于加强和改进乡村治理的指导意见》。
[2] 中共大田县委精神文明建设办公室. 让有"德"者有"得". http://fjsm.wenming.cn/wmpl/201812/t20181224_5615091.html，2018-12-21.

础，建设法治乡村也是依法治国的重要组成部分[①]。农村法治建设持续推进，现已取得一定成效，如《中华人民共和国农业法》的修订，使得农林牧副渔业等各项生产活动都有法可依；农村的执法水平有所提高，在《农业行政处罚程序规定》的推动下，坑农、害农等不法行为受到惩处，维护了农民的基本权益（胡胜，2018）。

（二）农村法治的演进轨迹

改革开放以来，乡土结构的变化引起农民对法治的需求。农民打工潮的兴起，致使家庭的功能受到冲击，农民个体化、原子化程度加深，农民之间的陌生感逐渐增强。个人关系网络的延续和维护变得不再重要，就事论事成为惯常解决纠纷的手法（李牧和李丽，2018），于是农民求助法律的需求大大提升。

1985 年，《全国人民代表大会常务委员会关于在公民中基本普及法律常识的决议》通过，拉开了农村普法活动的序幕。其中，普法的重点对象是各级干部和青少年；普法的内容以《中华人民共和国宪法》为主，也包括刑事、民事等方面的基本法律。2015 年底，第六届普法教育完成，广大农民的法律意识和维权意识逐渐被唤醒，运用法律的积极性有了明显提高。

20 世纪 80 年代，为了支撑依法治国战略的运行，国家主导的大规模立法活动铺展开来（李牧和李丽，2018）。涉农领域颁布了《中华人民共和国土地管理法》（1986 年）、《中华人民共和国村委会组织法（试行）》（1987 年）等，并根据农民法律需求的变化不断完善。

在当代，农民并非对法律全无所闻，法治思想逐渐扎根于农村土壤。农民具备了基本的法律知识，在遇到困难时，通常经过权衡会采取法律措施来寻求解决方法。法治的权威逐渐成为农村社会权力的主导。

二、西部地区农村法治存在的问题

（一）农民的法律意识薄弱，法治权威信仰缺失

在长期的传统性封闭生活中，农民由于文化知识有限，形成了固有的行为规范。虽然有普法行动，但是对于信息闭塞的村庄来说，文化受限的农民仍然对法律了解不够，缺乏利用法律解决问题的能力，甚至出现违法犯罪行为不自知的情况。中国传统社会曾经长期处于"无讼社会"状态。多数农民在合法权益受到威胁时，并不会采取法律手段去调解矛盾和寻求帮助（谈慧娟和罗家为，2018）。另外，农民对法治权威的信仰有所缺失。行政干预司法现象在农村地区不同程度存在（李牧和李丽，2018）。因此，农民对于法律的评价受到了误导和曲解。

（二）现有法治规范在乡村社会的不适应性与滞后性

法律规定与乡村价值之间存在落差，司法制度难以处理农民之间细腻纷繁的纠纷，

[①] 陈磊."法治乡村"保障乡村振兴战略实施. http://www.legaldaily.com.cn/index/content/2018-02/08/content_7471278.htm?node=20908，2018-02-08.

造成法制悬浮情况,且并不是所有的纠纷都是违法的,从而造成现有的许多治理乱象(孔祥智,2018)。现代法治力量接续不上,上访和群体性事件增加,都急剧地加大了乡镇政府对乡村社会的"管控"危机(周少来,2019)。涉及"三农"的立法在供给上不充分,一些领域的立法甚至还处于空白状态①。此外,现有的部分法律法规所规定的内容不符合乡村社会的客观实际与发展需求,主要表现在立法难以充分反映"三农"发展的客观规律、改革未能与现有立法实现良好衔接等方面。

(三)农村执法队伍建设、司法保障不充分

农村整体范围广,执法人员却严重缺乏。偏远农村的执法人员老龄化情况严重;已有的执法人员法律素养不够,司法保障严重不足。虽然我国经济发展水平在不断提升,但是城乡之间司法资源的配置存在明显差距。大多数农村仍采用一个法庭管辖多个村镇的形式,这对农民来说走司法程序会带来很多不便,司法工作者也面临精力不够的问题。同时,不少地区的法律援助与司法救助向基层延伸不够。这些因素在一定程度上影响了农民群众通过法律途径维护自身的合法权益①。

三、西部地区农村关于落实法治建设的建议

第一,通过"软法律"完善法治。农村仍具有熟人社会的特点,很多问题不是法律这种"硬法"可以约束、解决的,治理中需要一种"软法"。单纯依靠法律无法实现有效治理时,应该将软法治理引入乡村治理的实践中,并且形成软法治理的参与机制、约束机制及衔接机制,弥补多元主体参与治理的困境(李长健和李曦,2019)。

第二,树立农村法治权威。当出现"司法不公"的情况时,法律的权威可能受到人民群众质疑。因此,需要公平处理"人情"和"关系"案件,建立合理合规的监督秩序,保证法律公正性。从村民角度出发,引导村民理性认知法律重要性和公正性,抛弃特权思想,才能真正实现法制治理。

第三,转变法律服务方式。推行"驻村法官",真正实现法官主动为村民服务,设立日常询问、走访,开设普法讲堂等工作机制。法官应积极、密切联系当地村民,深入各村了解纠纷情况,实实在在地解决村民矛盾或纠纷;参与农村法律宣传与教育,以法律事务服务为推动力量,全面推进农村法治建设。建立"矛盾纠纷理事会",补充解决法律无法解决的小纠纷、小矛盾,做到"小事不出村"。

第四,创新法治教育方式,提高农民法治意识。"权力、金钱可以影响甚至主导法律"的意识仍存在农民群体中。因此,普法宣传教育应继续以农民权利及其实现途径为主要内容,激发农民权利意识(李牧和李丽,2018)。同时,随着互联网的不断发展,借助信息网络平台,农民接收谣言等虚假信息的概率变大,因此,改变普法形式、创新普法途径成为提高农民法治意识的重要环节。

---

① 许步国,许新承. 建设法治乡村 助推乡村振兴. http://opinion.people.com.cn/GB/n1/2018/1022/c1003-30355860.html,2018-10-22.

第五节　西部地区农村治理有效的优秀案例

随着乡村振兴战略的实施，各地对乡村治理不断进行实践和探索，积累了许多典型经验，有效解决了乡村治理面临的一些难点、痛点问题，具有较强的可借鉴性。其中西部地区，如四川成都战旗村、陕西安康汉阴县、宁夏吴忠红寺堡区入选了2019年全国首批乡村治理典型案例，为乡村治理提供了典范，如表4-4所示。除此之外，四川的"乡村道德银行"、重庆的"乡贤评理堂"等乡村治理的新方式为创新乡村治理模式提供了新思路。

表4-4　西部地区乡村治理有效案例

地区	市、区（县）、村	治理措施
四川	成都战旗村	"党建引领、村民自治、社会参与"模式
	成都邛崃市	探索"135"治理体系
	绵阳市魏城镇	发扬传统文化，培育文明乡风
	广元剑阁县	"六个一"打造法治建设格局
	巴中小田村	建设"乡村道德银行"
陕西	安康汉阴县	开展"三线"联系群众工作法
宁夏	吴忠红寺堡区	规范村民代表会议制度
重庆	永川区隆顺村	建立"乡贤评理堂"

一、四川成都战旗村："党建引领、村民自治、社会参与"模式

农村在实现集中居住的过程中，村民对于社区公共服务的要求也越来越高。为满足村民日益增长的需求和期望，成都战旗村引进一家名为"成都同行社会服务中心"的社会组织。随后，该组织调查了解村民的相关情况，为群众生产、生活提供了多元化服务，如开展包括乐健康、养生课堂、兴趣工坊等内容的老年健康工程，促国学经典、颂扬家风家训系列活动等[1]。战旗村同时注重突出党组织的核心地位，不断完善党组织领导下的村民协商议事机制，定期听取自治组织的报告，及时协调、办理村民诉求。

战旗村积极培育社会组织，满足群众多元化公共服务需求；明确党组织核心地位，在党组织领导下开展多项工作。

二、四川成都邛崃市：探索"135"治理体系

成都邛崃市积极探索"以党组织为核心，村级组织、经济组织、社会组织"多元融合参与的乡村治理模式（《先锋》编辑部，2019），逐步形成"135"乡村治理体系。其中，"1"指一张蓝图，根据《成都市美丽宜居公园城市规划》制定邛崃市公园的相关规划，

---

[1] 李玥林. 战旗飘飘，名副其实——战旗村乡村振兴"八字"经验. http://mini.eastday.com/bdmip/180602004731756.html#, 2018-06-02.

梳理相关治理任务。"3"指包括"为村"平台、三问三审三投入、三比一测评在内的三项创新，包括线上线下结合搭建"为村"平台，开通多个功能栏目，同时结合群众需求，构建审查机制，引导多元投入；以群众满意度为标准，采用多种方式评议打分，调动群众的共建、共治积极性。"5"指组织保障、人才培养、财力投入、多元参与、目标考核的五大机制[①]。

通过"135"治理体系，邛崃市凝聚了基层民心、团聚了自治力量，初步构建了共建、共治、共享的治理新格局。

三、四川绵阳游仙区：发扬传统文化，培育文明乡风

为激活传统乡贤文化，四川绵阳游仙区魏城镇挖掘历代的乡贤人物，开展了一系列缅怀先贤、爱国爱乡的宣传活动，组织了阅历丰富的学者编写了诸如《魏城镇志》等书籍。在挖掘当代乡贤人才方面，评选了一批优秀的老党员、企业家等，利用其对邻里、地域熟悉的优势帮忙解决纠纷、扶危济困等，开创了群众办事、矛盾调解、信息咨询、致富求助"四不出村"的新模式（潘立峰等，2019）；开创道德评议堂对不文明现象进行曝光，同时对勤俭节约、遵循孝道等好现象进行表彰、宣传；开展家风家训活动，帮助家族成员传承发扬好家风，协助乡村实现有序治理[②]。

魏城镇通过挖掘乡贤人物、开展道德评议堂、传习家风等活动，发扬了中华民族的传统美德，凝聚了道德力量，促进了社会和谐。

四、四川广元剑阁县："六个一"打造法治建设格局

广元剑阁县为推进乡村社会治理能力现代化建设，探索了"六个一"的法治建设模式，即一支红袖标队伍、一名法治副主任、一张信息防控网、一次社情民意研判会、一处平安法治宣传地、一次法治警情广播。其中，红袖标队伍由村支部书记担任队长，由治保会主任、调委会主任、网格员、小组长、十二户联防户长等作为成员组成，乡镇综治办负责队伍管理，片区派出所负责人员的业务培训。红袖标队伍自建设以来开展了多次治安巡逻，帮助化解了多类矛盾和纠纷，维护了社会稳定。法治副主任通过结对帮扶和到村（社区）蹲点工作的方式，解答法律咨询、受理法律援助、化解矛盾纠纷，参与村级决策合法性审查，结合农民夜校开设法治、德治、自治讲堂，参与乡村治理工作实践。在信息防空网方面，剑阁县探索了三级网络工作模式，以"雪亮工程"为"天网"、网格化管理为"地网"，以及"6995"平安一键通为"户网"的信息防控网基本构建，初步实现了群众不跑路、服务网上走、联动更快捷的目标。除此之外，剑阁县还建立了每月一次的社情民意研判会，对各类矛盾和纠纷及时发现、研究、化解；设置平安法治宣传平台，如法治文化墙、文化广场等，提高了群众学习法律知识的兴致；开设"平安法

---

① 李燕茹. 邛崃经验入选全省乡村振兴大会《典型案例汇编》. http://www.sohu.com/a/253321101_679022, 2018-09-11.
② 杜兵. 绵阳市游仙区：用传统文化滋养乡风文明. http://www.sohu.com/a/109058729_267867, 2016-08-04.

治半小时"广播栏目,以广播形式播放法治警情,提升群众安全防范意识①。

剑阁县通过"六个一"的治理模式,将基层的法治资源进行整合,充分发挥了法治的力量,提升了群众安全感,有效防止了乡村群体性事件的发生。

五、四川巴中小田村:建设"乡村道德银行"

巴中小田村导入银行的管理理念,开展了"乡村道德银行"的建设活动,具体依据遵纪守法、移风易俗、勤劳致富、清洁卫生、孝老爱亲等5个大项、32个小项,每户村民每月自行向小田村"乡村道德银行"进行申报,随后经村评议小组入户审核后,将相应积分存于每户村民在"乡村道德银行"的"户头",每一个季度"乡村道德银行"按照1积分对应1元的标准,为村民兑换生产和生活物资②。例如,该活动包括"因勤劳致富受到镇、县、市、省级相关部门表彰的,分别加30分、40分、50分、60分""家庭成员无违反法纪行为、无违反村规民约行为的,加10分"等具体条款③。

小田村通过道德银行的创举,使得全村形成了好风气、好习惯。讲文明兑换物资,不仅帮助了村民脱贫,也让讲文明成为村内的主流风尚。

六、陕西安康汉阴县:开展"三线"联系群众工作法

"三线"联系群众工作法,即党委联系支部—支部联系党员—党员联系群众;人大主席团联系代表小组—代表小组联系人大代表—人大代表联系群众;政府指导村委会—村委会联系中心户长—中心户长联系群众。该工作法推行管理网格化、服务精细化的"两化"管理服务,织密联系群众网络,积极建设以村党组织为核心、村民代表大会为决策主体、村委会为执行主体、村监委会为监督主体、村级经济组织为支撑、社会组织为补充的"六位一体"治理平台④。

"三线"联系群众工作法,"三线"人员通过与群众拉家常,能够及时发现矛盾、纠纷与隐患,起到预防群体性、恶性事件发生的作用。同时,"三线"联系群众工作法能及时收集群众意见,起到延伸群众诉求通道的作用。

七、宁夏吴忠红寺堡区:规范村民代表会议制度

宁夏吴忠红寺堡区推行"55124"模式,即"五步工作法""五联工作表""一份议事清单""乡村两级监督""四级联动督查",以村民代表会议制度为核心,完善民主选举、

---

① 剑阁县"六个一"打造平安法治建设新格局探索乡村社会治理新路子. http://www.cnjg.gov.cn/articleinfo.aspx?id=42199,2018-06-01.

② 刘波. 南江小田村有个道德银行 村民讲文明得积分当钱花. http://mini.eastday.com/mobile/171127104842666.html#,2017-11-27.

③ 李强强,高红霞. 四川南江小田村建起了乡村道德银行. http://sc.people.com.cn/n2/2017/1209/c379469-31014023.html,2017-12-09.

④ 耿薇,唐继虎. "枫桥经验"的"汉阴样本"——汉阴县推行"三线两化一平台"基层治理工作法. http://www.sohu.com/a/276752508_159845,2018-11-20.

决策、管理、监督机制。该模式通过规范选举村民代表，再提出相关议案，进行民主评定；经由公告之后落实组织实施和监督管理；最后规范填写"五联表"，细化议事清单，形成了农村党组织领导下充满活力、和谐有序的村级治理格局①。

红寺堡区设立从选举到监督的严格的一体化程序，规范了村民自治，促进了法治、德治建设。

八、重庆永川隆顺村：建立"乡贤评理堂"

重庆永川隆顺村建立的"乡贤评理堂"，让村庄基本形成了"小事不出院、矛盾不上交、邻里更和谐"的局面。"乡贤评理堂"的成员都是按照"崇德善法、为人正派、热心公益、处事公道、群众公认"的条件进行筛选的"新乡贤"，并被赋予了引领乡风文明、宣讲法律政策、调处矛盾纠纷、反映社情民意、倡导移风易俗等五个方面的职能和职责。"乡贤评理堂"成立后帮助村民化解了多起矛盾和纠纷，收集了多条社情民意，并帮助村民形成了多条切合生活实际的村规民约。

隆顺村的"乡贤评理堂"在一定程度上实现了德治、自治、法治的相互融合，成为村民自治的有力助手，成为群众学习的德治榜样，成为乡村调解队伍的重要成员。

参 考 文 献

陈锋. 2015. 分利秩序与基层治理内卷化——资源输入背景下的乡村治理逻辑. 社会，35（3）：95-120.
董运生，张立瑶. 2018. 内生性与外生性：乡村社会秩序的疏离与重构. 学海，（4）：101-107.
高艳芳，黄永林. 2019. 论村规民约的德治功能及其当代价值——以建立"三治结合"的乡村治理体系为视角. 社会主义研究，（2）：102-109.
耿羽. 2019. 壮大集体经济　助推乡村振兴——习近平关于农村集体经济重要论述研究. 毛泽东邓小平理论研究，（2）：14-19，107.
公丕祥. 2019. 新中国70年进程中的乡村治理与自治. 社会科学战线，（5）：10-23.
管前程. 2019. 乡村振兴背景下民族地区村庄治理的发展走向. 贵州民族研究，40（2）：50-55.
韩小凤. 2014. 从一元到多元：建国以来我国村级治理模式的变迁研究. 中国行政管理，（3）：53-57.
何植民，陈齐铭. 2017. 中国乡村基层治理的演进及内在逻辑. 行政论坛，24（3）：25-30.
贺雪峰. 2018. 关于实施乡村振兴战略的几个问题. 南京农业大学学报（社会科学版），18（3）：19-26，152.
胡红霞，包雯娟. 2018. 乡村振兴战略中的治理有效. 重庆社会科学，（10）：24-32.
胡胜. 2018. 乡村振兴离不开法治护航. 人民论坛，（6）：106-107.
姜华. 2013. 社会主义新农村建设中榆林农民思想道德状况的简析. 青年文学家，（3）：177.
姜玉欣，王忠武. 2016. 我国乡村治理的趋势、问题及其破解路径. 理论学刊，（6）：133-138.

---

① 关于征求《全面推行"55124"模式深入推进做实村民代表会议制度的实施意见（征求意见稿）》意见的通知. http://www.yinchuan.gov.cn/xxgk/bmxxgkml/smzj/xxgkml_2049/bmqtwj_2057/201610/t20161020_189092.html，2016-09-18.

孔祥智. 2018. 培育农业农村发展新动能的三大途径. 经济与管理评论, 34（5）: 5-11.

雷国珍. 2018. 论中国共产党对农村治理结构的构建与改革. 湖湘论坛, 31（4）: 2, 37-45.

李牧, 李丽. 2018. 当前乡村法治秩序构建存在的突出问题及解决之道. 社会主义研究,（1）: 131-137.

李亚冬. 2018. 新时代"三治结合"乡村治理体系研究回顾与期待. 学术交流,（12）: 79-86.

李元勋, 李魁铭. 2019. 德治视角下健全新时代乡村治理体系的思考. 新疆师范大学学报（哲学社会科学版）, 40（2）: 70-77.

李长健, 李曦. 2019. 乡村多元治理的规制困境与机制化弥合——基于软法治理方式. 西北农林科技大学学报（社会科学版）, 19（1）: 78-84.

刘玉侠, 石峰浩. 2019. 农民工回流背景下村治精英互动问题探析. 浙江学刊,（2）: 195-201.

马池春, 马华. 2018. 中国乡村治理四十年变迁与经验. 理论与改革,（6）: 21-29.

马曼, 冯治. 2015. 村民自治的制约因素及解决策略. 中共珠海市委党校珠海市行政学院学报,（3）: 25-29.

梅立润. 2018. 乡村振兴出场的复合性逻辑与可能困境. 宁夏社会科学,（5）: 107-114.

潘立峰, 余彩龙, 杨琴. 2019. 新乡贤文化建设的调研与思考. 新农村,（3）: 5-7.

钱文艳. 2012. 浅谈加强农牧民思想道德建设. 当代畜禽养殖业,（12）: 63-64.

乔惠波. 2018. 德治在乡村治理体系中的地位及其实现路径研究. 求实,（4）: 88-97, 112.

曲延春, 王成利. 2018. 政策演进与乡村治理四十年: 1978—2018——以中央一号文件为基础的考察. 学习与探索,（11）: 66-74.

曲延春, 王海镔. 2018. 乡村振兴战略：价值意蕴、当前困局及突破路径. 江淮论坛,（5）: 33-38.

任映红. 2011. 新中国成立以来村落政治精英的产生与乡村治理模式的变迁——以浙南 XF 村为例. 江西社会科学, 31（11）: 204-208.

申明锐, 张京祥. 2019. 政府主导型乡村建设中的公共产品供给问题与可持续乡村治理. 国际城市规划, 34（1）: 1-7.

苏海新, 吴家庆. 2014. 论中国乡村治理模式的历史演进. 湖南师范大学社会科学学报, 43（6）: 35-40.

谈慧娟, 罗家为. 2018. 乡村振兴战略：新时代"三农"问题的破解与发展路径. 江西社会科学, 38（9）: 209-217, 256.

吴蓉, 施国庆. 2018. 后税费时代乡村治理问题与治理措施——基于文献的讨论. 农业经济问题,（6）: 117-128.

《先锋》编辑部. 2019. 协调发展——成都示范. 先锋,（6）: 22-31.

习近平. 2015-01-01. 加快建设社会主义法治国家. http://www.qstheory.cn/dukan/qs/2015-01/01/c_1113810966.htm.

萧子扬, 刘清斌, 桑萌. 2019. 社会工作参与乡村振兴：何以可能和何以可为? 农林经济管理学报, 18（2）: 224-232.

谢元, 张鸿雁. 2018. 行动者网络理论视角下的乡村治理困境与路径研究——转译与公共性的生成. 南京社会科学,（3）: 70-75.

徐明强, 许汉泽. 2018. 村落复权、政党拓展与耦合调整. 华南农业大学学报（社会科学版）, 17（5）: 104-116.

徐茜. 2018. 乡村治理也需要"德治". 人民论坛,（30）: 76-77.

徐勇. 2015. 实践创设并转换范式：村民自治研究回顾与反思——写在第一个村委会诞生 35 周年之际. 中国社会科学评价，（3）：4-12，125.

徐勇. 2018. 民主与治理：村民自治的伟大创造与深化探索. 当代世界与社会主义，（4）：28-32.

杨一哲，陶珊珊. 2019. 乡村振兴：改革经验、现实困境与推进策略——第三届中国县域治理高层论坛会议综述. 贵州社会科学，（1）：162-169.

叶兴庆. 2019. 面对三大巨变，乡村治理走向何方. 农村·农业·农民（B 版），（4）：42-43.

尤琳，陈世伟. 2014. 国家治理能力视角下中国乡村治理结构的历史变迁. 社会主义研究，（6）：111-118.

袁金辉，乔彦斌. 2018. 自治到共治：中国乡村治理改革 40 年回顾与展望. 行政论坛，25（6）：19-25.

詹国辉. 2019. 社会质量与治理有效的互嵌：乡村振兴战略在地化实践的耦合性议题. 兰州学刊，（2）：154-165.

张敬燕. 2018. 农民流动、秩序变迁与乡村治理的重塑——基于河南 G 村的调研. 求实，（1）：99-108，112.

张立荣，冉鹏程. 2018. 社会资本视角下乡村治理的困境分析与出路探寻——以恩施州利川市律师事务所参与乡村治理为例. 华中师范大学学报（人文社会科学版），57（4）：12-18.

张艳华. 2016. 农村劳动力转移的关联效应与有效治理. 改革，（8）：54-63.

郑永君. 2017. 农村传统组织的公共性生长与村庄治理. 南京农业大学学报（社会科学版），17（2）：50-58，151.

周少来. 2019. 乡村治理：制度性纠结何在. 人民论坛，（3）：51-53.

邹海霞，李瑞. 2018. 乡村社会冲突治理困境分析——以桂西北 X 村 G 项目征地拆迁矛盾化解为例. 广西大学学报（哲学社会科学版），40（6）：40-45.

第五章　生活富裕：西部地区乡村民生保障

农村居民生活富裕是乡村振兴的总要求之一。近年来，我国西部农村居民收入与消费稳步提升，公共服务供给水平不断提高，在全面建成小康社会总体部署下，西部地区农村精准扶贫工作有效推进，居民生活水平总体提升。在乡村振兴和西部大开发背景下，西部地区乡村民生保障水平大幅提高，民生状况不断改善。

第一节　西部地区农村居民收入与就业

近年来，我国西部地区农村居民人均可支配收入表现出稳步增长趋势，但与全国其他区域之间仍有差距。西部地区乡村私营企业和个体就业人数总体增加，外出务工农村劳动力回流现象也应引起重视。无论是就业还是收入，西部地区各省（区、市）间的差距一直存在。从结构上看，西部地区农村居民收入以经营净收入为主，工资性收入仍有待提高。未来，可通过加大现代农业发展力度、优化农村居民收入结构、提高农村劳动力素质、推动产业结构调整升级、强化乡村产业金融支持等措施，进一步推动西部地区农村居民就业增长及收入增加。

一、收入与就业概况

就业稳定与收入增加是西部地区农村民生保障与改善的必要条件。2013年以来，我国西部地区农村居民人均可支配收入稳步增加，但较东部地区、中部地区和东北地区仍有差距；西部地区各省（区、市）农村居民收入及其构成存在差异，乡村私营企业从业人数和乡村个体从业人数的省域差异也非常明显。

（一）人均可支配收入稳步增加

在我国经济发展的总体环境中，西部地区农村居民收入稳步增加。2013~2017年，西部地区农村居民人均可支配收入由 7 436.6 元增加至 10 828.6 元，累计增幅达 45.6%（图5-1）。尽管收入增加，但西部地区农村居民收入与我国其他地区的差距依然明显。2013 年，西部地区农村居民人均可支配收入比东部地区、中部地区和东北地区分别低 4 420 元、1 546 元和 2 324 元；2017 年，西部地区农村居民人均可支配收入与东部地区、中部地区的差距增加至 5 993 元和 1 977 元,与东北地区的差距小幅下降至 2 287 元(表 5-1)。

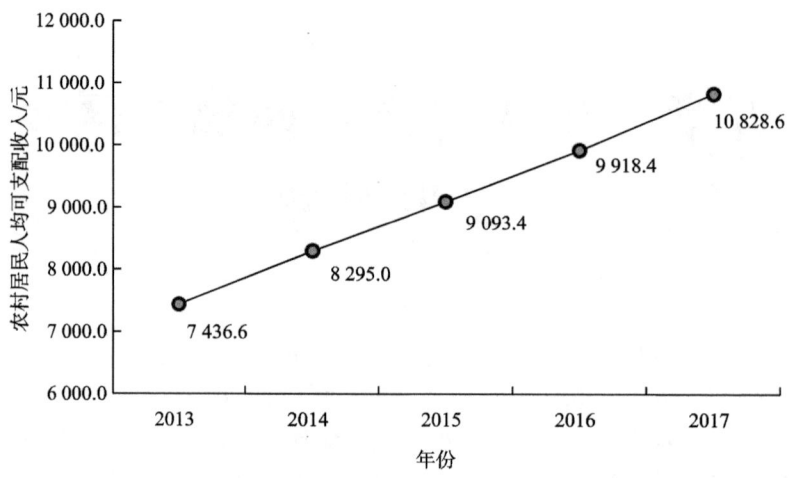

图 5-1 2013~2017 年西部地区农村居民人均可支配收入变化情况

资料来源:《中国统计年鉴(2018)》

表 5-1 2013~2017 年各地区农村居民人均可支配收入　　　　单位:元

地区	2013 年	2014 年	2015 年	2016 年	2017 年
东部地区	11 857	13 145	14 297	15 498	16 822
中部地区	8 983	10 011	10 919	11 794	12 806
西部地区	7 437	8 295	9 093	9 918	10 829
东北地区	9 761	10 802	11 490	12 275	13 116

资料来源:《中国统计年鉴(2018)》

(二)西部地区各省(区、市)农村居民人均可支配收入存在差异

近年来,我国西部地区农村居民收入总体增加,但西部地区各省(区、市)的差异始终存在(图 5-2)。2013 年,西部地区各省(区、市)农村人均可支配收入最高的依次是内蒙古、重庆和四川,2017 年重庆超过内蒙古排名第一,四川位列第三。2013 年,西部地区农村人均可支配收入最高的内蒙古较最低的甘肃高 3 396 元;2017 年,西部地区农村人均可支配收入最高的重庆较最低的甘肃高 4 562 元。2013~2017 年,西部地区各省(区、市)农村人均可支配收入增幅排名前三的是西藏、贵州和重庆,增幅分别达 57.6%、50.4% 和 48.8%;增幅最小的是内蒙古,为 40.1%(表 5-2)。

第五章　生活富裕：西部地区乡村民生保障

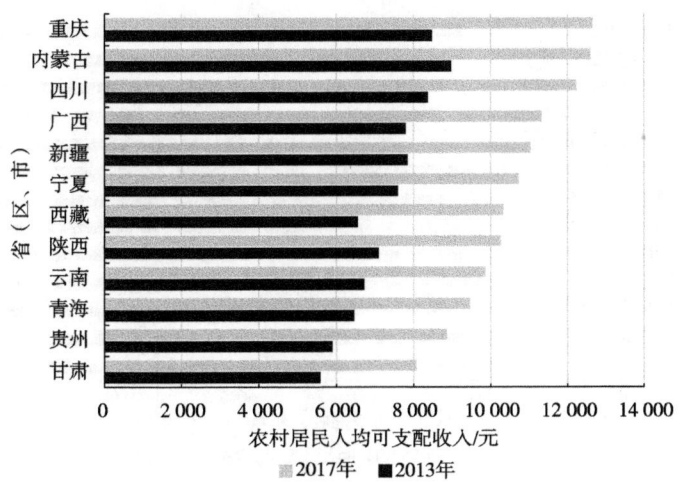

图 5-2　2013 年和 2017 年西部地区各省（区、市）农村居民人均可支配收入比较

资料来源：《中国统计年鉴（2018）》

表 5-2　2013~2017 年西部地区各省（区、市）农村居民人均可支配收入　单位：元

省（区、市）	2013 年	2014 年	2015 年	2016 年	2017 年
内蒙古	8 985	9 976	10 776	11 609	12 584
广西	7 793	8 683	9 467	10 359	11 325
重庆	8 493	9 490	10 505	11 549	12 638
四川	8 381	9 348	10 247	11 203	12 227
贵州	5 898	6 671	7 387	8 090	8 869
云南	6 724	7 456	8 242	9 020	9 862
西藏	6 553	7 359	8 244	9 094	10 330
陕西	7 092	7 932	8 689	9 396	10 265
甘肃	5 589	6 277	6 936	7 457	8 076
青海	6 462	7 283	7 933	8 664	9 462
宁夏	7 599	8 410	9 119	9 852	10 738
新疆	7 847	8 724	9 425	10 183	11 045

资料来源：历年《中国统计年鉴》

（三）西部地区各省（区、市）农村居民收入以经营净收入为主

西部地区各省（区、市）农村居民收入以经营净收入为主。2017 年数据显示，除贵州和陕西农村居民人均可支配收入中工资性收入超过经营净收入外，其他省（区、市）都是经营净收入占农村居民可支配收入的比重最高。其中，西藏、云南和新疆农村居民人均可支配收入中经营净收入所占比例排名前三，分别达 55.5%、54.9% 和 54.7%。从图 5-3 可以看出，西部地区各省（区、市）农村居民人均可支配收入中财产净收入均较低，最高的内蒙古也仅为 4.1%。

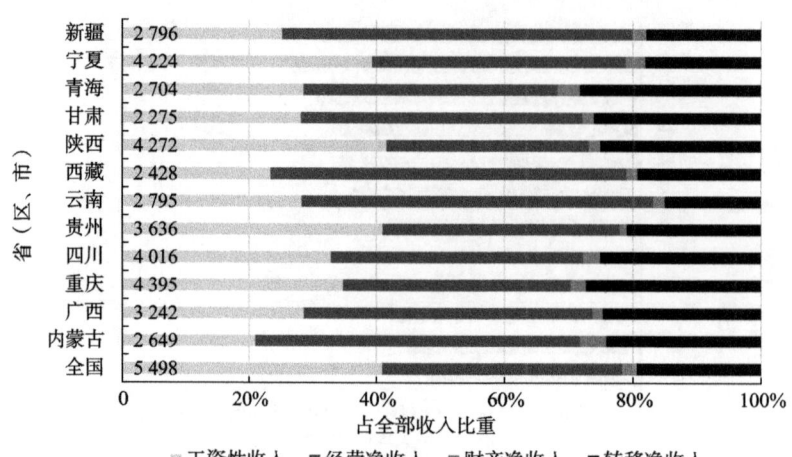

图 5-3 2017 年西部地区各省（区、市）农村居民人均可支配收入来源构成比较

资料来源：《中国统计年鉴（2018）》

（四）乡村私营企业和个体就业人数总体增加

2013 年以来，西部地区乡村就业人数总体增加，但存在区域差异，云南、贵州乡村就业人数增加明显。

2013 年以来，西部地区乡村私营企业就业人数增加，由 2013 年的 785.2 万人增加至 2017 年的 1 085.6 万人，累计增幅 38.3%；同期，西部地区乡村私营企业就业人数占全国的比重却总体下降，由 18.4%下降至 16.6%。2013 年，西部地区各省（区、市）乡村私营企业就业人数最多的 3 个省（区、市）依次是四川（180.1 万人）、广西（129.7 万人）和重庆（102.9 万人），2017 年乡村私营企业就业人数排名前三的为贵州（247.1 万人）、重庆（189.5 万人）和云南（184.1 万人）。从区域差异看，2013~2017 年，贵州和云南乡村私营企业就业人数增幅最大，分别增长 2.2 倍和 2.4 倍；四川乡村私营企业就业人数降幅最大，降幅为 72.6%（表 5-3）。

表 5-3 2013~2017 年全国及西部地区各省（区、市）乡村私营企业就业人数 单位：万人

地区	2013 年	2014 年	2015 年	2016 年	2017 年
全国	4 279.2	4 533	5 215.2	5 913.7	6 554.5
西部地区	785.2	820.2	1 040.9	1 049	1 085.6
西部地区占全国比重	18.4%	18.1%	20.0%	17.7%	16.6%
内蒙古	71.0	34.6	40.5	44.0	43.4
广西	129.7	137.5	170.4	112.8	155.3
重庆	102.9	124.3	157.5	182.7	189.5
四川	180.1	163.8	74.0	91.8	49.4
贵州	77.2	117.5	173.4	215	247.1
云南	53.8	67.4	255.8	216.0	184.1
西藏	4.1	6.4	4.0	4.0	7.2

续表

地区	2013 年	2014 年	2015 年	2016 年	2017 年
陕西	68.0	66.3	40.3	38.8	43.6
甘肃	40.7	58.0	78.6	97.6	110.7
青海	13.3	13.5	11.9	11.4	10.8
宁夏	17.5	18.7	20.0	20.0	29.3
新疆	26.9	12.2	14.5	14.8	15.2

资料来源：历年《中国统计年鉴》

2013 年以来，西部地区乡村个体就业人数总体增加，由 2013 年的 908.5 万人增加至 2017 年的 1 241.0 万人，累计增幅 36.6%；同期，西部地区乡村个体就业人数占全国的比重却有所下降，由 28.5% 下降至 25.4%。2013 年，西部地区各省（区、市）乡村个体企业就业人数最多的 3 个省（区、市）依次为四川（260.9 万人）、云南（164.5 万人）和陕西（97.9 万人），2017 年乡村个体就业人数排名前三的省（区、市）为四川（355.1 万人）、云南（209.2 万人）和贵州（191.1 万人）。从区域差异看，2013~2017 年，甘肃和贵州乡村个体就业人数增幅最大，分别增长 2.1 倍和 92.1%；西藏乡村个体就业人数降幅最大，降幅为 64.4%（表 5-4）。

表 5-4　2013~2017 年全国及西部地区各省（区、市）乡村个体就业人数　单位：万人

地区	2013 年	2014 年	2015 年	2016 年	2017 年
全国	3 193.5	3 575.2	3 882.3	4 235	4 877.8
西部地区	908.5	852.5	878.4	957.2	1 241.0
西部地区占全国比重	28.5%	23.8%	22.6%	22.6%	25.4%
内蒙古	55.0	50.7	55.2	53.8	45.8
广西	81.4	90.5	95.5	90.8	113.1
重庆	37.9	42.3	47.3	52.0	57.2
四川	260.9	132.3	144.5	178.9	355.1
贵州	99.5	125.7	148.7	175.4	191.1
云南	164.5	194.6	219.1	221.4	209.2
西藏	5.9	6.3	2.8	2.3	2.1
陕西	97.9	95.8	38.5	38.8	37.6
甘肃	56.6	70.6	81.5	92.8	175.8
青海	3.3	4.4	2.2	2.7	3.4
宁夏	21.6	20.9	22.5	25.7	26.1
新疆	24.0	18.4	20.6	22.6	24.5

资料来源：历年《中国统计年鉴》

此外，中西部地区农民工小幅增加。中国社会科学院农村发展研究所与社会科学文献出版社发布的《农村绿皮书：中国农村经济形势分析与预测（2018~2019）》显示，2018 年我国农民工总量达 28 836 万人，比 2017 年增长 0.6%，主要是中西部地区农民工数量

增加。2018年，在东部地区务工的农民工为15 808万人，在全国所占比例为54.8%，比2017年减少185万人；在中西部地区务工的农民工为12 044万人，在全国所占比例为41.8%，比2017年增加378万人，增加1.1个百分点。

二、农村居民增收有关问题

第一，西部地区农村居民收入与我国其他地区仍有明显差距。虽然2013年以来西部地区农村居民人均可支配收入稳步增加，但与东部地区、中部地区和东北地区仍有较大差距。2017年，西部地区农村居民人均可支配收入达10 829元，但东部地区、中部地区和东北地区分别达16 822元、12 806元和13 116元，东部地区、中部地区和东北地区分别高于西部地区55.3%、18.3%和21.1%。收入增加是民生改善的必要条件，西部地区农村民生状况虽不断改善，但与其他地区的差距仍需被关注。

第二，西部地区农村居民工资性收入总体偏低。西部地区农村居民收入以经营净收入为主，工资性收入总体偏低。2017年，全国农村居民人均可支配收入中工资性收入达5 498元，占40.9%。西部地区12省（区、市）工资性收入不足30%的有7个省（区、市），各省（区、市）农村居民工资性收入均低于5 000元，工资性收入占可支配收入的比重也仅有宁夏、陕西和贵州与全国平均水平相近，其他各省（区、市）明显偏低。可见，西部地区农村居民的收入来源依靠农产品买卖或牲畜饲养为主的格局仍然没有改变，多数省（区、市）农村居民收入渠道狭窄的问题仍然存在。

第三，西部地区农村外出劳动力回流带来就业压力。在人口年龄结构变化和产业变迁等多重因素影响下，西部地区外出务工劳动力近年来出现回流，这可能给西部地区农村居民就业和收入带来一定影响。不少外出务工劳动力并非主动返乡，而是东部地区产业变迁或经济环境变化所致，这些返乡者降低甚至丧失了务工所得收入。即使是主动返乡的农村居民，在西部地区城镇吸纳务工人员能力有限的情况下，在农村实现就业或创业也有不小难度。对于农村的发展，过去政府更关注资本和技术的配置，而人力资源往往被忽略。在西部地区农村居民出现返乡带来较大就业和增收压力的情况下，如何把握乡村振兴和西部开发开放的时代机遇，妥善应对挑战，促进农村居民增收、民生改善，则是西部地区农村发展的一项重要任务。

三、促进农村居民就业与增收的建议

第一，提高西部地区整体经济发展水平，推动西部地区产业结构升级。西部地区与东部地区、中部地区经济发展水平仍有明显差距，且西部地区各省（区、市）之间经济差异也依然存在。国家应深入落实西部大开发给予西部地区的各项政策，发挥好统筹、协调、调控的职能，着力提高西部地区整体经济发展水平，缩小西部地区各省（区、市）间的差距，促进全国层面、西部地区内部平衡发展。在有条件且不存在生态约束的西部地区，推动传统制造业和高技术制造业协同发展，鼓励第一、第二、第三产业融合发展，增加西部地区特别是西部地区乡村就业机会。在有特定自然地理条件和气候环境的西部地区，坚定不移地发展现代旅游业；积极稳妥地提高城镇化质量，保证大都市、大中小城市、小城镇与乡村协同发展；注重西部地区农村经济发展中的生态保护和人居环境优化，在适当的地区鼓励乡镇企业发展。

第二，加快西部地区农村金融健康发展。农村金融无论对于乡镇企业还是农村居民个人经营，都具有举足轻重的作用。应继续发挥金融机构在农村金融发展中的支撑性作用，扩大业务范围，提升服务质量。服务于农业、农村、农民的金融机构应进一步强化内部控制，规范服务内容，但应在助农信贷、农村金融宣传等方面给予更多倾斜。发挥农村金融机构党组织的领导作用，引导金融机构将经济效益与社会效益有机融合，将短期利益和长远利益适当平衡。在尊重农民意愿的情况下，引导农民进行土地流转，并做好相关配套制度建设和政策落实。完善土地流转市场的管理，建立健全制度并加强监管，防止农民权益受到侵害。

第三，推进农业现代化发展。西部地区农村地形较东部地区复杂许多，小农生产对整个西部地区农业发展来说仍至关重要。但是，农业机械化有助于大幅度提升农业生产效率，对农业现代化也能起到关键促进作用。因此，在有条件的西部地区农村可进一步推进农业机械化发展，更大范围和力度推广各类农业机械的使用。一是加大西部地区农村农业机械供给，给农业机械普及程度低的地区提供可用于农业生产全程的机械设备，淘汰落后的机具装备。二是加大对农村居民使用农业机械的技术培训力度，在实际使用过程中提供必要的技术指导。三是加大对西部地区农村使用农业机械的金融支持，如通过农机保险、融资租赁等方式提升农村居民使用农机的意愿和能力等。

第四，增加西部地区农村居民工资性收入。工资性收入与经营性收入构成西部地区农村居民收入的主体，工资性收入提升有助于居民实际购买能力提升和生活水平改善。紧抓乡村振兴重大机遇，大力培育和发展西部地区乡村产业，推进现代种植、养殖产业发展，鼓励乡村观光、旅游业快速发展，促进乡村产业链条构建和完善。以西部地区各省（区、市）农村具体禀赋条件为基础，引导农村因地制宜地发展非农经济，为农村居民获得工资收入创造基础条件。做好返乡农民工就业创业支持工作，在工商、税务、生产设施、技术、人力资源政策等方面支持返乡农民工创业或就近就业。推动农村有关家庭支持的社会服务快速发展，如留守儿童看护和教育、农村养老等，解决农村居民参与非农就业的后顾之忧。

第五，提升农村劳动力质量。作为农业或非农生产的劳动者，农村居民的劳动素养、技能等对于其个人或家庭增收有关键且直接的影响。未来我国西部地区乡村产业快速发展，对于农村劳动力质量会提出更高要求。应加大农业生产有关技术的宣教、推广力度，鼓励农村居民参与各类经济合作组织，了解和吸收有关农业生产、经营的经验。加快培育新型职业农民和农业职业经理人，建立和完善新时代农业劳动者素质提升体系。加大西部地区农村吸引人才、留住人才的政策倾斜力度，让能够助力西部地区农村经济发展的各类、各层次人才愿意去、留得住。合理引导、鼓励有技术和经验的返乡务工人员带动农村居民创业就业，提升当地农村居民劳动素养，增加劳动就业技能。

第二节 西部地区农村居民消费

在我国西部地区农村居民消费水平上升过程中,城乡消费差异缩小。然而,西部地区各省(区、市)人均消费水平和消费结构仍存在明显差异,且西部地区与全国农村居民人均各类消费支出差距有所扩大。目前我国西部地区农村消费领域仍存在消费市场不够规范、居民消费积极性和消费意识弱、消费市场供需匹配度低等问题,增加西部地区农村居民收入、增强消费意愿和能力、培育新消费增长点、强化西部地区农村交通及互联网等设施支撑、规范农村消费市场及完善社保体系等措施,有助于西部地区农村居民消费提升。

一、居民消费概况

消费及其变化情况是反映西部地区农村居民生活状况的窗口之一。2013 年以来,我国西部地区农村居民消费水平上升且城乡差距缩小,但各省(区、市)的农村居民消费支出及其构成存在差异;西部地区农村居民人均各类消费支出较全国平均水平的差距均有所扩大,但食品烟酒和衣着消费占全国的比重有所下降。

(一)农村居民消费水平上升且城乡消费水平差距总体缩小

近年来,我国西部地区各省(区、市)农村居民消费水平显著上升。2013~2017 年,西部地区各省(区、市)农村居民消费水平上升幅度最大的依次是贵州、内蒙古和西藏,累计升幅分别达 83.5%、72.6%和 72.3%,上升幅度最小的甘肃也达 41.0%(图 5-4)。在消费水平总体上升的同时,西部地区城乡居民消费水平差距缩小。2013~2017 年,西部地区各省(区、市)城乡居民消费水平扩大的仅有广西,城乡消费水平比由期初的 2.2 上升至 2.5;其他各省(区、市)城乡居民消费水平差距均缩小,缩小幅度最大的 4 个省(区、市)依次为内蒙古、贵州、云南和新疆,城乡居民消费水平比分别减小 0.8、0.6、0.6 和 0.6(表 5-5)。

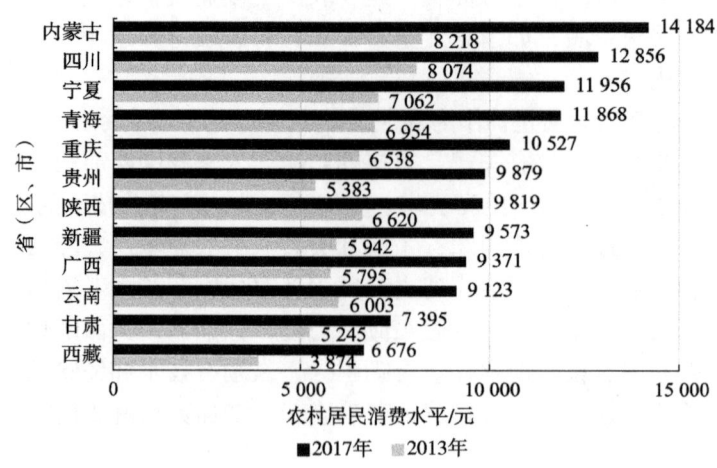

图 5-4 2013 年和 2017 年西部地区各省(区、市)农村居民消费水平

资料来源:《中国统计年鉴(2018)》和《中国统计年鉴(2014)》

表 5-5 2013~2017 年西部地区各省（区、市）城乡消费水平对比（农村=1）

省（区、市）	2013 年	2014 年	2015 年	2016 年	2017 年
内蒙古	2.9	2.3	2.3	2.2	2.1
广西	2.2	3.1	2.8	2.7	2.5
重庆	3.3	3.2	3.1	3.0	2.9
四川	2.2	2.1	2.0	1.9	1.8
贵州	3.1	2.8	2.6	2.5	2.5
云南	3.2	2.8	2.6	2.7	2.6
西藏	3.6	3.3	3.2	3.2	3.1
陕西	3.0	2.9	2.8	2.6	2.6
甘肃	3.1	3.2	3.1	3.1	3.0
青海	2.5	2.4	2.3	2.2	2.0
宁夏	2.8	2.5	2.7	2.5	2.3
新疆	3.1	2.8	2.7	2.5	2.5

资料来源：历年《中国统计年鉴》。

（二）西部地区各省（区、市）人均消费支出差异显著

尽管我国西部地区农村居民消费水平上升，但各省（区、市）农村居民人均消费支出的差异始终存在。2013 年，西部地区各省（区、市）农村居民人均消费支出最高的 3 个省（区、市）分别是内蒙古（9 080 元）、青海（7 506 元）和四川（7 365 元），最低的是西藏（4 102 元）；2017 年，西部地区各省（区、市）农村居民人均消费支出最高的 3 个省（区、市）为内蒙古（12 184 元）、四川（11 397 元）和重庆（10 936 元），最低的依然是西藏（6 691 元）。我国西部地区农村居民人均消费支出与全国平均水平的差距总体扩大。2013~2017 年，除四川农村居民人均消费支出由低于全国平均水平 120 元变化为高于全国平均水平 442 元，以及内蒙古农村居民人均消费支出由高于全国平均水平 1 595 元变化为高于全国平均水平 1 229 元以外，其他各省（区、市）农村居民人均消费支出与全国平均水平的差距均扩大，特别是青海，其农村居民人均消费支出由高于全国平均水平 21 元变化为低于全国平均水平 1 052 元。与全国平均水平差距总体扩大的同时，西部地区各省（区、市）农村居民人均消费支出也呈扩大趋势，2013 年农村居民人均消费支出最高和最低的省（区、市）农村居民人均消费支出差值是 4 978 元，到 2017 年扩大至 5 493 元（表 5-6）。

表 5-6 2013~2017 年全国及西部地区各省（区、市）农村居民人均消费支出 单位：元

地区	2013 年	2014 年	2015 年	2016 年	2017 年
全国	7 485	8 383	9 223	10 130	10 955
内蒙古	9 080	9 972	10 637	11 463	12 184
广西	6 035	6 675	7 582	8 351	9 437
重庆	6 971	7 983	8 938	9 954	10 936

续表

地区	2013 年	2014 年	2015 年	2016 年	2017 年
四川	7 365	8 301	9 251	10 192	11 397
贵州	5 291	5 970	6 645	7 533	8 299
云南	5 247	6 030	6 830	7 331	8 027
西藏	4 102	4 822	5 580	6 070	6 691
陕西	6 488	7 252	7 901	8 568	9 306
甘肃	5 654	6 148	6 830	7 487	8 030
青海	7 506	8 235	8 566	9 222	9 903
宁夏	6 740	7 676	8 415	9 138	9 982
新疆	7 103	7 365	7 698	8 277	8 713

资料来源：《中国统计年鉴（2018）》《中国统计年鉴（2017）》和《中国统计年鉴（2016）》

（三）与全国农村居民人均各类消费支出差距扩大

食品烟酒，居住，交通、通信是西部地区农村居民消费最主要的类别。2013 年，西部地区农村居民在食品烟酒，居住，交通、通信方面的人均消费支出分别是 2 213.0 元、1 060.7 元和 626.8 元，到 2017 年分别增加至 4 614.8 元、2 807.4 元和 2 070.9 元。2013~2017 年，西部地区农村居民人均消费支出增幅最大的两类是教育文化娱乐和交通、通信，增幅分别达 3.7 倍和 2.3 倍，食品烟酒增幅最小，仅增加 1.1 倍。近年来，西部地区与全国农村居民人均各类消费支出的差距扩大。2013 年，各消费支出类别中，西部地区农村与全国农村居民人均消费支出差距最大的是食品烟酒，西部地区农村居民人均消费支出低于全国平均水平 282.5 元；差距最小的为其他用品及服务，西部地区农村居民人均支出低于全国平均水平 50.4 元。到 2017 年，各消费支出类别中，西部地区农村与全国农村居民人均消费支出差距最大的为居住，西部地区农村居民人均消费支出低于全国平均水平 1 299.5 元；差距最小的为其他用品及服务，西部地区农村居民人均支出低于全国平均水平 120.5 元（表 5-7）。西部地区农村居民在居住方面的消费与全国平均水平差距大幅加大，与我国住房价格的区域差异不无关系。

表 5-7 2013 年和 2017 年西部地区农村居民人均消费支出构成　　单位：元

消费支出类别	2013 年			2017 年		
	西部地区人均	西部地区占全国	全国人均	西部地区人均	西部地区占全国	全国人均
食品烟酒	2 213.0	27.9%	2 495.5	4 614.8	27.2%	5 373.6
衣着	353.2	25.3%	438.3	1 023.9	26.2%	1 237.6
居住	1 060.7	27.0%	1 233.6	2 807.4	21.6%	4 106.9
生活用品及服务	335.5	27.2%	387.1	929.8	26.2%	1 120.7
交通、通信	626.8	24.8%	796.0	2 070.9	26.2%	2 498.9
教育文化娱乐	348.8	22.6%	485.9	1 651.8	25.0%	2 086.2
医疗保健	511.9	26.2%	614.2	1 269.3	27.7%	1 451.2
其他用品及服务	124.5	22.4%	174.5	326.5	23.1%	447.0

注：资料来源于历年《中国统计年鉴》；西部地区农村居民人均消费支出和西部地区占全国的比重依据西部地区各省（区、市）农村居民人均消费支出和年末乡村总人口数据估算得到

（四）西部地区各省（区、市）农村居民人均消费支出构成存在较大差异

我国西部地区各省（区、市）农村居民在各类消费品或服务方面的人均消费支出存在明显差异，西藏农村居民消费仍有较大提升空间。2017年，西藏、四川和重庆农村居民在食品烟酒上的人均支出相对最高，这3个省（区、市）的农村居民在食品烟酒方面的人均消费支出占人均总消费支出的比重分别是49.1%、37.2%和36.5%，所占比例最低的两个省（区、市）为宁夏和陕西，分别是25.3%和26.0%。2017年，贵州、陕西和广西农村居民在居住上的人均支出相对最高，这3个省（区、市）的农村居民在居住方面的人均消费支出占人均总消费支出的比重分别是23.4%、23.0%和22.5%，所占比例最低的是西藏，仅为14.2%。2017年，贵州、内蒙古和云南农村居民在教育文化娱乐方面的人均支出相对最高，这3个省（区、市）的农村居民在教育文化娱乐方面的人均消费支出占人均总消费支出的比重分别是14.3%、13.5%和13.0%，所占比例最低的是西藏，仅为3.6%。2017年，陕西、青海农村居民在医疗保健方面的人均支出相对最高，这两个省（区、市）农村居民在医疗保健方面的人均消费支出占人均总消费支出的比重分别是13.5%、12.8%，所占比例最低的是西藏，仅为2.2%（表5-8）。

表5-8　2017年全国及西部地区各省（区、市）农村居民人均消费支出构成　单位：元

地区	合计	食品烟酒	衣着	居住	生活用品及服务	交通、通信	教育文化娱乐	医疗保健	其他用品及服务
全国	10 955	3 415	612	2 354	634	1 509	1 171	1 059	201
内蒙古	12 184	3 385	842	2 194	522	2 056	1 639	1 288	258
广西	9 437	3 043	287	2 120	495	1 288	1 128	931	145
重庆	10 936	3 993	598	1 967	749	1 334	1 226	884	184
四川	11 397	4 235	683	2 157	782	1 378	848	1 094	220
贵州	8 299	2 505	416	1 943	450	1 081	1 183	602	119
云南	8 027	2 613	321	1 509	460	1 309	1 044	682	91
西藏	6 691	3 284	736	947	434	794	239	147	111
陕西	9 306	2 417	531	2 145	577	1 114	1 083	1 260	178
甘肃	8 030	2 438	508	1 562	485	1 016	994	891	137
青海	9 903	2 945	670	1 739	488	1 629	897	1 270	264
宁夏	9 982	2 522	719	1 959	574	1 675	1 212	1 131	189
新疆	8 713	2 667	710	1 660	408	1 421	747	971	127

资料来源：《中国统计年鉴（2018）》

二、居民消费存在的问题

第一，农村消费市场建设滞后。与城镇相比，我国农村消费市场建设严重滞后，西部地区问题则更为突出，市场秩序差、交易不规范、交通和硬件设施支撑弱等情况在较大范围内存在。在西部地区农村交易市场中，健康、高效、透明的市场还远没有形成，相对而言较常见的集市、小市场等缺乏及时和有效监管。由于完备的交易规则、市场规范等缺乏甚至缺失，农村居民很难在秩序良好的市场中进行消费。西部地区农村消费市

场中各类不规范交易屡见不鲜，在经济利益的驱使及相对薄弱的监管条件下，假冒伪劣产品、质量低劣产品并不少见，且在某些地区盛行，在缺乏辨识能力或条件的情况下，农村居民的权益可能受到巨大损害。由于地理和历史因素影响，西部地区农村产品销售的交通条件支撑、销售网络发展、售后服务能力等都受到较大程度限制，从产品种类、产品质量等多方面看，农村居民的消费意愿受到抑制，更全、更多、更好的产品很多时候只能从其他地区引进。同时，对西部地区农村的生产和消费均产生制约的还有水、电、气等能源条件，以及互联网和公路等基础设施建设等，这些都是西部地区农村消费市场建设滞后的影响因素。这些问题一定程度上挫伤了农村居民的消费积极性，难以满足农村居民的合理消费需求，对农村居民消费需求有效扩大产生不利影响（何月霁，2018）。

第二，农村居民消费意识相对较弱。基于各种因素的影响，西部地区农村居民普遍具有相对保守的思想观念，对消费的态度更多是谨慎、小心。虽然消费信贷的发展在一定程度上促进了农村居民消费，但由于缺乏有关知识和风险防控能力，由此引发的消极后果并不少见。相对东部地区或城市，西部地区农村居民对于储蓄有更强的偏好，这既包括对子女成家或教育的考虑，也包括对自己医疗和养老的担心。总的来说，西部地区农村居民的消费模式一般是在保证基本生活费用的前提下，花费尽可能少，且注意节约，消费意识相对较弱（王旎和陈怡瑾，2019）。

第三，西部地区农村消费市场供需匹配度低。第二产业和第三产业的生产者长期将产品或服务对象定位在城市，商品的生产和服务的提供重城市、轻农村。虽然近年来农村消费提升引起了生产者的注意，但是低质量甚至假冒伪劣产品不断侵蚀着农村消费市场。农村居民在收入提升过程中消费意愿和能力也随之提升，但仍同时看重产品的功能和价格实惠，农村居民增加的消费需求很难被农村消费市场满足。此外，西部地区农村缺乏相对专业的消费市场或批发市场，虽然有不少个体和商户起到一定作用，但在运输、经营、仓储设施等方面局限性较大，造成大宗生产资料和耐用消费品供需断层（李秀红，2015）。

三、消费提增建议

第一，提高西部地区农村居民农业生产收益。除工资性收益外，提高西部地区农村居民农业生产收益是促进西部地区农村消费提增的有效措施之一。根据西部地区农村不同区域不同的气候和自然地理条件，科学改善种植结构，在保障粮食安全的前提下引导西部地区农村合理扩大高附加值作物的生产。向西部地区农村大力引进更为先进的农业生产技术，在适宜的区域大力推广农业机械普及。研究制定倾斜性更大、力度更强的农业补贴政策并推进实施，逐步转变"嫌农、弃农"的格局。引导和支持西部地区农村发展和使用好各类农业经济组织，降低农业生产成本。

第二，促进农村居民消费意愿和能力提升。在西部地区，农村人口占绝大多数，其消费潜力非常巨大。当前，大力提高农村居民消费水平，开拓农村消费市场，对促进城乡经济的良性循环、扩大内需，形成围绕消费需求发展经济的良性增长格局具有十分重要的现实意义。进一步加大对西部地区农村的金融支持力度，丰富正规贷款产品，充分发挥各级金融机构在助农、扶农方面的作用；鼓励金融机构加大对农村居民消费信贷的关注和研判，根据农村居民实际生产、生活状况并结合其实际需求发放消费贷款等，对有条件的农村居民适当简化贷款手续，在西部地区农村金融支持方面实现稳健性、倾斜性、便捷性的统一。

第三，培育农村新消费点。相对而言，农村消费环境仍有较大改善空间，在这种情况下，为农村消费市场提供更具针对性的产品，促进特定商品的流通，对于西部地区农村消费提升具有重要意义。就生产厂家或贸易商来说，应注重农村居民对于物质、精神等方面的实际需要，并且对这些需要的变化有所把握，结合农村居民收入情况、消费水平、消费习惯等，有针对性地调整和优化农村市场产品和服务的供给。农村消费市场并非是假冒伪劣产品、质量低劣产品、滞销品的倾销地，相反，在乡村振兴背景下，农村消费市场可能是未来消费增长的重要阵地。工商企业应该将各自的优势充分发挥，在农村建立或者完善商品的售后服务体系，可采取的措施包括加大对农村消费市场销售与服务人员服务能力、职业素养等的培训力度，将服务网点、流通网点在农村进行更多布局等（何月霓，2018）。

第四，加大西部地区农村交通、通信等基础设施建设力度。注重交通、水利、电力等基础设施的建设、升级，在有条件的地方加大路网建设力度，让交通不再成为制约农村发展的重大障碍；对老旧甚至有安全隐患、无法满足需求的基础设施进行改造升级。同时，注重互联网、移动通信等设施在西部地区农村的建设和应用推广，在加大网络基础设施硬件建设的同时，在服务配套、信息教育等方面同步发力，让信息化的"翅膀"在带动西部地区农村"飞跃"过程中发挥关键作用。

第五，加强管理，进一步促进西部地区农村消费市场的规范。建立和完善农村消费市场管理的制度体系，加大力度监督和检查农村消费市场，对农村消费市场中出现的假冒伪劣商品及有关违法行为进行严厉打击和防控，真正让农村居民的消费权益得到切实保障。引导产品生产方加大对农村居民消费行为的关注，挖掘农村居民消费需求特征，根据农村消费的特点提供更多符合农村居民实际需求且能够负担其价格的消费品，促进农村居民的收入与消费的匹配。

第六，完善农村社会保障制度。完善农村社会保障制度，让农村居民可以理性但没有后顾之忧地消费。我国农村社会保障制度还在完善，养老、教育等问题仍使农村居民不得不增加储蓄以备不时之需，这在一定程度上抑制了农村居民的即期消费。应继续完善农村社会保障制度，消除农村居民的后顾之忧，在更大程度上释放消费需求。进一步扩大保障范围，将更多农村居民纳入社会保障体系；优化农村养老保险和医疗保险制度，让社会保障体系在帮助农村老年人应对养老、医疗等问题方面发挥更大作用，助力农村居民实际提升生活质量。放宽西部地区农村居民医疗保险报销条件，在公益项目开发、公益资金投入等方面更多地关注西部地区农村，关注西部地区农村居民生活，把救济和扶助给予最需要的人群（宗成华，2015；李秀红，2015；王瑜瑾，2015）。

第三节 西部地区农村公共服务供给

我国西部地区农村公共服务财政投入呈增加态势，最低生活保障人数减少。医疗卫生和教育是最主要的两项公共服务，近年来西部地区农村医疗卫生服务供给增加，但初中和小学教育规模萎缩。西部地区农村公共服务供给体系不完善、供给体制机制不健全、有效供给不足、部分领域（如教育师资供给质量不够等）问题仍较突出，有必要进一步强化农村公共服务供给平台建设，提升政府提供公共服务的能力和水平，优化西部地区农村公共服务供给投资与融资体系，加大西部地区农村教育投入。

一、主要公共服务供给概况

（一）公共服务财政投入增加

财政支出的构成及其变动在一定程度上反映区域公共服务供给情况。与 2013 年相比，2017 年西部地区在教育、社会保障和就业、医疗卫生和计划生育方面的一般公共预算支出总额均显著增加，表明西部地区公共服务供给力度加大。虽然缺乏分城乡的统计数据，但西部地区农村公共服务供给也相应增加的事实是显而易见的。

如表 5-9 所示，2013~2017 年，西部地区一般公共服务支出、教育支出、社会保障和就业支出、医疗卫生与计划生育支出总额分别由 3 895.0 元、5 749.0 元、4 320.0 元和 2 443.0 元增加至 4 589.0 元、8 101.0 元、7 076.0 元和 4 295.0 元，增幅分别达 17.8%、40.9%、63.8%和 75.8%。从 2017 年西部地区各省（区、市）情况来看，与 2013 年相比有以下变化。第一，云南和青海一般公共服务支出占一般公共预算支出比重上升，分别上升 1.1 个百分点和 0.2 个百分点；其他省（区、市）比重下降，贵州下降幅度最大，达 5.8 个百分点。第二，西藏和青海教育支出占一般公共预算支出比重上升较高，分别上升 2.9 个百分点和 2.4 个百分点；陕西下降幅度最大，降幅为 2.3 个百分点。第三，仅甘肃社会保障和就业支出占一般公共预算支出比重下降，降幅为 0.8 个百分点；四川和广西上升幅度最大，分别上升 3.9 个百分点和 3.0 个百分点。第四，西部地区 12 个省（区、市）医疗卫生与计划生育支出占一般公共预算支出比重上升，其中青海、云南和贵州上升幅度较高，分别上升 2.6 个百分点、2.2 个百分点和 2.1 个百分点。

表 5-9 2013 年和 2017 年西部地区各省（区、市）一般公共预算支出

地区	2013 年				2017 年			
	一般公共服务支出所占比例	教育支出所占比例	社会保障和就业支出所占比例	医疗卫生与计划生育支出所占比例	一般公共服务支出所占比例	教育支出所占比例	社会保障和就业支出所占比例	医疗卫生与计划生育支出所占比例
西部地区合计	10.7%	17.5%	11.6%	6.9%	8.8%	16.5%	13.6%	8.3%
内蒙古	9.2%	12.4%	13.3%	5.3%	7.7%	12.4%	15.5%	7.1%
广西	12.9%	19.0%	10.8%	8.9%	9.3%	18.7%	13.8%	10.4%
重庆	9.0%	14.3%	14.1%	6.5%	7.0%	14.4%	16.2%	8.2%
四川	9.8%	16.7%	13.4%	7.8%	9.1%	16.0%	17.3%	9.6%
贵州	15.9%	18.2%	8.6%	7.4%	10.1%	19.6%	10.8%	9.5%
云南	9.6%	16.7%	12.3%	7.3%	10.7%	17.5%	13.1%	9.6%
西藏	17.8%	10.6%	7.2%	4.0%	14.5%	13.5%	9.3%	5.6%

续表

地区	2013年				2017年			
	一般公共服务支出所占比例	教育支出所占比例	社会保障和就业支出所占比例	医疗卫生与计划生育支出所占比例	一般公共服务支出所占比例	教育支出所占比例	社会保障和就业支出所占比例	医疗卫生与计划生育支出所占比例
陕西	11.3%	19.4%	13.6%	7.0%	8.6%	17.1%	14.9%	8.7%
甘肃	12.1%	16.3%	15.0%	7.2%	9.3%	17.2%	14.2%	8.8%
青海	7.9%	9.9%	13.2%	5.6%	8.1%	12.3%	13.7%	8.2%
宁夏	7.0%	12.2%	11.1%	5.8%	6.3%	12.4%	11.8%	7.1%
新疆	11.0%	17.4%	8.6%	5.2%	9.3%	15.6%	11.3%	5.8%
西部地区合计/亿元	3 895.0	5 749.0	4 320.0	2 443.0	4 589.0	8 101.0	7 076.0	4 295.0

资料来源:《中国统计年鉴(2018)》和《中国统计年鉴(2014)》

(二)初中和小学教育规模萎缩,西部地区各省(区、市)资源配置差异大

义务教育阶段的初中和小学教育构成农村教育的主体内容。近年来,我国西部地区乡村中小学师生人数减少,生师比(在校学生与专任教师比)也有所下降(表5-10、表5-11)。

表5-10 2014年和2017年全国及西部地区各省(区、市)乡村初中师生情况 单位:人

地区	2014年			2017年		
	乡村专任教师数	乡村在校学生数	生师比(教师=1)	乡村专任教师数	乡村在校学生数	生师比(教师=1)
全国	684 920	7 484 587	10.9	574 745	6 434 094	11.2
内蒙古	4 623	31 063	6.7	3 563	30 157	8.5
广西	22 691	340 319	15.0	18 290	280 561	15.3
重庆	7 324	87 168	11.9	6 490	79 582	12.3
四川	44 112	479 827	10.9	35 437	378 767	10.7
贵州	33 712	568 893	16.9	21 450	293 166	13.7
云南	41 576	604 714	14.5	38 624	540 476	14.0
西藏	1 529	22 480	14.7	1 691	23 157	13.7
陕西	12 915	90 199	7.0	9 517	70 370	7.4
甘肃	33 741	331 695	9.8	21 777	190 886	8.8
青海	3 546	39 259	11.1	3 383	38 484	11.4
宁夏	3 523	38 027	10.8	3 362	37 641	11.2
新疆	32 087	296 065	9.2	30 493	283 235	9.3
西部地区合计	241 379	2 929 709	12.1	194 077	2 246 482	11.6
西部地区占全国比重	35.2%	39.1%		33.8%	34.9%	

资料来源:《中国统计年鉴(2018)》和《中国统计年鉴(2015)》

表 5-11 2014 年和 2017 年全国及西部地区各省（区、市）乡村小学师生情况 单位：人

地区	2014 年			2017 年		
	乡村专任教师数	乡村在校学生数	生师比（教师=1）	乡村专任教师数	乡村在校学生数	生师比（教师=1）
全国	2 115 970	30 498 612	14.4	1 917 418	27 753 626	14.5
内蒙古	25 605	177 870	6.9	19 967	169 377	8.5
广西	113 272	2 102 559	18.6	111 703	1 925 484	17.2
重庆	32 409	437 203	13.5	29 058	353 910	12.2
四川	115 999	1 775 914	15.3	103 299	1 500 780	14.5
贵州	103 325	1 644 725	15.9	80 877	1 249 801	15.5
云南	137 028	2 221 076	16.2	130 232	2 015 437	15.5
西藏	11 417	169 357	14.8	11 084	173 348	15.6
陕西	44 657	427 299	9.6	34 123	363 908	10.7
甘肃	81 457	858 035	10.5	69 111	691 204	10.0
青海	10 278	167 656	16.3	10 710	158 356	14.8
宁夏	13 568	205 049	15.1	13 002	182 681	14.1
新疆	77 207	913 879	11.8	79 472	1 113 560	14.0
西部地区合计	766 222	11 100 622	14.5	692 638	9 897 846	14.3
西部地区占全国比重	36.2%	36.4%		36.1%	35.7%	

资料来源：《中国统计年鉴（2018）》和《中国统计年鉴（2015）》

第一，与 2014 年相比，西部地区乡村初中、小学的专任教师和在校学生数都有所减少。其中，乡村初中、小学的专任教师数分别由 2014 年的 241 379 人、766 222 人减少至 2017 年的 194 077 人和 692 638 人；乡村初中、小学的在校学生数分别由 2014 年的 2 929 709 人和 11 100 622 人，减少至 2017 年的 2 246 482 人和 9 897 846 人。西部地区乡村初中、小学师生数量减少趋势与全国的变化趋势一致。在校师生数减少的同时，西部地区乡村初中、小学生师比有所下降。2017 年，西部地区乡村初中生师比是 11.6，较 2014 年的 12.1 下降 0.5；西部地区乡村小学生师比是 14.3，较 2014 年的 14.5 下降 0.2。2017 年，西部地区乡村初中生师比高于全国平均水平，但乡村小学生师比低于全国平均水平。

第二，与 2014 年相比，西部地区各省（区、市）乡村初中专任教师数减少幅度最大的两个省（区、市）是贵州和甘肃，分别减少 36.4%和 35.5%；在校学生数减少幅度最大的两个省（区、市）也是贵州和甘肃，分别减少 48.5%和 42.5%。与 2014 年相比，西部地区各省（区、市）乡村小学专任教师数减少幅度最大的 3 个省（区、市）是陕西、内蒙古和贵州，分别减少 23.6%、22.0%和 21.7%；在校学生减少幅度最大的是贵州，减少 24.0%。需要说明的是，2014~2017 年，西藏是西部地区唯一的乡村初中师生数增加的省（区、市），专任教师和在校学生数增幅分别为 10.6%和 3.0%。2014~2017 年，青海、新疆是西部地区乡村小学专任教师数增加的地区，新疆和西藏是西部地区乡村小学在校学生数增加的地区。

第三，2017 年，西部地区各省（区、市）乡村初中生师比差异明显，最低的是陕西（7.4），最高的是广西（15.3）；与 2014 年相比下降幅度最大的是贵州（下降 3.2），上升幅度最大的是内蒙古（上升 1.8）。2017 年，西部地区各省（区、市）乡村小学生师比也

有明显差异，最低的是内蒙古（8.5），最高的是广西（17.2）；与 2014 年相比下降幅度最大的是青海（下降 1.5），上升幅度最大的是新疆（上升 2.2）。

（三）医疗卫生服务供给增加

2013 年以来，我国西部地区乡村医疗卫生室、乡村医生和卫生员数量基本稳定，但农村医疗卫生机构床位数稳步增加，西部地区乡村医疗服务供给有所增加。2013~2017 年，西部地区农村医疗卫生机构床位数由 1 075 334 张逐年增加，2017 年达 1 352 755 张，累计增加 277 421 张，增幅为 25.8%（图 5-5）。

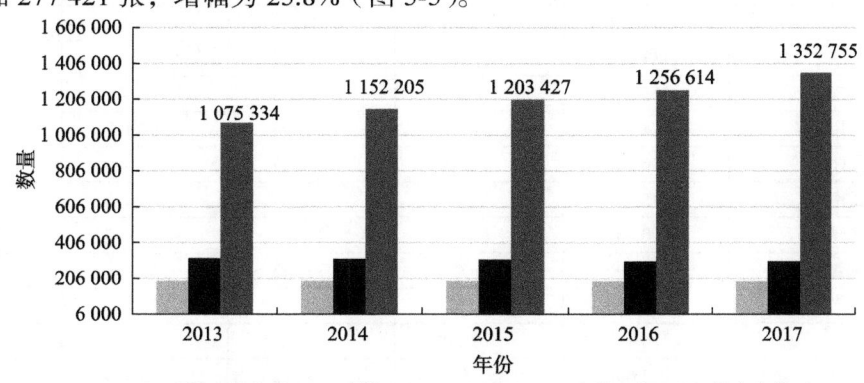

图 5-5　2013~2017 年西部地区乡村医疗卫生设施与人员数

资料来源：历年《中国农村统计年鉴》

与 2013 年相比，2017 年西部地区各省（区、市）村卫生室数量增加的有四川、云南、西藏、甘肃和青海，其中青海增幅最大（3.8%）；村卫生室数量减少幅度最大的是宁夏，累计减少 6.5%（表 5-12）。与 2013 年相比，2017 年西部地区各省（区、市）乡村医生和卫生员人数增加的是云南、西藏、青海和新疆，其中西藏增幅最大，达 21.6%；乡村医生和卫生员人数减少幅度最大的是重庆，累计减少 14.2%（表 5-13）。

表 5-12　2013~2017 年全国及西部地区各省（区、市）村卫生室数量　　单位：个

地区	2013 年	2014 年	2015 年	2016 年	2017 年
全国	648 619	645 470	640 536	638 763	632 057
内蒙古	14 028	13 835	13 645	13 632	13 625
广西	21 852	21 917	21 417	21 011	20 770
重庆	11 009	10 778	11 280	11 240	10 991
四川	55 165	55 981	55 869	55 958	56 216
贵州	21 219	20 945	20 831	20 652	20 543
云南	13 341	13 364	13 351	13 432	13 446
西藏	5 313	5 366	5 353	5 360	5 324
陕西	26 018	25 969	25 717	25 412	24 978
甘肃	16 752	16 681	16 744	16 748	17 032
青海	4 354	4 481	4 491	4 518	4 518

续表

地区	2013年	2014年	2015年	2016年	2017年
宁夏	2 461	2 455	2 453	2 365	2 301
新疆	10 567	10 588	10 439	10 432	10 363

资料来源：历年《中国农村统计年鉴》

表5-13　2013~2017年全国及西部地区各省（区、市）乡村医生和卫生员人数　单位：人

地区	2013年	2014年	2015年	2016年	2017年
全国	1 081 063	1 058 182	1 031 525	1 000 324	968 611
内蒙古	19 496	18 422	18 278	17 944	18 128
广西	37 073	36 757	36 112	34 981	34 147
重庆	23 397	22 775	22 294	21 644	20 076
四川	73 907	72 998	70 425	65 450	64 771
贵州	36 302	36 294	35 997	34 690	35 105
云南	35 937	35 666	35 749	36 038	37 308
西藏	10 434	11 109	11 434	10 905	12 685
陕西	34 692	33 372	33 173	32 706	31 853
甘肃	21 966	21 682	21 364	21 121	21 358
青海	6 740	6 938	7 022	6 528	7 121
宁夏	3 664	3 930	3 632	3 559	3 244
新疆	14 338	15 342	14 556	15 530	15 871

资料来源：历年《中国农村统计年鉴》

除西藏外，与2013年相比，2017年西部地区各省（区、市）农村医疗卫生机构床位数都有所增加，增幅最大的两个省（区、市）是宁夏和贵州，分别增加45.0%和37.6%；内蒙古（21.7%）、广西（19.1%）、陕西（22.1%）、新疆（18.8%）增幅低于全国平均水平（24.3%），西藏农村医疗卫生机构床位数累计减少733张，减少幅度为8.2%（表5-14）。

表5-14　2013~2017年全国及西部地区各省（区、市）农村医疗卫生机构床位数　单位：张

地区	2013年	2014年	2015年	2016年	2017年
全国	3 233 426	3 431 334	3 597 020	3 755 497	4 018 228
内蒙古	62 364	66 761	67 675	69 218	75 891
广西	115 812	124 154	127 738	132 601	137 922
重庆	65 546	68 960	74 064	79 463	85 619
四川	258 207	275 520	290 554	301 626	325 218
贵州	116 132	129 546	136 538	144 285	159 813
云南	153 450	165 397	173 090	183 509	198 562
西藏	8 922	9 707	8 670	7 927	8 189
陕西	94 178	101 176	105 147	111 505	115 013
甘肃	65 270	69 106	71 639	74 384	81 567
青海	16 534	18 855	19 080	19 075	21 101
宁夏	9 946	10 322	10 884	12 376	14 423
新疆	108 973	112 701	118 348	120 645	129 437

资料来源：历年《中国农村统计年鉴》

此外,《中国妇幼健康事业发展报告(2019)》指出,在城镇与农村之间、不同地区之间,有关妇幼健康的主要服务指标、结果指标差距都持续缩小。1990年,我国城乡孕产妇死亡率之比是1∶2.2,2018年这一比值变为1∶1.3;1996年,我国西部地区孕产妇死亡率是东部地区的4.7倍,2018年降低至2.3倍。1991年,我国城镇与农村5岁以下儿童死亡率的比值为1∶3.4,2018年这一比值变为1∶2.3;1991~2018年,我国东部地区、西部地区5岁以下儿童死亡率差值由66.5‰缩小到8.5‰。1996~2018年,我国农村住院分娩率由51.7%上升至99.8%,城镇与农村之间的差距显著缩小;西部地区住院分娩率从44.8%上升至99.7%,地区间基本消除了差距[①]。

(四)最低生活保障人数总体减少

近年来,我国西部地区农村居民最低生活保障人数保持下降趋势。2013~2017年,西部地区农村居民最低生活保障人数由2 706.4万人减少至2 084.1万人,累计减少622.3万人,减少23.0%(图5-6)。分地区看,除青海和新疆农村居民最低生活保障人数有所增加外,其他省(区、市)均减少,其中陕西和贵州减少幅度最大,分别减少56.2%和45.5%;新疆和青海增幅分别为51.0%和5.7%,新疆农村居民最低生活保障人数不降反升(表5-15)。

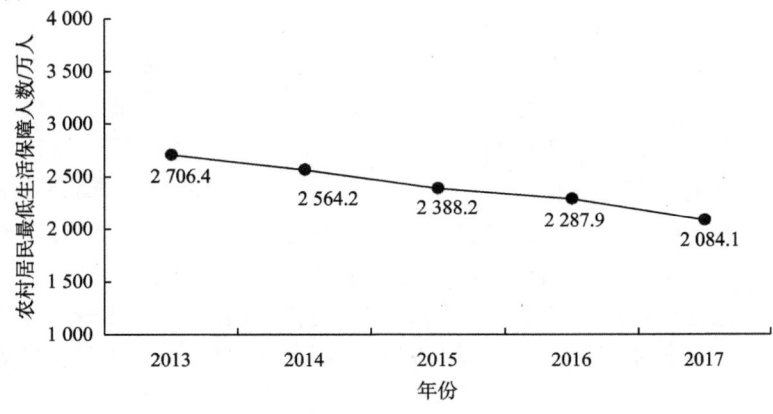

图5-6 2013~2017年西部地区农村居民最低生活保障人数变动趋势

表5-15 2013~2017年西部地区各省(区、市)农村居民最低生活保障人数 单位:万人

省(区、市)	2013年	2014年	2015年	2016年	2017年
内蒙古	125.3	122.2	116.4	112.8	119.9
广西	345.9	329.0	292.1	290.6	253.9
重庆	62.7	50.2	50.3	59.0	60.2
四川	439.5	425.3	405.5	356.7	366.3
贵州	477.1	416.8	332.7	304.8	260.0
云南	466.5	458.9	455.3	422.9	329.9

---

① 甘贝贝. 我国妇幼健康实现"高绩效". http://szb.jkb.com.cn/jkbpaper/html/2019-05-28/content_248322.htm, 2019-05-28.

续表

省（区、市）	2013 年	2014 年	2015 年	2016 年	2017 年
西藏	32.9	32.3	32.0	25.7	22.7
陕西	199.9	181.6	161.7	130.4	87.6
甘肃	343.3	339.0	336.9	324.7	299.3
青海	40.3	37.2	31.8	51.6	42.6
宁夏	38.2	39.0	41.7	42.2	38.1
新疆	134.8	132.7	131.8	166.5	203.6

资料来源：历年《中国农村统计年鉴》。

二、公共服务供给存在的问题

尽管在西部大开发背景下我国西部地区农村公共服务供给较以前有了明显改善，但仍存在一些问题。

第一，农村公共服务体系不够系统。农村居民对各类公共服务都有需求，包括且不限于教育、卫生、养老、就业等。然而，部门间或多或少存在职能交叉、重合的情况，且协作不佳的状况时有发生，使得农村公共服务体系的系统化程度低。农村公共服务体系碎片化不仅使农村与城镇在空间维度方面存在差异，从东部地区、中部地区和西部地区差异来看，西部地区农村公共服务体系的系统化程度更低（魏向君，2018）。

第二，农村公共服务供给不够。对于我国农村的公共产品与服务供给，中央政府、地方各级政府各有分工，分别为农村地区提供不同种类的公共产品和服务。这种分工的边界和相应的权责有时难以严格区分，公共产品与服务供给缺位、错误等情况依然存在，权责失衡也不少见。乡镇政府是为农村提供公共服务最直接、最重要的主体，也对农村居民的需求更清楚，对农村所需公共服务有更准确的把握。然而，乡镇政府对于财政运用的空间有限，这导致乡镇一级政府在为农村提供公共服务时可能出现力不从心的情况，乡镇政府的财权与事权不匹配，这也是农村公共服务在供给、管理等方面存在问题的原因之一。

第三，公共服务有效供给不足。西部地区农村纯公共产品供给乏力，如农村基础设施建设、农村环境保护等，一定程度上还存在缺乏资金、政策与需求不匹配等问题。农村基础教育、较高质量的医疗卫生服务等供给不足，存在不少农村居民需求无法得到满足的情况，这不仅直接影响农村居民应有的福利，也影响公平性。经济发展水平高、地方政府财力强的地区居民享受更好的公共服务，基本生活需求可以得到满足；经济发展水平低、地方政府财力低的地区，居民的生活需求很多时候难以得到满足。由于缺乏有效供给，农村居民消费内容较为单一，但其不断增加的美好生活需求需要更多的公共产品和服务予以响应。大部分基层政府承担了供应产品的责任，却没有足够的实力为农民服务（张婷，2015）。西部地区农村公共服务有效供给不足，是影响西部地区民生保障与改善的重要原因之一。

第四，农村教育条件差，教师队伍流动性大。我国农村居民文化程度总体低于城镇居民，对教育的观念、态度等也不同。西部地区农村特别是一些贫困山区居民对教育的重视远远不够，在一定意义上来说，这也是制约脱贫的因素之一。西部地区农村一些偏远地区学生的学习条件、教师的教学条件格外简陋，一些乡村小学的硬件设施甚至难以支撑正常的教学活动。从教师队伍来看，许多青年教师更愿意到城镇或条件较好的地区从事教学工作，西部地区农村特别是条件更为艰苦的贫困地区，很难建设素质较高、较为稳定的农村教师队伍。"外面的好老师调不来，本校的老师留不住"也是农村教师队伍流动性大的原因之一（彭金龙，2018）。对西部地区农村特别是一些偏远地区的未来发展来说，教育更应受到重视，改变当地农村居民对教育的观念及提高当地农村居民的整体文化素质，无论对于农村居民增收还是对于区域发展，都具有基础性作用。

三、公共服务供给建议

第一，根据西部地区农村不同居民生活情况、自然地理条件等，提供差异化的公共服务。西部地区农村自然条件差异大、不同民族生活习惯差异大，提供与居民需求相符的公共服务首先需要识别需求，通过大数据分析、入户调查走访等方式获取居民需求，根据需求动态调整基本公共服务供给的内容、标准、方式，构建全面质量管理体系。拓展政府基本公共服务供给中公众参与的路径与渠道，注重保护公众表达需求和反馈的权利。居民更多关注与日常生活息息相关的事情，这就要求政府要有长远的目光，根据区域自然禀赋合理改进公共服务供给。

第二，提升政府为农村地区供给基本公共服务的能力。持续优化公共财政运行效率，努力克服用于农村公共服务的财力供给不足等问题。提高财政供给均衡性、合理性，进一步增加部门经费使用的透明程度，让农村居民知晓情况，积极参与并加以监督。在西部地区农村公共服务和公共产品供给资源有限、农村人口外迁等背景下，想方设法提升农村医疗卫生服务质量和效率，提高农村文体设施的利用率。在公共财政投入一定的前提下，根据农村经济、人口、设施等具体情况，适当合并一些学校、整合一些医疗卫生机构等，让农村基本公共服务资源得到更优配置甚至集中利用，提高农村公共服务品质、缩小城乡公共服务数量和水平差距。

第三，在发挥政府主导作用的情况下鼓励市场力量参与提供公共服务。在政府转型及公共服务建设过程中，加强社会组织的引导和管理，培育各类组织投入农村公共服务供给的队伍中。通过政府购买等方式鼓励社会力量更多地参与基本公共服务供给是公共服务市场化的一个重要途径，打破政府对"公共服务提供者"角色的"垄断"，建立政府主导、社区参与、公办民办机构和群众多主体供给模式，提高基本公共服务的质量和效率，同时通过设立公众监督等方式，保障居民对公共服务相关情况的知情权和选择权。

第四，进一步加大对农村基础设施和公共服务的投资。在城市或东部地区、中部地区及西部地区部分经济比较发达的地区所提供的公共服务相对充足，农村居民享受基本公共服务有一定的保证。但是，西部地区农村特别是偏远地区，财政较弱，包括教育、医疗等在内的各项公共服务供给不足。为快速改变西部地区农村公共服务供给不充分、水平低的情况，政府应充分利用乡村振兴的绝佳政策环境，下决心在科学、合理的前提下加大对农村各项公共服务和事业发展的政策倾斜。拨付教育经费等资金时应进一步考虑地区间的实际差异和西部地区农村的实际情况，向经济落后、公共服务供给薄弱的区域尽量倾斜，对西部偏远地区更应加大教育投入。坚持对西部地区农村、相对贫困地区的大力扶持，着力缩小城乡之间各项公共服务供给规模与水平的差距，逐步在城乡之间建立统一的服务体系和标准。应加大公共财政的投入力度，真正落实中小学义务教育，让农村成为教育投资的主要受益者（彭金龙，2018）。

第四节 西部地区农村精准扶贫

西部地区是我国农村贫困人口数量最多、分布最为集中的区域。2002年1月国务院确定的592个国家扶贫工作重点县（不包括西藏）中，西部地区就有375个，占全国总量的63.3%。2000年，西部地区农村贫困发生率为7.3%，到2007年下降至3.5%，但仍高于东部地区和中部地区；2000年，西部地区农村绝对贫困人口与全国绝对贫困人口之比为49.0%，到2007年上升到66.9%（徐孝勇等，2010），可见西部地区脱贫任务更重。精准扶贫，加速脱贫，与全国同步建成小康社会，是2011年以来我国西部地区扶贫工作的主要目标。党的十八届五中全会提出，到2020年，我国现行标准下农村贫困人口实现脱贫，贫困县全部摘帽，解决区域性整体贫困。西部地区农村扶贫工作的有效开展和脱贫成效，对于我国全面建成小康社会具有关键影响。

一、农村脱贫概况

贫困人口脱贫是我国全面建成小康社会的标志性成果，也是底线要求。近年来，我国扎实推进精准扶贫，农村贫困人口大幅减少，农村地区贫困发生率持续降低。西部地区农村作为我国贫困最易发生、脱贫任务最重的地区，近年来的脱贫成效尤为显著。

（一）贫困人口规模大幅缩小

自精准扶贫战略实施以来，我国在减少贫困人口、实现精准脱贫等方面取得重大成效，特别是西部地区农村的成效尤为显著。2010~2017年，全国农村贫困人口由16 567万人减少至3 046万人；2010~2017年，西部地区农村贫困人口由8 430万人减少至1 634万人。与2010年相比，2017年全国农村贫困人口减少82%，累计减少13 521万人；西部地区农村贫困人口减少约81%，累计减少6 796万人（图5-7）。分三大地区看，我国东部地区、中部地区及西部地区农村贫困人口均减少。2018年，东部地区农村贫困人口为147万人，比2017年减少153万人；中部地区农村贫困人口为597万人，比2017年减少515万人；西部地区农村贫困人口为916万人，比2017年减少718万人。

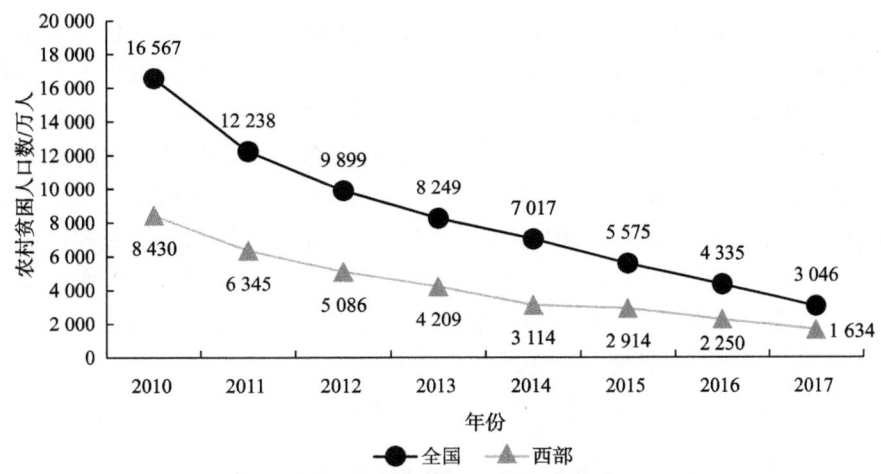

图 5-7　2010~2017 年全国与西部地区农村贫困人口数变动情况

资料来源：《中国农村贫困监测报告（2018）》

尽管农村贫困人口普遍减少，但西部地区各省（区、市）农村脱贫速度不同。与 2010 年相比，2017 年农村贫困人口减少幅度最大的是重庆，减少 94%，累计减少 342 万人；农村贫困人口减少幅度最小的是宁夏，减少 75%，累计减少 58 万人。与 2010 年相比，2017 年农村贫困人口减少数量最多的 3 个省（区、市）是贵州、四川和云南，分别累计减少 1 226 万人、1 197 万人和 1 189 万人，3 个省（区、市）农村贫困人口合计减少 3 612 万人（表 5-16）。

表 5-16　2010~2017 年全国及西部地区各省（区、市）农村贫困人口数　单位：万人

地区	2010 年	2011 年	2012 年	2013 年	2014 年	2015 年	2016 年	2017 年
全国	16 567	12 238	9 899	8 249	7 017	5 575	4 335	3 046
内蒙古	258	160	139	114	98	76	53	37
广西	1 012	950	755	634	54	452	341	246
重庆	363	202	162	139	119	88	45	21
四川	1 409	912	724	602	509	400	306	212
贵州	1 521	1 149	923	745	623	507	402	295
云南	1 468	1 014	804	661	574	471	373	279
西藏	117	106	85	72	61	48	34	20
陕西	756	592	483	410	350	288	226	169
甘肃	862	722	596	496	417	325	262	200
青海	118	108	82	63	52	42	31	23
宁夏	77	77	60	51	45	37	30	19
新疆	469	353	273	222	212	180	147	113
西部地区合计	8 430	6 345	5 086	4 209	3 114	2 914	2 250	1 634

资料来源：《中国农村贫困监测报告（2018）》

（二）西部地区各省（区、市）农村贫困发生率大幅下降

贫困发生率是反映贫困状况的重要指标。2010~2017 年，我国贫困发生率由 17.2%

下降至 3.1%，累计下降 14.1 个百分点，脱贫成效明显（图 5-8）。在扶贫工作的大环境中，西部地区各省（区、市）贫困发生率也显著下降。其中，贫困发生率下降幅度最大的是西藏，由 2010 年的 49.2%下降至 2017 年的 7.9%，累计降幅达 41.3 个百分点，在西部地区的贫困发生率由第一位降至第四位；贫困发生率下降幅度最小的是重庆，由 2010 年的 15.1%下降至 0.9%，累计降幅 14.2 个百分点。尽管降幅相对较小，但重庆始终是西部地区贫困发生率最低的地区。2017 年，除重庆、内蒙古和四川外，我国西部地区其他各省（区、市）的贫困发生率都高于全国平均水平，其中新疆贫困发生率最高（9.9%），甘肃（9.7%）、贵州（8.5%）、西藏（7.9%）、云南（7.5%）、陕西（6.3%）次之。2018 年，重庆、四川、青海、宁夏等西部地区农村贫困率甚至降至 3%以下，远远低于全国 6%的平均水平（四川西部民生研究院课题组，2018）。

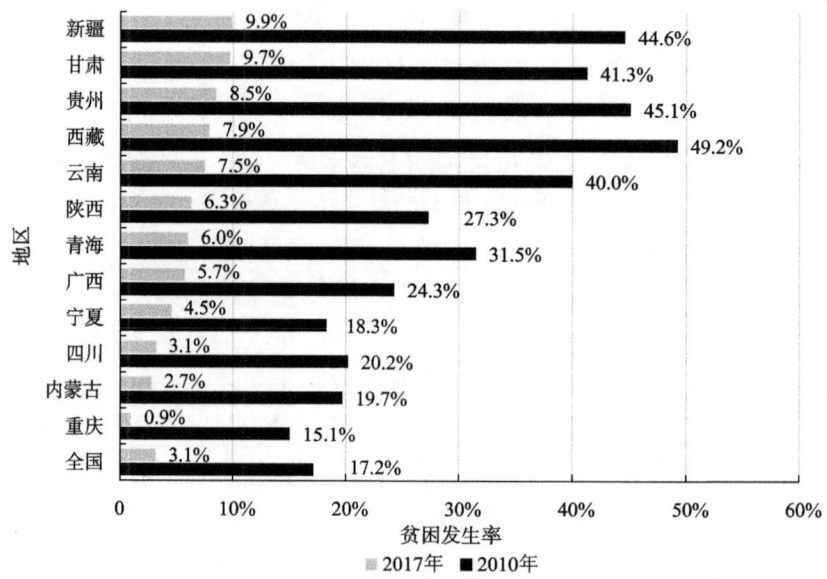

图 5-8　2010 年和 2017 年全国与西部地区各省（区、市）贫困发生率

资料来源：《中国农村贫困监测报告（2018）》

（三）贫困地区农民收入增加，收支结构有待优化

在扶贫工作持续深入过程中，国家贫困县居民收入、固定资产出现较高速增长。与 2006 年相比，2015 年西部地区人均地区生产总值增长率、城镇化率和农民人均纯收入等都有大幅度提升。2016 年，全国贫困地区恩格尔系数为 35%，其中西部地区的陕西、内蒙古、青海、宁夏、甘肃等省（区、市）的恩格尔系数均低于全国贫困地区平均水平。除广西、四川、西藏、内蒙古外，西部地区其他省（区、市）2014~2016 年恩格尔系数处于连续下降趋势。

与全国和东部地区、中部地区相比，西部贫困地区农村常住居民人均可支配收入和人均消费支出较低，经营净收入占人均可支配收入比重及食品烟酒和交通、通信占人均消费支出比重较高。第一，2017 年，西部贫困地区农村常住居民人均可支配收入为 9 039

元,低于中部地区、东部地区和全国平均水平。第二,西部贫困地区农村常住人口人均可支配收入中,经营净收入所占比例达42.9%,为3 880元,所占比例和绝对值都高于中部地区、东部地区和全国平均水平;工资性收入所占比例为32.8%,为2 961元,所占比例和绝对值都低于中部地区、东部地区和全国平均水平。第三,2017年,西部贫困地区农村常住人口人均消费支出为7 698元,低于中部地区、东部地区和全国平均水平。第四,西部贫困地区农村常住人口人均消费支出中,食品烟酒及交通、通信所占比例分别达34.6%和12.6%,所占比例和绝对值都高于中部地区、东部地区和全国平均水平(表5-17)。

表 5-17　2017 年各贫困地区农村常住居民收入与消费结构　　单位:元

人均收入与支出	全国	东部地区	中部地区	西部地区
人均可支配收入合计	9 377	9 383	9 904	9 039
工资性收入	3 210	4 656	3 347	2 961
经营净收入	3 723	2 693	3 658	3 880
财产净收入	119	117	114	122
转移净收入	2 325	1 917	2 785	2 076
人均消费支出合计	7 999	7 853	8 490	7 698
食品烟酒	2 689	2 669	2 727	2 667
衣着	453	517	483	426
居住	1 695	1 653	1 945	1 539
生活用品及服务	485	417	536	459
交通、通信	935	940	882	969
教育文化娱乐	883	766	956	849
医疗保健	725	758	791	679
其他用品和服务	134	133	170	110

资料来源:《中国农村贫困监测报告(2018)》

(四)贫困地区基础设施、社会服务改善

中央和地方政府为西部地区农村的扶贫开发支持了大量资金,特别在改善基础设施条件方面的支持力度更大。统计数据显示,20 世纪 80 年代,西部地区农村的通电率为 60%,2014 年这一指标值已上升升为 96%;20 世纪 70 年代,西部地区农村通路率为 40%,2014 年上升至 91.2%(徐孝勇等,2010)。为推动农村电商扶贫发展,西部地区农村不断完善通信基础设施建设,电视信号覆盖率达 80%以上,各省(区、市)宽带覆盖率与全国平均水平差距逐渐缩小。此外,西部贫困地区医疗卫生条件进一步改善,2016 年,内蒙古、重庆、贵州、新疆等地所在自然村有卫生站农户的比重略高于全国水平(四川西部民生研究院课题组,2018)。我国贫困地区的基础设施条件持续改善、公共服务水平持续上升,使西部贫困地区农村居民摆脱贫困的机会增加,为我国全面建成小康社会奠定基础。

二、精准扶贫和脱贫攻坚存在的问题

虽然现行条件下我国西部地区农村贫困问题得到了很大缓解,但受各方面因素的影响,西部地区农村仍然存在贫困人口规模大、贫困程度深,部分地区自然、地理条件恶劣,农村居民收入低、增收难,农村居民间收入差距大等问题。

第一,西部地区农村贫困人口数量多,脱贫攻坚任务依然较重。西部地区特别是农村地区是脱贫攻坚的重点区域,我国持续对其加大扶贫投入,精准扶贫工作也收到良好成效。然而,因为贫困人口规模大,且返贫的风险不小,我国西部地区农村脱贫攻坚依然面临艰巨的任务。从数量来看,西部地区农村贫困人口在2017年有1 634万人,占全国贫困人口的54%以上,西部地区农村是我国扶贫工作和脱贫攻坚的重点地区。同时,西部地区农村常出现连片贫困情况,地理条件、自然环境、区域发展因素复杂,贫困人口及其家庭抵抗各类风险的能力很弱,自然灾害、重大疾病等都较容易导致脱贫人口及其家庭重返贫困。《中国西部发展报告(2012)》指出:西部地区农村平均返贫率在15%~25%,个别地方甚至高达30%~50%,有的地区甚至出现返贫者比脱贫者更多的现象。较大规模的贫困人口和返贫风险,加大了西部地区农村精准扶贫的难度。

第二,自然地理条件恶劣,基础设施落后。从当前贫困标准来看,在我国西部地区农村仍然较集中地居住有不少贫困人口,在这相对集中的区域内,又包括干旱区、少数民族聚居区等类型的生活空间。从地理条件来看,聚居区多位于辽阔的西南地区及西北地区的高原山区和沙漠边缘,具有自然、地理条件约束大,生产、生活条件恶劣,自然生态脆弱且灾害频发,交通不便,各类基础设施条件差等特点,相对而言较难获得较好的公共服务。种种复杂的原因,使得西部地区农村贫困人口防灾、抗灾能力和可持续生计能力具有天然劣势,这对区域脱贫和区域可持续发展具有明显的制约作用。

第三,收入水平、消费水平相对较低,持续增收困难。2017年,西部地区12省(区、市)农村居民人均可支配收入均低于全国平均水平,其中甘肃较全国平均水平低5 356元;仅有内蒙古和重庆农村居民人均消费支出高于全国平均水平,其他省(区、市)均低于全国平均水平,其中西藏较全国平均水平低4 263元。除重庆、广西、云南、四川外,与全国平均水平相比,西部地区其他8个省(区、市)贫困地区的农村居民人均可支配收入的增长幅度更低。在我国经济增速放缓的同时,西部贫困地区农村居民收入的增速在2014~2016年也表现出减缓趋势。西部贫困地区农村居民的主要收入来源仍集中在第一产业,农业产业化推广的条件不够理想,农业生产环境艰苦,产业基础也比较弱,这导致农业生产依赖市场环境。此外,部分农产品价格下降也是农村居民增收的限制因素(四川西部民生研究院课题组,2018)。

第四,收入差距依然不小。在我国贫困人口脱贫工作持续深入并取得实效的情况下,扶贫开发的工作重心从解决大量贫困人口温饱问题,逐步向巩固脱贫成果、增加可持续生计能力、保护与改善生态环境、缩小收入差距等方面转变。我国城乡之间居民收入差距始终存在,西部地区各省(区、市)之间的发展及居民收入也不平衡,农村内部居民收入之间差距较大的情况也不鲜见。尽管西部地区农村贫困人口较以前有大幅度减少,对于农村民生改善具有显著的积极影响,但无论是区域之间、城乡之间还是农村内部,仍然存在甚至扩大的收入差距所带来的消极影响也不可小视（徐鲲和李琳，2014）；如果加上城市交通、教育、医疗等方面公共服务等方面的因素，实际收入差距更为悬殊。

第五，各省（区、市）脱贫情况存在差异，民族区域贫困明显。国务院扶贫开发领导小组办公室资料显示，2015年，我国西部地区农民人均纯收入为8 685.9元，比全国平均水平低2 736.1元；西部地区农村居民人均消费支出为8 383元，比全国平均水平低840元。总体来看，西部地区与其他地区差距悬殊，贫困程度较深。另外，尽管西部地区从整体来看与全国平均水平的差距略小，但各省（区、市）差异极大，如甘肃各项指标值明显比其他各省（区、市）更不理想，与全国平均水平相比则更低，与西南地区的云南、贵州基本处在同一层次，贫困程度深。西部地区是我国最主要的多民族聚居区，特别在农村，少数民族分布广阔，西北地区的民族自治地区总面积达到260.5万平方千米；西南地区少数民族人口数量达4 000多万人，占全国的一半以上，这些民族区域大多是我国贫困治理的重点和难点地区。根据调查，2012~2016年，西部少数民族地区农村人口占全国农村人口总量的比重约为17%，贫困人口占全国贫困人口的比重却在30%以上（张丽君等，2017）。在四川的阿坝藏族羌族自治州、甘孜藏族自治州和凉山彝族自治州地区聚集的藏族、彝族、羌族聚居区也是贫困发生较为广泛的区域。

三、精准扶贫建议

第一，着力培育、引导贫困地区特色产业、优势产业发展。在甄别贫困地区待发展的产业时，要将可能的自然灾害的潜在影响给予充分考量，做到农业发展的因地制宜；对于区域性农业龙头企业给予重点扶持和全方位支持，培育特色产业成为支柱产业，推动贫困地区产业结构向有助于脱贫的方向调整升级。在贫困县实施各类扶贫项目时，既要做到充分发挥当地资源优势，与当地已有的产业有机融合，又要尽量调动更多群众积极参与，使扶贫产业在示范带动方面真正发挥作用。持续做好招商引资工作，根据区域禀赋条件和既有产业格局做好产业选择，抓好产业园区建设，制定系统的招商引资策略，采取措施吸引合适的企业进入，同时注重促进区域产业链相对完整（徐鲲和李琳，2014）。

第二，继续加大扶贫力度，降低返贫风险。在已经取得的脱贫成果基础上，保持并加大扶贫力度，特别是对贫困地区优势产业要着力发展壮大；不断探索、创新扶贫措施，及时对扶贫的经验或教训进行总结，巩固脱贫攻坚效果。除完成各地区扶贫工作任务外，还应因地制宜挖掘和评估各贫困地区的特点，建立健全工作机制，防止脱贫人口再度返贫。构建可持续的脱贫工作机制，探索返贫预警和预防机制，并在运行过程中不断加以完善，最大限度地降低农村居民返贫风险（四川西部民生研究院课题组，2018）。

第三，因地制宜精准施策。因地制宜分析贫困地区的比较优势，采取不同的帮扶措施、制订脱贫计划、实施扶贫项目。在选择扶贫项目时，充分、合理利用贫困地区相对丰富的自然资源，坚持市场导向，因地制宜选择适应当地禀赋条件的优势产业。对贫困家庭进行帮扶时，帮扶措施也应该因户而异，细化针对性的帮扶措施，引导、鼓励和支持贫困户家庭成员更多、更深入地参与到各类扶贫项目的决策和实施过程当中，做到精准识别、精准帮扶、精准脱贫。

第四，加大各方帮扶力度，着力促进农民增收。加大东部地区、中部地区对西部地区贫困农村的帮扶力度，根据各区域自然资源、地理条件、资源优势，重点从产业结构调整、技术革新、市场开拓等方面进行提升，帮助培育具有经济效益和可持续性的优势产业，增加居民收入。加大西部地区农村扶贫资金投入和监管力度，在项目投资、公共服务、财政转移支付等方面持续给予倾斜。

第五，加强智力扶贫，提高脱贫致富的能力和方法。加大边贫地区的教育宣传，尤其是加强对教育必要性和重大意义的宣教。坚持以提升群众文化素质和受教育水平来根治区域性贫困问题。加大力度发展职业教育，组织开展更广泛、更多元化的职业技术培训，搭建能够囊括政策宣传、职业教育、用工对接的平台，提高低收入群体教育参与意识，提升其劳动参与能力和水平。

第六，加快扶贫机制体制改革，提高扶贫效率。促进农村合作社、各类专业协会或组织在参与扶贫过程中更灵活、高效地发挥作用，促进扶贫帮扶工作降低成本、提高效率。整合各行业资源，促进各部门统筹协调，真正落实各类扶贫项目，让扶贫工作发挥实效。根据农村的实际情况设计和部署农村人居环境优化工作，注意农村各类建设质量和建设标准。在反贫困体制上，实现由政策扶贫为主，向政策扶贫与制度扶贫相结合转换，逐步实现扶贫政策的制度化、法制化（张永丽和杨红，2018）。总结各类脱贫工作取得的成效和发现的不足中的诸多实践问题，做好精准扶贫与防止返贫的衔接，加强关于防控返贫风险等方面制度和措施的研究及探索。

参 考 文 献

戴玉. 2017. 从地区差异看西部区域内农村义务教育均衡发展对策. 科教文汇（中旬刊），(6)：98-100.
何月霓. 2018. 基于消费需求的我国农村居民消费问题探讨——以广西为例. 商业经济研究，(10)：29-32.
李秀红. 2015. 西部地区农村消费市场困境及拓展对策研究. 甘肃理论学刊，(6)：137-140.
李雨辰. 2018. 我国西部地区精准扶贫：理论追溯、实践现状与成效评价. 南京大学硕士学位论文.
彭金龙. 2018. 西部农村基础教育滞后原因的探讨与思考. 成都师范学院学报，34(6)：22-25.
四川西部民生研究院课题组. 2018. 中国西部地区农村扶贫成效及问题研究. 管理观察，(30)：40-43.
孙继军. 2016. 我国西部地区农村公共产品供给现状及对策研究. 经贸实践，(1)：318.
王旎，陈怡瑾. 2019. 云南农村消费市场发展的现状、问题及对策. 商场现代化，(3)：25-26.
王瑜瑾. 2015. 我国西部地区农村居民收入倍增影响因素及实现路径分析. 四川师范大学硕士学位论文.
魏向君. 2018. 关于加强和改善西部农村地区公共服务的思考. 农村实用技术，(11)：4-5.
徐鲲，李琳. 2014. 新阶段西部农村扶贫开发的困境与对策. 新疆农垦经济，(1)：81-84.
徐孝勇，赖景生，寸家菊. 2010. 我国西部地区农村扶贫模式与扶贫绩效及政策建议. 农业现代化研究，31(2)：161-165.
张丽君，吴本健，王飞，等. 2017. 中国少数民族地区扶贫进展报告（2017）. 北京：中国经济出版社.

张婷. 2015. 西部地区农村公共产品供给探讨. 新西部（中旬刊），（9）：12，20.

张永丽，杨红. 2018. 西部贫困地区农户致贫因素分析——基于农村家庭结构转变视角. 社会科学，（12）：14-24.

宗成华. 2015. 中国西部农村居民消费结构变动研究. 中国农业大学博士学位论文.

第六章　西部地区农业的开放发展

西部地区农业在新中国成立 70 年和改革开放 40 年的历程中取得了辉煌成绩。西部地区通过对内对外改革开放、合作交流，并在政策支持下和科技创新驱动下，整合与优化配置地区资源，充分发挥资源禀赋和区位优势，强化资源型农业产业布局导向，农业优势特色产业得到开发扶持与发展，农业结构调整更趋合理；通过城乡统筹、城乡融合与城乡一体化发展，促进要素更多地向乡村流动，以助力乡村振兴，西部地区农业发展因此进入快车道。西部地区正积极有序地扎实推进乡村振兴战略，以期早日实现农业农村现代化。

第一节　西部地区农业对外开放

农业对外开放是指农业在产前、产中、产后等生产价值链的各个环节与世界农业相融合的过程，具体包括农产品的进口和出口、农业生产要素"走出去"和"引进来"（傅晨，2013）。因此，农业对外开放具体体现在农产品市场开放和农业要素市场开放两个方面。

农产品市场开放是指农产品可在国际市场中自由流动。政府通过减少与农产品贸易相关的数量配额措施、技术性限制措施，削减农产品进出口关税，降低本国农产品市场进入门槛，推进国际市场上的农产品自由贸易，进而缩小国内外农产品市场价格的差距，推动要素资源在国与国之间实现比较优势配置。

农产品要素市场开放是指在国际市场中，农产品生产所需的各种生产要素能自由流动。农产品生产要素主要包括劳动力、土地、资本、农业生产技术等要素。在这些要素中，用于农业生产的土地位置固定，无法流动；农业生产技术受环境等影响较大，其区域性特征较强；劳动力受文化、移民政策等影响流动困难；相比起来资本的国际流动相对容易，不过仍然会受到各国政府不同程度的约束。因此，农产品要素市场开放主要集中在资本的国际流动。

一、农产品贸易的总体特征

（一）中国农产品贸易总值不断增加

改革开放以来，我国农业不断深化对外开放，农产品对外贸易规模大幅度增加。如图 6-1 所示，我国农产品贸易总额从 1985 年的 185.51 亿元增长到 2017 年的 13 400.21

亿元。1985~2017年，我国农产品进口额从60.7亿元增加到8 418.14亿元，年均复合增长率为16.66%；农产品出口额从124.81亿元增加到4 982.07亿元，年均复合增长率为12.21%。农产品出口额增长率小于进口额增长率。自2004年开始，农产品贸易首次呈现逆差状态。在之后的13年间，农产品贸易逆差额逐步扩大，2014~2017年的农产品贸易逆差额分别为2 383.53亿元、2 299.25亿元、2 650.49亿元和3 436.07亿元。

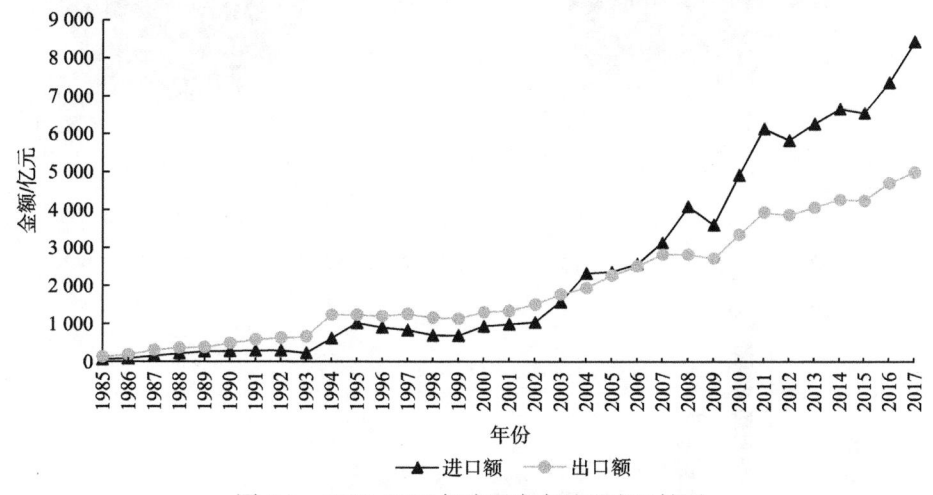

图6-1　1985~2017年我国农产品进出口情况
资料来源：历年《中国农村统计年鉴》

（二）西部地区农产品贸易总值与东部地区相差甚远

从图6-2可知，农产品进出口市场集中在东部地区省（区、市）。2017年，我国农产品贸易总额达1 998.16亿美元，东部地区为1 524.38亿美元，占总额的76.29%。尽管西部地区贸易总额为204.86亿美元，占贸易总额的10.25%，位列第二，但总体而言，西部地区农产品贸易还不发达，与东部地区相比，两者差距依然较大。2017年，全国农产品进口额为1 246.81亿美元。其中，东部地区占绝大部分，为81.83%。西部地区占7.95%，东北地区和中部地区合计占10%左右。2017年，全国农产品出口额为751.36亿美元。其中，东部地区出口所占比例为67.10%，西部地区位列第二，占14.07%，东北地区和中部地区所占比例均在9%以上。

（三）西部地区各省（区、市）农产品贸易总值参差不齐

总体而言，西部地区各省（区、市）农产品贸易差距较大，贸易总额参差不齐。2017年，云南、广西的农产品进出口额均占据西部地区的前两位，农产品贸易合计额占西部地区农产品贸易总额的63.68%。

对西部地区的农产品出口额分析发现：云南、广西、新疆、内蒙古的农产品出口额均超过8亿美元，占据西部地区的前四位，约75.67%。其中，云南农产品出口额位列第一，高达42.98亿美元，占西部地区出口总额的40.66%，超过广西22.95亿美元。宁夏、西藏、青海的农产品出口额列西部地区后三位，出口额均低于1.5亿美元，合计数仅占西部地区的2.01%。其中，西藏和青海的农产品出口额仅占西部地区的0.36%和0.33%（图6-3）。

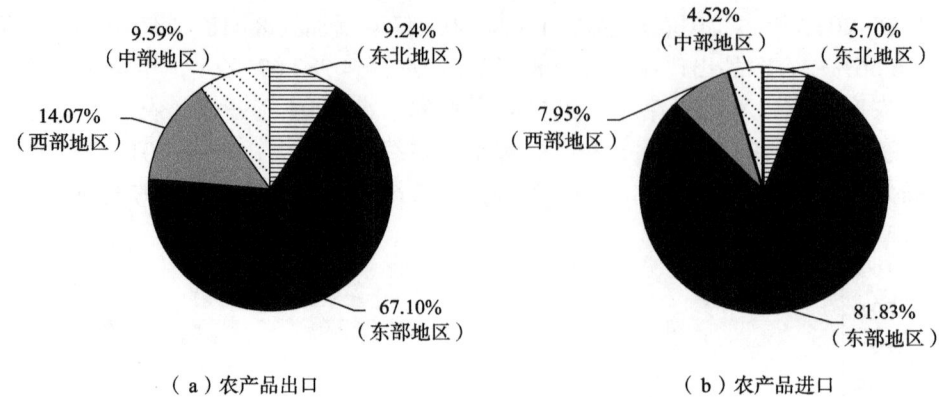

（a）农产品出口　　　　　　　　　（b）农产品进口

图 6-2　2017 年我国农产品贸易地区分布情况

资料来源：商务部对外贸易司发布的《中国进出口月度统计报告（农产品）》（2017 年 12 月）。

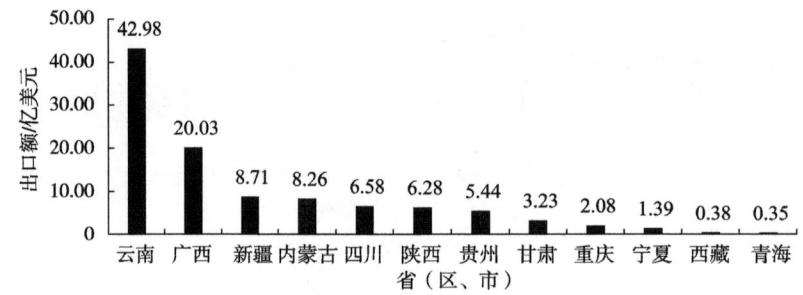

图 6-3　2017 年西部地区农产品出口情况

资料来源：商务部对外贸易司发布的《中国进出口月度统计报告（农产品）》（2017 年 12 月）。

对西部地区的农产品进口额分析发现：西部地区进口集中在广西。广西农产品进口额约 57.31 亿美元，占西部地区农产品进口总额的 57.80%。云南和重庆位列其后，分别占西部地区农产品进口总额的 10.23%、9.86%。三者共同占西部地区农产品进口总额的 88% 左右（图 6-4）。

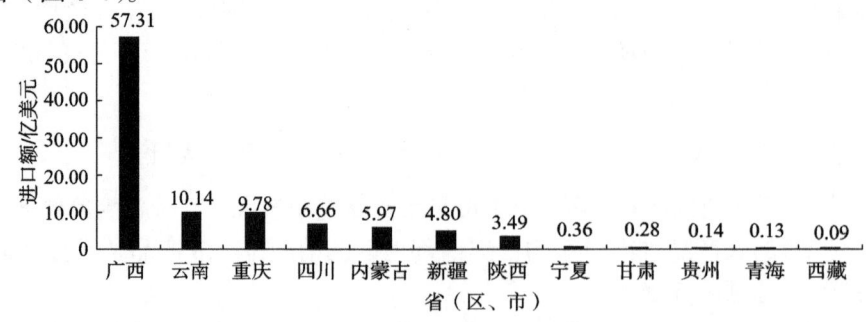

图 6-4　2017 年西部地区农产品进口情况

资料来源：商务部对外贸易司发布的《中国进出口月度统计报告（农产品）》（2017 年 12 月）。

（四）西部地区农产品净出口位于第二位

总体而言，2017 年我国农产品贸易逆差为 495.45 亿美元。虽然东部地区的农产品进口额和出口额均超过全国总额的1/2,但其进口额远超出口额,其农产品贸易逆差较大。在所划分的四大经济区域中,仅西部地区、中部地区为农产品净出口区域。西部地区农产品贸易顺差为6.56亿美元,中部地区农产品贸易顺差为15.72亿美元。而农产品出口和进口均占有较大比重的东部地区作为农产品净进口地区,农产品贸易逆差达到516.08亿元。

西部地区中,尽管广西和云南均为农产品贸易的集中发生地,但两者在农产品贸易结构上有较大差异。2017年,广西的农产品进口额高于出口额,净进口额约为37.27亿美元,是西部地区净进口额最大的省(区、市)。云南的农产品出口额远大于进口额,是农产品净出口额最大的省(区、市)。同时,在西部地区12省(区、市)中,重庆、四川、广西的农产品贸易呈逆差状态,其余9省(区、市)的农产品贸易呈顺差状态。四川、青海、西藏的农产品贸易大体均衡,农产品净出口差额不超过0.3亿美元。其中,四川的农产品进口额和出口额分别均在6.6亿美元左右,农产品进口额略大于出口额,农产品国际贸易较为均衡;青海、西藏的农产品贸易总额本身较小,均在0.5亿美元之下。因此,青海、西藏的农产品贸易差额较小。

(五)大部分农产品的进口额大于出口额

2017年,我国农产品进口总额大于出口总额。其主要原因在于,我国是一个人多地少的国家,为了发挥比较优势提高农业生产和工业生产的整体生产效率和国际竞争优势,我国选择了"以劳力换土地"的农产品贸易战略。其中,粮食、肉类(除禽类外)、奶类、大豆、棉花等农产品进口额均大于出口额。棉花是纺织品生产的重要原材料,为保证纺织业的生产效率,扩大纺织品国际贸易优势,对无法满足生产需求的棉花采取进口。在这种情况下,棉花的贸易逆差为23.22亿美元。同时,我国经济快速发展引起城乡居民消费结构的变化,居民饮食更加多元、健康,肉、蛋、奶等需求增加,但我国畜产品质量国际竞争力不足。因此,畜产品贸易表现为逆差。肉类总体贸易逆差额为83.72亿美元,奶制品贸易逆差额为87.72亿美元。随着居民饮食消费更加健康,动物油消费减少而植物油消费增加,食用油籽贸易逆差额为413.88亿美元。大豆不仅是植物油生产的原料,豆油生产过程中出现的豆粕更是饲料的重要原料来源。因此,部分农产品呈现贸易逆差,是发挥我国对外贸易中的比较优势的结果。

2017年,西部地区的各类农产品贸易净出口情况与全国总体净出口情况相似。奶类、水产品、食用油籽、粮食、大豆、棉花为净进口农产品。与全国相反的是,生猪、羊在西部地区是净出口产品,净出口额分别约为0.87亿美元、0.11亿美元(表6-1)。

表6-1 2017年西部地区(除重庆外)各类农产品进出口额及比重

种类	进口额/万美元			出口额/万美元		
	全国	西部地区	所占比例	全国	西部地区	所占比例
肉类	984 978.60	15 378.35	1.56%	147 801.90	12 456.88	8.43%
生猪	440 049.20	1 680.12	0.38%	115 966.80	10 422.56	8.99%
牛	335 656.20	8 574.22	2.55%	14 931.16	3 589.18	24.04%
羊	88 291.55	171.97	0.19%	4 642.49	1 235.99	26.62%

续表

种类	进口额/万美元			出口额/万美元		
	全国	西部地区	所占比例	全国	西部地区	所占比例
禽类	120 316.00	491.82	0.41%	168 513.40	1 189.38	0.71%
蛋类	11.44	1.54	13.46%	18 630.24	2.87	0.02%
奶类	889 617.90	21 862.05	2.46%	12 381.11	477.67	3.86%
水产品	1 126 296.00	16 567.03	1.47%	2 065 819.00	32 971.34	1.60%
小麦	108 264.90	6 075.5	5.61%	8 546.17	6.45	0.08%
水稻	186 000.40	6 545.2	3.52%	59 685.30	1 324.06	2.22%
玉米	60 337.38	10 049.39	16.66%	2 223.49	316.50	14.23%
食用油籽	4 302 369.00	500 779.70	11.64%	163 556.40	71 365.91	43.63%
大豆	3 963 771.00	462 271.50	11.66%	9 286.93	3.66	0.04%
棉花	235 961.60	13 766.80	5.83%	3 794.25	125.67	3.31%
糖料	8 082.02	6 780.43	83.90%	182.87	26.69	14.60%
蔬菜	55 198.70	758.46	1.37%	1 552 132.00	332 026.20	21.39%
水果	625 737.50	24 424.66	3.90%	707 563.60	271 102.30	38.31%

资料来源：农业农村部发布的农产品进出口贸易数据。农业农村部未发布重庆市相关数据，且无法通过反推出其数据，而其他统计年鉴的统计指标与其存在差异，因此，仅统计了除重庆市外的其余西部地区 11 省（区、市）的相关数据

（六）西部地区部分类别农产品进出口占优

从表 6-1 可以看出，在农产品进口中，食用油籽、大豆、水产品和肉类位列全国农产品进口额的前 4 位，进口额分别约为 430.23 亿美元、396.38 亿美元、112.63 亿美元和 98.50 亿美元。而在西部地区，这 4 类农产品的进口额占全国进口额的比重均不高，只有食用油籽和大豆所占比例在 10%以上，分别为 11.64%、11.66%。尽管西部地区 11 省（区、市）糖料进口额仅约为 0.68 亿美元，但占全国糖料进口总额的 83.90%。

在农产品出口中，水产品出口额远超过其他产品，出口额约为 206.58 亿美元，而西部地区 11 省（区、市）出口额约为 3.30 亿美元，仅占全国水产品出口总额的 1.60%。在西部地区 11 省（区、市）中，食用油籽、水果、羊、牛和蔬菜的出口优势明显，出口额均超过该类农产品全国出口总额的 20%，所占比例分别为 43.63%、38.31%、26.62%、24.04%和 21.39%。

在西部地区，蔬菜、水果、水产品和生猪的出口额大于进口额。与全国的农产品贸易结构相反，西部地区的水果和生猪为净出口产品。蔬菜和水果的顺差最大，分别约为 33.13 亿美元和 24.67 亿美元。其中，水果作为西部地区的贸易优势产品，占全国总出口的 38.31%。柑橘属水果、梨、苹果、苹果汁的出口贸易额优势明显，出口额分别约为 5.84 亿美元、2.38 亿美元、5.88 亿美元、3.60 亿美元，分别占该类别全国出口总额的 54.48%、43.83%、40.4%、55.49%。花卉出口额约为 0.88 亿美元，占全国的 28.8%。由此可见，西部地区的出口优势类别主要是水果、花卉等经济作物。其主要原因在于西部地区独特的地理环境优势，云南、广西雨水充沛，日照充足，适合瓜果、花卉等种植。

西部地区 12 省（区、市）农产品出口优势类别明显，集中化明显。具体各省（区、

市)的重要农产品出口优势类别及所占比例如表 6-2 所示。

表 6-2 西部地区各省(区、市)重要农产品出口优势类别及所占比例

省(区、市)	出口优势产品(占西部地区 20%以上)
云南	花卉(95.22%)、柑橘属水果(63.58%)、香菇(62.25%)、梨(60.38%)、大葱(66.94%)、玉米(37.68%)、苹果(34.74%)、茶叶(29.89%)、食用菌罐头(29.73%)
广西	虾制品(99.80%)、花生果仁(96.47%)、大蒜(69.22%)、植物油(57.40%)、玉米(56.94%)、梨(22.86%)、柑橘属水果(20.69%)
四川	烤鳗(100%)、食用菌罐头(52.44%)、大米(52.87%)、茶叶(32.23%)、猪肉(37.88%)、蛋品(27.91%)
陕西	小麦(100%)、苹果汁(85.53%)
甘肃	蛋品(30.81%)、肠衣(24.26%)
重庆	猪肉(37.74%)、肠衣(24.45%)
新疆	肠衣(29.62%)
内蒙古	蜂蜜(20.12%)
贵州	蛋品(24.42%)
宁夏	蜂蜜(47.87%)

资料来源：根据商务部对外贸易司发布的重要农产品出口月度统计报告计算所得；表中仅列示所占比例超过 20%的重要农产品

在花卉出口方面，云南在西部地区占绝对优势，占西部地区出口总额的 95.22%。在水果出口方面，柑橘属水果出口集中在云南、广西、新疆，其出口额占西部地区的比例分别为 63.58%、20.69%、9.98%；梨出口额集中在云南、广西，分别占西部地区的出口额的 60.38%、22.86%；苹果出口额前 3 位的省(区、市)分别为云南、新疆、广西，分别占西部地区的出口额的 34.74%、18.03%、14.28%；苹果汁的出口集中在陕西，其出口额占西部地区的 85.53%。由此可见，云南和广西在西部地区的水果出口贸易中优势明显，特别是云南。在粮食出口方面，大米出口集中在四川，其出口额占西部地区的 52.87%；玉米出口主要集中在广西和云南，其出口额分别占西部地区的 56.94%、37.68%；小麦仅陕西出口。在植物油出口方面，广西以占西部地区出口额的 57.40%据西部地区首位，重庆、内蒙古次之。蛋品的出口集中在四川、甘肃、贵州和宁夏。在肉类出口方面，重庆、四川猪肉出口额合计占西部地区的 75%左右；新疆、甘肃、重庆的肠衣合计出口额占西部地区的 79%左右；西部地区的虾制品和烤鳗分别集中在广西、四川。在蔬菜出口方面，云南的香菇和大葱、广西的大蒜的出口额分别占据西部地区该类别出口总额的 60%以上。

二、农产品贸易依存度

(一)中国农产品对外贸易依存度有所上升

本书通过农产品进口额、农产品出口额和农业增加值计算农产品对外贸易依存度，计算结果见表 6-3。

表 6-3　1985~2017 年我国农产品市场开放度

年份	进口额/亿元	出口额/亿元	农业增加值/亿元	进口依存度	出口依存度	对外贸易依存度
1985	60.70	124.81	2 491.68	2.44%	5.01%	7.44%
1990	279.82	485.11	4 999.71	5.60%	9.70%	15.30%
1995	1 017.15	1 228.43	11 993.40	8.48%	10.24%	18.72%
2000	932.98	1 299.71	14 628.20	6.38%	8.88%	15.26%
2005	2 357.57	2 260.91	23 070.50	10.22%	9.80%	20.02%
2006	2 564.53	2 504.74	24 737.40	10.37%	10.13%	20.49%
2010	4 907.89	3 345.49	40 533.60	12.11%	8.25%	20.36%
2011	6 122.94	3 925.01	47 486.10	12.89%	8.27%	21.16%
2012	5 819.31	3 857.54	52 373.60	11.11%	7.37%	18.48%
2013	6 252.43	4 057.11	56 966.00	10.98%	7.12%	18.10%
2014	6 644.31	4 260.78	60 158.00	11.04%	7.08%	18.13%
2015	6 535.22	4 235.97	62 904.10	10.39%	6.73%	17.12%
2016	7 348.38	4 697.89	65 967.90	11.14%	7.12%	18.26%
2017	8 418.14	4 982.07	64 660.00	13.02%	7.71%	20.72%

资料来源：进出口数据来自历年《中国商务年鉴》，农业增加值来自历年《中国农村统计年鉴》

1985~1995 年，我国农产品贸易大幅度增加，不管是农业进口依存度还是出口依存度均大幅度增加，农产品对外贸易依存度从 7.44%增加到 18.72%。1995~2000 年，农产品的进出口额依然呈现上升趋势。不管农产品的进口依存度还是出口依存度均有所减少，对外贸易依存度从 18.72%下降到 15.26%。2005 年以前，我国农业的进口额一直低于出口额，农业贸易表现为贸易顺差。但 2006 年之后，我国农产品出口额逐渐低于农产品进口额，且两者差额不断变大。2006~2017 年，农产品贸易逆差从 59.79 亿元扩大到 3 436.07 亿元。2012~2016 年，农产品进口依存度和出口依存度基本保持稳定在 11%左右和 7%左右。2017 年农产品进口依存度和出口依存度均有所增加，尤其是农产品进口依存度，由 2016 年的 11.14%增加到 2017 年的 13.02%，增加约 2 个百分点。2017 年的农产品对外贸易依存度达 20.72%，是 2012 年以后农业对外贸易依存度的新高点。由此可见，我国农产品对外贸易依存度越来越依赖于进口贸易依存度。

（二）西部地区农产品对外贸易依存度整体较低

从表 6-4 可以看出，西部地区整体农产品对外贸易依存度偏低。2017 年，西部地区农产品出口依存度和进口依存度分别为 3.58%、3.36%，均远低于全国总体农产品进口依存度和出口依存度。与全国总体水平相比，西部地区农产品对外贸易依存度比其少了 13.78 个百分点。在西部地区，云南和广西的农产品对外贸易依存度最高。广西的农产品对外贸易依存度为 17.53%，位列西部地区首位。云南以 14.95%的农产品对外贸易依存度紧随其后。但是，两者均低于全国总体的农产品对外贸易依存度。另外，仅云南的农产品出口依存度（12.09%）高于全国水平，其余各省（区、市）的农产品出口依存度、进口依存度均低于全国水平。由此可见，西部地区的农产品贸易对提高农业增加值的作用较小。

表 6-4　2017 年全国及西部地区各省（区、市）农产品对外贸易依存度

地区	出口额/亿元	进口额/亿元	农业增加值/亿元	排序	出口依存度	进口依存度	对外贸易依存度	排序
全国	4 982.07	8 418.14	64 660.00	—	7.71%	13.02%	20.72%	—
西部地区	710.33	666.36	19 837.40	—	3.58%	3.36%	6.94%	—
广西	134.63	385.11	2 964.60	2	4.54%	12.99%	17.53%	1
云南	288.83	68.15	2 388.60	3	12.09%	2.85%	14.95%	2
重庆	13.97	65.71	1 300.30	8	1.07%	5.05%	6.13%	3
内蒙古	55.49	40.11	1 677.70	6	3.31%	2.39%	5.70%	4
新疆	58.54	32.29	1 640.30	7	3.57%	1.97%	5.54%	5
宁夏	9.37	2.40	266.30	9	3.52%	0.90%	4.42%	6
陕西	42.17	23.47	1 830.60	5	2.30%	1.28%	3.59%	7
甘肃	21.70	1.90	896.00	9	2.42%	0.21%	2.63%	8
西藏	2.58	0.58	125.90	12	2.05%	0.46%	2.51%	9
四川	44.19	44.78	4 365.10	1	1.01%	1.03%	2.04%	10
贵州	36.53	0.97	2 140.00	4	1.71%	0.05%	1.75%	11
青海	2.33	0.89	242.00	11	0.96%	0.37%	1.33%	12

资料来源：西部地区各省（区、市）进出口数据来自商务部对外贸易司发布的《中国进出口月度统计报告（农产品）》（2017 年 12 月），农业增加值来自历年《中国农村统计年鉴》

总体来看，西部地区的农产品出口依存度与进口依存度大致相当，出口依存度略高于进口依存度。而在西部地区内部，大多数省（区、市）的农产品对外贸易依存度主要依赖于出口依存度，仅广西、重庆和四川的农产品进口依存度高于出口依存度。西部地区内部各省（市、区）的对外贸易依存度差异较大。在西部地区的农产品对外贸易依存度排序中，广西、云南、重庆以 17.53%、14.93%、6.13%排在前 3 位，四川、贵州、青海以 2.04%、1.75%、1.33%位于后 3 位。其中，云南与重庆的农产品对外贸易依存度相差 8.82%，广西和青海的农产品对外贸易依存度相差 16.20%。

对广西和云南的农产品贸易情况进行分析发现，广西的农产品对外贸易依存度为 17.53%，云南的农产品对外贸易依存度为 14.95%，说明农产品贸易对云南和广西的农业发展贡献较大。其中，广西的农产品进口依存度远超出口依存度，表明广西的农业对外贸易依存度依赖于进口依存度。与之相反，云南的农产品出口依存度为 12.09%，说明云南的农业对外贸易依存度依赖于出口依存度。

值得注意的是，四川和贵州农业增加值分别位列西部地区第 1 和第 4，而其农产品对外贸易依存度仅排在第 10 位和第 11 位。这说明四川和贵州农业发展与农产品国际贸易关联不大，所生产的农产品面向国内市场，通过农产品内销实现农业发展。

三、农业要素市场对外开放

农业要素市场对外开放主要指农业部门通过从国外引进国内相对稀缺的生产要素和适用于本国的生产技术，以此缓解国内要素市场的约束；通过输出涉农要素替代农产品的出口，参与到农业资源国际配置的过程，发挥农业比较优势，增加世界农产品供给。

无论是农业生产要素的"引进来"还是"走出去",都能优化农业资源配置、整合世界农业资源,从而增加世界农产品的有效供给(傅晨,2013)。

本书主要考虑国际资本流动对农业对外开放的影响。通过农业利用外商直接投资、对外直接投资和农业增加值计算农业资本市场对外开放度,计算结果见表6-5。

表6-5 2005~2017年我国农业资本市场开放度

年份	涉农外商直接投资/亿元	涉农对外直接投资/亿元	资本流动额/亿元	农业增加值/亿元	外商直接投资依存度	对外投资依存度	资本市场开放度
2005	58.84	8.63	67.47	23 070.50	0.26%	0.04%	0.29%
2006	47.79	14.75	62.54	24 737.40	0.19%	0.06%	0.25%
2007	70.27	20.66	90.93	28 627.00	0.25%	0.07%	0.32%
2008	82.72	11.93	94.65	33 702.00	0.25%	0.04%	0.28%
2009	97.60	23.42	121.01	35 225.90	0.28%	0.07%	0.34%
2010	129.43	36.15	165.58	40 533.60	0.32%	0.09%	0.41%
2011	129.75	51.53	181.27	47 486.10	0.27%	0.11%	0.38%
2012	130.18	92.25	222.43	52 373.60	0.20%	0.18%	0.42%
2013	111.48	112.29	223.77	56 966.00	0.20%	0.20%	0.39%
2014	93.51	125.03	218.54	60 158.00	0.16%	0.21%	0.36%
2015	95.53	160.20	255.73	62 904.10	0.15%	0.25%	0.41%
2016	126.05	218.34	344.39	65 967.90	0.19%	0.33%	0.52%
2017	72.58	169.31	241.89	64 660.00	0.32%	0.09%	0.41%

资料来源:涉农外商直接投资、涉农对外直接投资额均来源于历年《中国统计年鉴》;农业增加值来源于历年《中国农村统计年鉴》

(一)中国农业资本开放度有所上升

从表6-5可以看出,2005~2016年,农业资本市场开放度逐渐增加,但依然很小,资本流动额占农业增加值不到0.6%,侧面反映出要素流动对于农业对外开放度的作用很小。我国涉农对外直接投资额快速增长,从2005年的8.63亿元增加到2016年的218.34亿元,增加24.30倍。涉农外商直接投资额从2005年的58.84亿元增加到2016年的126.05亿元,增加1.14倍。2013年开始,我国涉农对外直接投资额超过涉农外商直接投资额。这表明我国通过资本要素输出,利用国外农业资源弥补国内农业资源(如土地资源)。

截至2018年底,我国在境外累计实施850个涉农项目,覆盖水稻、玉米等粮食作物和大豆、天然橡胶、棕榈油、棉花、畜产品等经济作物。在"一带一路"倡议参与国的投资项目达657个,投资存量达94.4亿美元[①]。

(二)西部地区实际用于农业的外资金额存在较大地区差异

2017年,在西部地区,内蒙古实际用于农业的外资高达24 914万美元,新疆仅使用外资3万美元,青海当期没有用于农业投资的外资。其他省(区、市)中,宁夏、云南、贵州实际用于农业的外资金额分别为3 065万美元、2 300万美元、1 298万美元。重庆

---

① 中国与"一带一路"参与国农业投资合作项目五年增长百分之七十. http://www.caaie.org.cn/news/530.html, 2019-04-28.

和甘肃当期实际用于农业的外资均低于 100 万美元，分别为 47 万美元和 63 万美元。由此可见，西部地区实际用于农业的外资金额存在较大的区域差异。

此外，通过对 2017 年西部地区各省（区、市）实际使用外商直接投资的依存度计算可知，仅内蒙古和宁夏的外商直接投资依存度高于全国水平，其他地区均低于全国水平（表 6-6）。这表明部分西部地区的农业资本市场开放度与全国相比还存在差距；西部地区各省（区、市）的农业资本市场开放度也存在较大差异。

表 6-6　2017 年全国及西部地区部分省（区、市）外商直接投资依存度

地区	农业增加值/亿元	外商直接投资/亿元	外商直接投资依存度
全国	64 660.00	72.580	0.112 2%
内蒙古	1 677.70	16.692	0.995 0%
宁夏	266.30	2.054	0.771 1%
云南	2 388.60	1.541	0.064 5%
贵州	2 140.00	0.870	0.040 6%
陕西	1 830.60	0.248	0.013 5%
广西	2 964.60	0.152	0.005 1%
甘肃	896.00	0.042	0.004 7%
重庆	1 300.30	0.031	0.002 4%
新疆	1 640.30	0.002	0.000 1%

资料来源：外商直接投资数据来源于 2018 年的《内蒙古统计年鉴》《宁夏统计年鉴》《云南统计年鉴》《贵州统计年鉴》《陕西统计年鉴》《广西统计年鉴》《甘肃统计年鉴》《重庆统计年鉴》《新疆统计年鉴》；农业增加值来自《中国农村统计年鉴（2018）》

四、农业对外开放存在的问题

（一）农业对外开放水平较低

总体来看，西部地区农业对外开放水平较低，有待进一步提升。从农产品贸易方面看，西部地区农产品贸易整体水平较低。尽管西部地区的整体农产品贸易总额所占比例位列第二，但西部地区农产品进出口贸易还不发达，仅占我国农产品贸易总额的 10.25%，与东部地区相比，差距依然较大。西部地区农产品贸易依存度较低，出口依存度和进口依存度分别为 3.58%、3.36%，均远低于全国总体农产品进口依存度和出口依存度。从农业要素市场来看，西部地区大多数省（区、市）的农业资本市场开放度远低于全国水平。

（二）各省（区、市）农业对外开放水平差异较大

西部地区各省（区、市）农业对外开放水平存在较大差异。在农产品对外贸易中，云南、广西合计额占西部地区农产品贸易总额的 63.68%；宁夏、西藏、青海的进出口贸易缺乏，其农产品贸易总额分别占西部地区的 0.85%、0.23%、0.23%，均低于 1%（表 6-4）。

另外，西部地区的资本要素市场开放度也不平衡。2017年，新疆实际用于农业的外资金额仅3万美元，内蒙古是新疆的8 000余倍，达24 914万美元。内蒙古的外商直接投资依存度高于全国水平，达0.995 0%。而广西、甘肃、新疆、重庆的外商直接投资依存度均低于0.010 0%，远低于全国水平。由此可见，不管是农产品市场对外开放度还是农业要素市场对外开放度，西部地区各省（区、市）均存在严重的不平衡。

（三）西部地区部分省（区、市）农产品贸易缺乏国际竞争力

西部地区12省（区、市）中，部分省（区、市）的农产品缺乏国际竞争力。对各省（区、市）重要农产品出口优势类别进行归纳发现，青海和西藏没有出口额占西部地区20%以上的具有出口优势的农产品类别（表6-2）。这表明青海和西藏的农产品在国际贸易中缺乏竞争力。而新疆、内蒙古、贵州、宁夏仅1种商品的出口额占西部地区该类别出口总额的20%以上，且西部地区的肠衣、蛋品、蜂蜜出口额本身较小，占全国总额的比例较低，在全国范围内并不具备出口优势。

五、扩大农业对外开放的建议

（一）发展特色农业

发展西部地区的特色农业有助于发挥其比较优势，促进西部地区的农业效益、农产品竞争力的提高，保障农民收入增加。独特的气候环境和自然条件使西部地区具有一大批特色农业资源，如云南的特色园艺产品、内蒙古和新疆的高原动植物等特色农产品和相关产品的加工业。西部地区的地理、气候等差异明显，不同地区的种养结构区域差异明显，使得西部地区的产品贸易竞争减少（聂华林，2006）。因此，西部地区各省（区、市）应充分利用丰富的农业资源，根据各省（区、市）的具体情况，发展和培育各地的特色农业及其产业群，充分开发和利用各地的农业资源，以满足市场的多样化需求，推动西部地区农业结构升级。

（二）调整和优化农业进出口结构

一方面，西部地区各省（区、市）应根据本地实际情况，利用比较优势调整和优化农产品出口结构，积极扩大西部地区优势农产品的出口贸易，构建以劳动密集型的农产品及农副产品为主的农产品出口体系（程国强，2012）。西部地区的牛、羊等畜牧产品，以及糖类、花卉、水果和蔬菜等劳动密集型优势农产品出口额占全国农产品出口总额的比重较高，在资源和环境约束下，合理选择重点支持和保护品种，积极推动劳动密集型优势农产品产业建设。另外，从我国国情出发，保障国内粮食基本自给自足，适度进口棉花、大豆等资源型农产品，以弥补我国土地资源的不足。

（三）充分发挥涉农企业的主体作用

在"一带一路"倡议下，应积极推进农业"走出去"战略，加快建设持续、稳定、安全的农产品全球供应链，充分发挥涉农企业在农业对外开放中的主体作用，利用财政、金融等支持政策措施，鼓励各类企业在"一带一路"倡议沿线重构农业的价值链和产业

链，对种子研发、农产品加工及其运输、销售等环节进行投资建设，以此培育跨国经营的农业企业。应充分发挥我国农垦企业（集团）的探索作用，支持企业通过参股、并购等方式，参与跨国农业企业的全球化建设（程国强，2012）。

第二节　西部地区农业开放与结构调整

西部地区农业在改革开放过程中应充分发挥资源禀赋的比较优势，使产业结构调整更加合理，促进西部地区农业经济增长。

一、农业结构调整现状

我国西部地区各个地方的地理和气候条件差异较大，因此形成了各具特色的农牧业区域和类型，如以西北地区、青藏高原和内蒙古为代表的草原牧区，以塔里木盆地、河西走廊、四川盆地为代表的有灌溉水源的平原、河谷和绿洲地区的耕作业。较强的区域性特点使西部地区农业极易形成特色农业，从而增强竞争优势。

表6-7~表6-10反映了当前西部地区农林牧渔业的结构情况。西部地区粮食作物、油料、棉花和蔬菜产量分别占全国的25.2%、33.0%、81.7%和29.5%。相较其他地区，西部地区的农业、林业和牧业较为发达。西部地区的棉花、奶制品、肉类产品及油料作物生产优势较为明显。内蒙古的牛奶、羊肉和山羊绒产量连续5年居全国第一；广西和云南的蔗糖产量之和占全国90%；陕西的苹果种植面积和产量都约占全国的25%；甘肃成为全国最大杂交玉米制种基地；新疆是我国最优质的棉花种植区，其棉花产量占全国的80%以上；四川是重要的油菜籽和生猪生产大省；云南烟叶种植面积居全国之首；西藏畜牧业较为发达，油料作物占有量也较高。

表6-7　2017年全国各地区农作物所占比例

地区	粮食作物	油料	棉花	蔬菜
东部地区	23.6%	19.9%	8.9%	38.3%
中部地区	30.3%	40.6%	9.4%	28.0%
西部地区	25.2%	33.0%	81.7%	29.5%
东北地区	21.0%	6.5%	0	4.3%

资料来源：《中国农村统计年鉴（2018）》；由于舍入修约，数据有偏差

表6-8　2017年西部地区与全国人均主要农产品产量对比　　单位：千克/人

地区	粮食作物	油料作物	棉花	猪、羊、牛肉	水产品	奶制品
全国	477.2	25.1	4.1	47.3	46.5	21.9
西部地区	443.2	30.6	12.3	57.8	18.1	35.7

资料来源：根据《中国统计年鉴（2018）》整理

表 6-9 2017 年全国及西部地区人均农产品占有量　　　　　单位：千克/人

地区	粮食	棉花	油料	糖料	肉类	水产品
全国	477.2	4.1	25.1	82.1	62.4	46.5
重庆	352.7	—	20.4	2.9	59.0	16.8
四川	421.3	0.1	43.2	4.2	78.9	18.2
贵州	348.3	0	32.4	14.1	57.9	7.1
云南	385.2	—	11.8	316.8	87.6	13.2
西藏	319.2	—	17.8	—	96.1	0.1
陕西	312.3	0.3	15.6	0.7	29.7	4.3
甘肃	422.4	1.2	29.5	10.2	37.9	0.6
青海	172.1	—	50.8	0.0	59.3	2.7
宁夏	545.4	—	10.2	—	49.3	26.7
新疆	613.1	188.6	28.8	185.1	66.0	6.8
内蒙古	1 289.0	—	95.3	136.1	104.9	6.2
广西	282.0	—	13.4	1 460.0	86.0	66.0

资料来源：《中国统计年鉴（2018）》

表 6-10 2017 年全国各地区农林牧渔业构成

地区	农业	林业	渔业	牧业
东部地区	48.8%	4.1%	19.5%	22.2%
中部地区	52.5%	4.9%	9.0%	27.7%
西部地区	58.8%	5.2%	3.2%	28.8%
东北地区	52.1%	3.3%	6.4%	34.5%

资料来源：根据《中国统计年鉴（2018）》整理

由于有较多丘陵、山区，西部地区的粮食和渔业生产缺乏比较优势，无论是总产量占全国比重还是人均占有量都低于全国平均水平。例如，青海人均粮食产量仅为 172.1 千克，不足全国平均水平的 50%。

二、农业结构调整对农业经济增长的影响

（一）种植业对农业经济增长的拉动作用增强

在西部地区整个农业经济体系中，种植业始终占据较高比例，也是农业中最为重要的内容。农业结构调整可以有效推动种植业的发展，并发挥出拉动其他产业发展的作用。近年来，西部地区政府已经意识到农业发展的重要性，并为其发展提供了大量政策支持，使得西部地区种植业获得了良好发展，加上产业结构调整的影响，西部地区种植业的发展优势越发凸显。

自实施西部大开发战略后，西部地区的主要农作物产量一直呈增长趋势。粮食、烟叶作物产量相较往年均保持平稳上升趋势，2017 年油料作物、棉花、水果产量则分别为 2000 年的 1.71 倍、2.88 倍和 5.51 倍（表 6-11）。但是，在这期间受到政策调控的麻类、

烟叶产量上升幅度较小，甚至部分年份出现下降趋势。总体来说，近年来西部地区农业结构调整对于种植业的影响是巨大的，同时占西部地区农业总产值超过一半的种植业也反过来进一步加强对西部地区农业经济增长的拉动作用。

表6-11　西部地区主要农作物产量　　　　　　　　　　　　　单位：万吨

种类	1990年	1995年	2000年	2010年	2016年	2017年
粮食作物	11 168.3	11 729.9	12 896.3	14 607.7	16 822.8	16 643.6
油料作物	433.3	508.6	671.3	876.6	1 132.0	1 147.6
棉花	67.1	117.1	160.5	306.4	412.7	461.6
麻类	17.0	12.9	10.5	8.4	5.9	6.0
糖料	3 013.1	4 528.1	5 047.5	9 170.7	9 397.8	9 564.6
烟叶	117.7	143.3	142.8	177.6	157.0	145.6
茶叶	13.8	16.5	19.1	52.1	94.5	102.6
水果	462.9	1 070.3	1 613.4	5 776.7	8 458.9	8 886.1

资料来源：根据历年《中国统计年鉴》整理所得

（二）林业发展更受重视

国家实施的西部大开发战略把生态建设作为根本点与切入点。林业作为国民经济的重要组成部分和生态建设的主题，面临着前所未有的挑战。2000年，西部地区林业总产值为242.8亿元，仅相当于西部地区农业总产值的4.2%（表6-12）。面对这一情况，西部地区相关部门相继实施了天然林资源保护、退耕还林、珠江流域防护林体系建设、石漠化治理等林业工程促进西部地区林业向前发展。西部地区的林业建设大多与当地经济发展相结合，战略部署上不少地区都将林业发展与经济建设以不同方式相融合。这些政策措施效果在西部地区林业总产值中以数据的形式相当直观的表现了出来，在西部大开发实施10年后，虽然西部地区林业总产值占农林牧渔业总产值的比例仍是4%左右，但其总产值是2000年的3倍左右，2017年西部地区林业总产值更是达到最高的1 693.0亿元。2017年，西部地区的国家级公益林为10.6亿亩，占全国总和的65%，同期中央财政森林生态效益补偿为175.8亿元，其中60%的资金补给了西部地区；2017年，西部地区的禁牧草原面积共11亿亩，草畜平衡面积为26亿亩，同期中央草原补助资金为187.6亿元，其中96%补给了西部地区（宣晓伟，2019）。不管是从相关政策出台的频率还是林业产值的增长都可以看出，西部地区结构调整使得西部地区林业越发受到西部地区各级政府重视。

表6-12　西部地区林业总产值及其所占比例　　　　　　　　　单位：亿元

指标	2000年	2010年	2016年	2017年
林业总产值	242.8	722.5	1 537.7	1 693.0
占农林牧渔业总产值比例	4.2%	4.2%	4.9%	5.2%

资料来源：《中国农业发展报告（2018）》

（三）畜牧业发展速度大大加快

西部地区拥有面积广袤的天然草地，总面积约3 314万公顷，在全国天然草地面积中占37%。这些草地中可用面积为27 884万公顷，占全国33 100万公顷的84.24%。畜牧业在西部地区农业发展中发挥了较为突出的作用。在西部开发战略实施中，农业农村部提出的六项重点工作与畜牧业有关。西部地区充分发挥科技生产的作用，采取有效措施建立了合理的合作开发机制，在推动农业产业结构调整的基础上，提高了畜牧业的科技水平，这就使畜牧业生产经营方式出现显著变化，畜牧防疫水平得到明显提升。加上农业产业结构调整的影响，这就为西部地区畜牧业发展提供了发展契机，其在农业中的比重也逐步提高，2017年西部畜牧业总产值达到西部地区农林牧渔业总产值的28.8%。西部地区主要牲畜出栏量及肉、奶总产量持续提升（表6-13）。2017年，西部地区的猪、牛、羊出栏量分别提升为2000年的1.29倍、1.83倍和2.20倍，肉类总产量也达到2000年的1.51倍。因此，西部地区的农业结构调整无疑大大加快了西部地区畜牧业的进一步发展。

表 6-13　西部地区畜牧业生产情况

产出	1999 年	2000 年	2004 年	2010 年	2016 年	2017 年
肉牛出栏量/万头	1 071.1	1 171.0	1 579.8	1 794.5	2 088.0	2 143.7
肉猪出栏量/万头	15 371.9	16 111.1	17 833.8	20 495.2	21 069.4	20 787.5
肉羊出栏量/万只	7 228.5	7 890.7	11 717.8	14 564.7	17 493.9	17 330.9
肉类总产量/万吨	1 639.2	1 737.5	1 991.6	2 393.8	2 648.5	2 618.6
奶类产量/万吨	320.1	356.7	988.8	1 405.1	1 347.6	1 339.1

资料来源：《中国农村统计年鉴（2018）》

（四）渔业平稳向前发展

西部地区渔业起步较晚，却有其独特的属性与资源。西部地区大多属于高海拔地区，全国四大高原都集中在这个地区，平均海拔在1 000米以上。西部地区拥有较为丰富的水资源，再加上优良的水环境，为亚冷水性鱼类的生长、繁殖提供了良好的条件。西部地区农业结构调整主要是为了提升农民经济收入，而发展渔业可以较好地实现这一目标。在西部大开发过程中，相关部门通过资源调节与政策吸引，将商品鱼基地集中建设在西部地区各省（区、市）城市郊区，同时建立起诸多渔业特色小市场。在渔业投入方面，西部地区相应改变了以往主要依靠国家投入的制度，目前西部地区的渔业投入主要依靠社会投入和贷款，进一步激活了西部地区渔业的发展活力。经济结构的调整相应带来的是经济输出的变化，通过表6-14可以看到，2000年西部地区水产品总产量约为359万吨，而2017年西部地区水产品总产量约为681万吨，同时西部地区水产养殖面积也在逐年稳步上升，无疑西部地区农业结构的调整使得西部地区渔业获得平稳发展。

表 6-14　1990~2017 年西部地区渔业生产情况

产出	1990 年	1995 年	2000 年	2010 年	2016 年	2017 年
水产品总产量/吨	716 131	1 730 062	3 587 609	4 795 320	6 516 785	6 813 769
水产养殖面积/千公顷	602.2	723.9	823.3	931.6	930.1	952.7
稻田养殖面积/千公顷	—	561.7	577.8	—	638.0	634.7

资料来源：《中国农村统计年鉴（2018）》

第三节　西部地区农业合作交流与科技创新

西部地区农业通过开放、合作交流与政府政策支持，加大科技投入、加强科技成果转化、完善科技服务创新体系，取得扶贫、增收、强农等实效，并带动西部地区农业快速、高质发展。

科技创新的基本含义是指与新技术（包括新产品、新工艺）的研究、生产和商业化有关的技术经济活动。农业科技创新是指在农业经济发展中不断创造、掌握和应用新的科学技术，以替代旧的科学技术的过程。

农业技术创新主要包括三个方面的内容：一是有形的动植物新品种、新的农业投入物、新设备设施等；二是农业制度方面的变革和新农业技术的产生，包括耕作栽培技术、饲养技术、农产品贮藏、保鲜和加工技术等；三是科学的管理理念和方法的出现。

一、农业科技投入与成果转化

（一）科技投入

科技投入是指一个国家或地区在一定时期内每年用于科技创新和成果转化的总支出。科技投入的总量、结构构成、成果输出等是综合反映区域科技活动状况的重要指标。如表 6-15 所示，2009~2017 年，我国科技研究与开发机构 R&D 经费支出直线上涨，由 2009 年的 1 017.33 亿元上涨为 2017 年的 2 592.20 亿元，上涨 1.55 倍。但西部地区所占比例在 21%~25% 波动，总体有所下降。农业科技经费支出占全国科技经费支出的 6%~8%，围绕 7% 上下波动。

表 6-15　科技研究与开发机构 R&D 经费支出　　　　单位：亿元

支出	2009 年	2010 年	2011 年	2012 年	2013 年	2014 年	2015 年	2016 年	2017 年
全国/亿元	1 017.33	1 227.94	1 353.07	1 609.50	1 835.35	2 005.38	2 204.65	2 346.85	2 592.20
农业所占比例	7.24%	6.90%	6.74%	6.97%	6.53%	6.36%	6.88%	7.26%	7.67%
西部地区所占比例	24.24%	24.22%	23.79%	23.46%	22.87%	21.71%	22.44%	22.00%	21.68%

资料来源：通过《中国科技统计年鉴》（2010~2018 年）计算得出，经费支出=内部经费支出+外部经费支出

西部地区 12 省（区、市）因自然、经济等发展条件不同，科技投入也参差不齐。如表 6-16 所示，西部地区 R&D 经费支出由 2009 年的 246.57 亿元增长为 2017 年的 561.88 亿元，上涨 1.28 倍。其中，四川的科技投入超过陕西，由 2009 年的 92.03 亿元上涨为 2017 年的 237.02 亿元，涨幅 157.55%；陕西由 2009 年的 102.24 亿元上涨为 2017 年的 189.75 亿元，涨幅 85.59%。四川和陕西的 R&D 经费支出遥遥领先于西部地区其他省（区、市），经费支出最低的是西藏、青海和宁夏，2017 年费用均不足 3 亿元。

表 6-16　西部地区各省（区、市）科技研究与开发机构 R&D 经费支出　　　单位：亿元

地区	2009年	2010年	2011年	2012年	2013年	2014年	2015年	2016年	2017年
重庆	6.77	9.22	15.67	18.86	13.29	8.90	18.30	22.02	19.29
四川	92.03	128.07	129.72	155.28	170.74	192.00	216.60	225.17	237.02
贵州	3.77	2.90	2.92	4.30	6.28	7.10	7.89	6.73	10.11
云南	12.91	14.20	14.96	18.05	19.07	17.44	22.59	26.73	30.44
西藏	0.56	0.47	0.49	0.80	1.33	1.48	1.40	1.28	1.47
陕西	102.24	111.16	119.69	132.67	157.40	157.14	167.72	172.15	189.75
甘肃	12.08	12.07	13.75	17.53	18.88	20.99	25.06	25.95	27.92
青海	1.04	1.30	1.45	1.61	1.68	2.11	2.34	2.14	2.92
宁夏	0.49	0.57	0.60	0.89	1.05	1.38	1.59	1.90	2.45
新疆	3.86	4.43	5.93	6.99	8.26	7.42	8.67	10.00	9.82
内蒙古	5.34	5.27	6.43	6.51	8.76	6.50	9.37	8.92	12.77
广西	5.48	7.72	10.22	14.13	13.09	12.93	13.27	13.38	17.92
西部地区	246.57	297.38	321.83	377.62	419.83	435.39	494.80	516.37	561.88

资料来源：《中国科技统计年鉴》（2010~2018年）

（二）农业科技活动成果

按成果研究的性质，农业科技成果可以分为：基础性研究成果，如研究报告和科学论文等；应用性研究成果，如新品种、新技术等；开发性研究成果。其中应用性研究成果最为直接地被付诸实践。农业科技成果的特点受农业生产的特点影响，是一个自然再生产与经济再生产相结合的过程，既受自然条件的束缚，又受经济发展规律的制约。因此，相较于其他产业，农业科技成果更具特殊性，主要体现在区域性、综合性和自然扩散性。

农业植物可以分为大田作物、蔬菜、果树、花卉、牧草和其他种类。从表 6-17 可以看出，1999~2017 年，全国各类农业植物中，大田作物新品种权的申请和授权件数最多，件数最少的为牧草。虽然蔬菜新品种权的申请件数超过花卉，但授权申请比低于花卉，授权申请比最高的是果树，最低的是牧草。

表 6-17　全国农业植物新品种权申请和授权（按种类划分）　　　单位：件

年份	大田作物		蔬菜		花卉		果树		牧草		其他	
	申请	授权	申请	授权	申请	授权	申请	授权	申请	授权	申请	授权
2017年	2 756	1 174	601	83	300	121	125	80	2	1	58	27
1999~2017年	17 661	8 112	1 816	549	1 544	652	706	313	22	2	167	53

资料来源：《中国科技统计年鉴》（2010~2018年）

从区域上来看，如表 6-18 所示，1999~2017 年，东部地区的农业植物新品种权申请件数最多，为 8 801 件，中部地区、西部地区和东北地区次之；授权件数最多的为东部地区，为 3 680 件，西部地区、中部地区、东北地区次之，各地区之间差距较大。中部地区的农业植物新品种权申请件数虽然多于西部地区，但授权件数少于西部地区。西部地区的农业植物新品种权申请通过率最高。

表 6-18　农业植物新品种权申请和授权（按区域划分）　　　　单位：件

年份	东部地区		中部地区		西部地区		东北地区	
	申请	授权	申请	授权	申请	授权	申请	授权
2017 年	1 653	545	909	305	519	298	407	231
1999~2017 年	8 801	3 680	4 775	1 867	3 739	2 055	3 059	1 571

资料来源：根据《中国科技统计年鉴》（2010~2018 年）整理

从省（区、市）来看，如表 6-19 所示，1999~2017 年，四川的农业植物新品种权申请件数和授权件数明显高于其他省（区、市），云南、广西和内蒙古次之。但数据显示，2017 年云南农业植物新品种权申请件数和授权件数均超过四川。陕西的农业植物新品种权申请件数和授权件数并不高。从申请通过率来看，四川最高，云南次之。西部地区各省（区、市）之间农业植物新品种权申请件数和授权件数相差较大，申请通过率也存在差距。

表 6-19　农业植物新品种权申请和授权[按省（区、市）划分]　　　　单位：件

年份	重庆		四川		贵州		云南		西藏		陕西	
	申请	授权	申请	授权	申请	授权	申请	授权	申请	授权	申请	授权
2017 年	23	15	89	83	28	9	119	105	缺失	5	60	12
1999~2017 年	181	95	1 156	750	217	135	780	451	缺失	缺失	280	103

年份	甘肃		青海		宁夏		新疆		内蒙古		广西	
	申请	授权	申请	授权	申请	授权	申请	授权	申请	授权	申请	授权
2017 年	53	8	缺失	1	10	5	15	11	47	26	75	18
1999~2017 年	192	63	缺失	8	48	20	195	111	325	147	347	167

资料来源：《中国科技统计年鉴》（2010~2018 年）

二、农业科技创新服务体系

（一）人才建设

中共中央、国务院印发的《乡村振兴战略规划（2018-2022 年）》第三十二章提出要强化乡村振兴人才支撑。2019 年农业农村部工作要点为：深化农业农村人才发展体制机制改革；加强农村实用人才带头人队伍建设；大力培育新型职业农民；加强农业科技人才队伍建设；加强农技推广和公共服务人才队伍建设；大力培养农村专业服务型人才；鼓励各类人才到乡村创新创业；加强农业国际合作人才队伍建设；加强农业农村人才基础性工作。西部地区各省（区、市）根据农业农村部的工作要求制定了人才建设环节的具体标准。

（二）农业科技示范园区建设

农业科技园区是 20 世纪 90 年代在我国农业现代化建设中出现的一种新型的现代农业发展模式。《中共中央 国务院关于做好 2000 年农业和农村工作的意见》提出要抓紧建设科技园区，并制定扶植政策，2002 年又进一步提出要建设高水平的农业科技园。2013~2014 年，第五批、第六批国家农业科技园区启动建设，这一时期长江中游地区国

家农业科技园区数量明显高于全国其他七大经济区，是南部沿海地区的 7 倍，是东北地区的 4 倍多，是北部沿海地区、东部沿海地区及大西北地区的 2 倍，是西南地区的 1.5 倍。截至 2016 年，246 家国家农业科技园区在全国范围内表现出集中分布特征，开始转向北部沿海地区和西南地区，形成"京津冀集中区""四川盆地集中区""云南昆明集中区""新疆昌吉集中区"和"长江下游平原—黄海平原环状集聚带" 5 个集聚区，且国家农业科技园集聚区具有一定的平原和盆地指向性特征。其中，西部地区的国家农业科技园区集中省（区、市）为四川、新疆、陕西和云南（王昭等，2019）。

2019 年 1 月，四川内江和南充通过第七批国家农业科技园区验收，德阳国家农业科技园区成功获批第八批建设。至此，四川省国家农业科技园增至 10 个。2017 年，10 个国家农业科技园区的核心区和示范区面积分别达 24 万亩和 573 万亩，入驻企业 533 家、各类新型经营主体 1 271 家；建立各类科技示范基地 254 个、研究创新平台 111 个、创新创业服务机构 35 家；引进和示范推广新品种、新产品、新技术等 716 项，培训新型农民、创业团队等 5.5 万余人；实现总产值近 625 亿元，出口创汇 9 981 万元，新增就业 1.03 万人，辐射带动农户达 140 万余人[①]。

"新疆昌吉集中区"位于我国第二大内陆盆地——准噶尔盆地南缘，受高山冰雪融水供给影响，农业用水充足、日照时间长、农业生产基础条件良好。新疆也是胡焕庸线以西省（区、市）国家农业科技园布局最多的省（区、市），但有接近一半的园区是在新疆建设兵团主导作用下形成的。

截至 2017 年底，陕西已建成 8 个国家级农业科技园区、34 个省级农业科技园区。陕西省杨凌示范区是我国第一个农业高新技术产业示范区，杨凌示范区"科技支撑引领、龙头企业带动、全产业链布局、三产融合发展"的做法，为具有相似发展条件地区的农业科技园区建设提供了示范和样板。陕西宝鸡科技园区的专业产品为猕猴桃，新品种和新栽培技术促进了全国猕猴桃产业的发展。陕西省白水、千阳、洛川 3 个以苹果为主导产业的科技园区，为苹果产业发展提供了示范引领[②]。

云南有三分之二的国家农业科技园区分布在以昆明为中心的圈层区域内。截至 2018 年，云南经科技部批准建设的国家农业科技园区达 13 家。文山、普洱被认定为第八批国家农业科技园区，已初步建设成为科技成果转化基地、科技特派员创业基地和现代农业的示范基地。

（三）农业信息化

农业信息化贯穿农业生产、经营、管理、服务等各产业链环节，为现代农业的发展提供了新的推动力。"互联网+农业"有助于促进传统农业向智慧、绿色、高效转变，提高农业质量效益和竞争力，实现农业现代化。

四川 3G 和 4G 上网入户率为 97.6%，光纤网络入村率为 66.8%，其中，农村宽带入

---

① 四川省农业科技园区建设步入提质增效新阶段. http://www.stdaily.com/index/h1t8/2019-02/13/content_749777.shtml, 2019-02-13.
② 陕西省科技厅. 陕西农业科技园区建设成效显著. 农村百事通，2017，(21)：15.

户率为12.8%，农业信息化基础条件不断夯实，每百户农户拥有计算机16.3台、移动电话177.5部，农村广播电视能实现每户通达。云南建立了标准机房，各州、县、乡农业部门均配置了计算机、数码相机、摄像机等设备。青海农牧信息化建设省级投入资金达2 000多万元[1]。2018年底，青海99%的行政村实现光纤宽带通达[2]。根据《中国农村信息化发展报告（2018）》，截至2016年底，西部地区12省（区、市）互联网普及率在39.9%~54.9%，重庆和云南开通互联网宽带业务的行政村比例达100%。

信息服务体系逐步健全。四川各级农业部门均设立了信息服务机构，其中省级和市级农业部门已实现100%覆盖，70%的县级农业部门设立了信息服务机构，36%的乡镇及22%的行政村建有信息服务站点，专业从事农业信息方面的工作人员超过600人。截至2017年，四川成功入选全国首批5个信息进村入户整省推进示范省；建成国家级电子商务进农村综合示范县37个、省级示范县20个；建成县级、乡镇和村级电商综合服务中心（站）157个、2 384个和8 670个，覆盖率分别达88.2%、54.8%和18.2%。贵州建立了57个县级农业信息服务平台、111个乡镇农业信息服务站、10个农产品批发市场信息化应用、44个农业信息采集点，"农业云"建设项目开始实施，茶资源交易、高效农业园区物联网应用示范、园区质量安全云、贵州种子管理综合信息系统和蔬菜产地信息系统等投入试运行，毕节农业大数据中心和北京金禾天成科技有限公司的火龙果标准化种植及产业化推广入选全国"互联网+"现代农业百佳实践案例。重庆已建成502个村级信息服务站。云南建立农业信息网站群和乡村网网站群，建设"农业大数据高原特色农产品精品线上现下展示中心"。青海省级农牧业信息网升级改版，县级以上农牧业主管部门均建立门户网站，新构建318个村级信息服务站，全省从事农牧业信息管理和技术人员达822人[1]。

农业电子政务水平不断提高。四川初步构建了农产品质量安全可追溯系统、农业数据中心。截至2016年，贵州建立了省级农业数据中心，有5个省级监管单位。云南建立了农业厅办公自动化、云南省农业系统非涉密公文交换、农机监管、农产品质量安全溯源、农产品成本物价管理等应用系统。重庆实现107个单位联网协同办公，并建成农业网站群[1]。

（四）合作交流

改革开放以来，我国农业科技国际交流合作不断发展壮大，在引进技术、外资、智力、人才培养等方面取得显著成就。党的十一届三中全会召开后，我国农业科技合作经历了发展积累期（1978~1999年）、蓬勃活跃期（1999~2012年）、提质增效期（2012年以后）。2012年以来，在农业科技交流合作中，各国共同举办国际会议、高层互访、动植物种质资源的交换和利用、推动国际合作平台建设和实施重大国际合作项目、培养国际化人才、推动农业科技"走出去"。已经"走出去"的技术有杂交稻、棉花、玉米和蔬

---

[1] 《中国农村信息化发展报告（2017）》。
[2] 宋翠茹. 青海省99%的行政村实现光纤宽带通达. http://qh.people.com.cn/n2/2019/0322/c182775-32765276.html，2019-03-22.

菜等农作物种子。在引领创新和技术集成走出去方面，中国农业科学院与盖茨基金会于2008年联合实施的"为中国西南地区、非洲和东南亚地区脱贫培育绿色超级稻"国际合作项目，是我国迄今为止最大的国际合作项目，总经费达3 800万美元（吴孔明，2018）。在合作内容上，与发达国家以合作平台建设、人才培养、技术研究为主；与发展中国家以科技示范园建设、人员培训和农业技术转移为主。云南加强了与南亚、东南亚国家和地区在农业科技和管理经验等方面的交流，2016年，云南在老挝、缅甸、柬埔寨合作建立的4个农业科技示范园全部移交外方并投入实际运营。2016年，中国—东盟林业合作论坛在广西南宁召开，论坛以维护森林生态安全，提高国民福祉为主题，并通过《中国—东盟林业合作南宁倡议》，重点明确了中国与东盟各国将加强深化林业产业和相关贸易合作等5方面的交流与合作①。2016年，四川与台湾通过第三届川台农业合作论坛，签约了番薯藤庄园项目、台湾牛奶草莓主题乐园项目、50兆瓦装机容量的太阳能光伏电站建设等5个农业合作项目，总投资额达11.9亿元。川台两地累计签订农业合作项目40多个，投资金额近40亿元①。2017年，"南亚东南亚农业科技创新联盟"由南亚、东南亚国家的涉农农业科研、教育机构及企业等共同发起成立，最初由云南省农业科学院倡议设立，是非政府、非营利性的国际合作平台。"南亚东南亚农业科技创新联盟"以促进南亚和东南亚地区经济发展为目的，合作开展植物保护、信息分享、作物新品种、相关政策研究等交流。在"一带一路"倡议下，云南将被打造成为中国面向南亚、东南亚地区和印度洋周边经济圈的重要枢纽，为沿线国家和地区提供参与农业科技交流与合作的契机。除此之外，该创新联盟也开展关于现代农科院、跨境农业产业经济带等研讨交流会。会议包括专题研讨、合作对接和现场考察观摩等内容，旨在加强农业科技创新研讨、联盟成员间的合作对接商洽等活动，推介农业新品种和新技术。

国内合作交流方面，2011年，中西部地区农业科技成果转化工作经验交流会在新疆举行，中西部地区农业科技负责人总结交流了各地实施农业科技成果转化资金的经验和做法，探讨了"十二五"农业科技成果转化工作形势和任务，同时参观了新疆农垦科学院、石河子国家农业科技园和滴灌水稻示范基地等②。同年，中国农业外商直接投资的区位中，呈现出"东高西低"的地区分布格局，西部地区仍对农业外商直接投资缺乏吸引力（王宏和张岳恒，2011）。

据《中国农业年鉴（2017）》，2016年，西藏有21个农畜产品获得国际、国内农产品展览会金奖，有33位各地遴选的专家进藏开展"专家西藏行"技术服务，有11家区外企业与西藏龙头企业及单位签约，金额达23.22亿元。2016年，广西引进总投资124.21亿元的区外境内农业合作项目182个，并通过现代特色农业示范区建设，整合拉动投资257.7亿元，引进新品种3 874个、新技术1 546项。2016年，内蒙古引进1.6万头肉用种母牛，成为全国最大的牛羊种业基地，已有13家科研育种单位进驻南繁基地开展加代扩繁工作。

截至2018年底，宁夏回族自治区通过"科技支宁"东西部合作机制，与东部地区部

---

① 《中国农业年鉴（2017）》。
② 新疆兵团科技局. 中西部地区农业科技成果转化工作经验交流会在石河子市召开. 新疆农垦经济，2011，(4)：78.

分省（区、市）和国家高校院所建立农业科技合作关系，联合实施农业合作项目220项，结对共建农业园区3个，组建"中国枸杞研究院""中国（宁夏）奶业研究院"等创新平台，共引进26个创新团队，转化新技术、新工艺190项，有力促进了自治区特色优势产业发展[①]。"科技支宁"合作成果将为宁夏农田"清污"，智慧农业将引领西部地区农业生产转型升级。

三、农业科技创新成效

（一）农业科技创新驱动精准扶贫

科技是第一生产力，农业科技创新在农业生产经营中起着"造血"作用。在脱贫攻坚过程中，四川组建的工作团队，囊括了农业经济、农业信息、区域农业方面的科研骨干，并以四川省农业科学院农村发展研究中心、四川省农业科学院大数据中心、四川省农业科学院区域农业发展研究中心等平台为依托，以科技扶贫。四川还利用学术期刊、各大网站、微信公众号、手机APP（application，应用程序）等平台宣传农业新品种、新技术和新成果，以满足农民和种植养殖户对农业科学知识的需求。除此之外，四川相关单位还选派科技人员定点帮扶旺苍县的万家乡阳雀村、鼓城乡大坝村、檬子乡柏杨村、金溪镇黄柏村及尚武镇石锣村，从科技上对贫困村休闲农业与乡村旅游产业的发展提供帮扶，利用四川省农业科学院专家和技术平台提供农业技术方面的支持。在上述方式的推动下，最终实现"十二五"期间四川5个贫困县摘帽，2 350个贫困村、105万贫困人口脱贫目标任务全面达标（景晓卫等，2018）。宁夏安排科技扶贫指导员、"三区"人才和科技特派员，在170个深度贫困村和近100个贫困村实施科技精准扶贫，建立科技示范基地300多个，培育科技示范户3.6万户，培训农民30万人次；实施"科技支宁"科技扶贫协作行动，示范转化小杂粮渗水地膜种植、马铃薯粉垄种植、肉牛高效养殖模式等先进科技成果，小杂粮示范创造了杂交谷子亩产646公斤（折合每公顷9 690千克）的历史[②]。

（二）农业科技创新促进农民富裕

农业科技创新是实现农业增效、农民增收、农村兴旺的关键。农业生产是自然发展的一部分，同时也受到自然条件的限制。在传统农业生产中，农民收入受农业产出的影响，也可能由于市场信息的不通畅，反而出现"谷贱伤农"的现象。一方面，科技创新促进农业增效，在投入不变的情况下，增加产量；另一方面，科技创新促进生产效率的提高，减少生产过程中直接费用、间接费用和用工量的投入，使得农村剩余劳动力通过外出务工、自主创业等方式获取额外收入。除此之外，农业科技创新能提高农业生产对自然灾害的防御和抵抗能力，提高农民获取市场前沿信息的能力，从各方面对农民增收产生有益影响。

---

① 东西科技合作东风助力宁夏特色优势产业腾飞．http://nx.people.com.cn/GB/n2/2019/0329/c192482-32789226.html，2019-03-29．

② 宁夏农业农村科技创新取得显著成效．http://www.zjkjt.gov.cn/news/node01/detail0105/2019/0105_85908.htm，2019-03-11．

(三)农业科技创新助推农村强盛

农业科技创新是农村强盛的重要助推力。西部地区多丘陵和高原,受地势限制,农业机械化水平不如平原地区。但西部地区得天独厚的自然环境在科技的助推下,为西部地区的农业发展提供契机。滴灌技术能够有效节约水资源;农产品储藏和加工技术的提升在一定程度上缓解农产品的滞销,并促进农业产业结构的调整,助推形成"一村一品"的新局面,形成"专业村",带动交通、服务等设施的完善。专业化生产促进人口、资金、技术、信息等生产要素的集聚,同时,农产品电商的发展扩大了农产品的销售市场。除此之外,在农业科技的助推下,西部地区旅游观光农业正在蓬勃发展,在吸引外来经济投入的同时,可以增加就业岗位,提高当地农民非农收入,促进地区经济发展。

第四节　西部地区城乡融合发展

纵观中华人民共和国成立到当前乡村振兴,城乡关系走过了以乡支城、城乡二元、以城带乡的发展历程,下一步,城乡同步发展将成为21世纪中国城乡发展的主旋律。在新中国的发展历史浪潮中,城乡融合发展由无到有,在历史的任何节点都能窥见其身影。新时代下,城乡融合发展将为新中国社会经济建设释放改革红利,促进经济发展,助推中国步入现代化强国之列。下文将首先梳理城乡融合发展脉络,其次分别讲述西部地区在城乡融合发展进程中,消费品、劳动力和土地资源三要素的融通情况。

一、城乡融合发展脉络梳理

(一)缘起:1949~1978年

1949年10月1日,中华人民共和国中央人民政府正式成立,沉睡的东方雄狮慢慢苏醒。而一个刚经历了战乱,满目疮痍的国家,想要立足世界之林,何其容易?加之国家新定,周边环境纷繁复杂,新中国必须要努力发展国民经济,不断加强自身实力,才能够应对未来风云变幻的世界形势。究竟如何发展壮大自身实力,成为摆在中华人民共和国领导人面前的重大难题。参照世界范围内的诸多经验,苏联的发展模式成为中华人民共和国建国初期最为重要的参考坐标,于是优先推动中国工业化发展的模式在全国定下基调。1950年,毛泽东同志在中国人民政治协商会议第一届全国委员会第二次会议的闭幕词上提出:"中国的主要人口是农民,革命靠了农民的援助才取得了胜利,国家工业化又要靠农民的援助才能成功,所以工人阶级应当积极地帮助农民讲行土地改革,城市小资产阶级和民族资产阶级也应当赞助这种改革,各民主党派各人民团体更应当采取这种态度。"① 在百废待兴的关键节点,各类社会资源极其有限,如果要快速、高效的发展工业,就必须从其他领域吸收资源,以做坚实的基础支撑。于是,广大农村和农业再次成为中华人民共和国发展壮大的坚强靠山。1953年,全国农产品供应紧张,为保障工业

---

① 毛泽东. 做一个完全的革命派. http://www.china.com.cn/guoqing/2012-09/03/content_26746159.htm,2012-09-03.

发展，农产品统购统销制度在全国范围内实行，工农产品交换进入"剪刀差"时期。农业产出资源不断向城市、向工业集中，一定程度上保障了当时条件下工业的快速发展。

1953~1956 年，全国实施"三大改造"，其中对农业的社会主义改造让农民手中的土地又转变为公有制。然而任何事情都不可能一蹴而就，土地的"由私转公"亦是如此。对农业的社会化改造也可称为农业合作化运动，在生产资料紧缺、各类资源极度分散的条件下，为更好地促进农业生产，保障工业发展稳步推进，必须解决零散小农户生产带来的诸多问题。而如何解决当时的各种难题，再一次成为困扰中央高层的难题。人民的事情人民最清楚，在中国的历史发展脉络中，广大的劳动群众以其自身经验，创造了不胜枚举的光辉成就。这一次，劳动人民的光辉再次闪现。为解决生产资料短缺和配置不均的难题，农民开始成立互助小组的探索，将紧缺的生产资料集中起来为大家共同服务，很好地解决了生产资料配置不均的难题，农业生产也呈现出良好态势。随后，农业生产互助小组的模式在全国慢慢普及开来。随着涉及的范围越来越广，农业生产互助小组逐步发展成为初级合作社，再到后来的高级合作社。农民参加合作社贡献出来的生产要素种类也不断丰富，最终土地成为入社的一项必选项。

关于初级社、高级社的建设情况，在不同视角有不同的考量，但时间不会因争执而止步。无论争执的方向如何，促进农业生产，为全国工业化建设提供坚实保障的出发点是决不能动摇的。1958 年，被认为能够进一步提升农业生产力的"人民公社"横空出世，在 20 世纪 50~70 年代席卷全国的各项运动浪潮中，人民公社一直贯穿始终。人民公社时期，农民被允许保留很少一部分的自留地，其余土地全部交由集体统一经营，采用公用公营的生产模式，"集中力量办大事"。至此，作为一项十分重要的生产要素——土地，成为一项不能被农民随便购进购出的生产资料。

1958 年，《中华人民共和国户口登记条例》颁布，将中国人口分为城镇人口和农业人口两大类，并且严格限制农业人口向城市转移，为保障农业生产提供了强有力的人力资本支撑，同时为城市和工业发展提供了必要的产品供给并减轻了城市发展压力。正是由于户籍制度的限制，拉开了中国城乡二元结构演变的序幕。1962 年，中央把"农业是基础，工业为主导"思想确定为"发展国民经济的总方针"[①]，但实际上还是为了更好地推动重工业发展。1962 年，农民的宅基地也一同被收归为集体所有。农产品的大量输出、工业产品的高价消费及户籍制度的限制，导致中国城乡发展二元结构逐步成形。

（二）破冰：1978~2002 年

1978 年，党的十一届三中全会召开，拉开了改革开放的序幕，也开始了国家经济制度由计划经济向社会主义市场经济的转型；农村开始推行土地包干到户，乡镇企业异军突起，农村各项生产恢复生机。伴随改革开放和家庭联产承包责任制的实行，城乡之间的要素流动开始活跃起来，在前期被抑制的劳动力资本开始逐步由"离土不离乡"的乡镇企业务工转变为"离土又离乡"的进城务工。伴随城乡之间各要素的相互流动，大量劳动力逐步向城市汇集，为积贫积弱的广大农村地区带来大量的回流资本并促进农业发

---

① 中国共产党八届十中全会简介. http://www.gov.cn/test/2008-06/05/content_1006843.htm，2008-06-05.

展。1982年,"统购统销"被逐步取消,除粮、棉、油等一类产品实行"双轨制"外,二类产品开始放开市场,农村商品市场得到丰富。1985年,"双轨制"退出历史舞台,"统购统销"制度被彻底取消。虽然城乡二元的隔阂开始被打破,但是在经历30余年曲折发展的岁月后,农村地区的各项经济发展配套设施明显落后于城市。改革开放虽然始于农村,但是真正的活动场地在城市地区,由此带来城乡差距进一步加大。中国经济发展总体水平在改革开放后得到快速提升,人民生活的物质水平也得到进一步丰富,但是,大量的劳动力外流和发展基础薄弱等缺陷导致广大农村地区的发展越发落后于城市。1991年,党的十三届八中全会通过《中共中央关于进一步加强农业和农村工作的决定》,指出"必须始终把农业真正摆在首位"①,党和政府意识到农业和农村这块短板,开始在农业和农村发展上不断发力。1998年,十五届三中全会通过的《中共中央关于农业和农村工作若干重大问题的决定》指出"农村改革和城市改革相互配合、协调发展"②,以往将城乡两块主题区分看待的发展模式正逐步瓦解,农民的好日子加速到来。

(三)雏形:2002~2008年

2002年,党的十六大报告首次提出"统筹城乡经济社会发展,建设现代农业,发展农村经济,增加农民收入,是全面建设小康社会的重大任务"③,中国进入"工业反哺农业,城市支持农村"的发展阶段。在经历农业支持工业,限制农业要素向城市和工业集聚,以及农村生产要素逐步向城市转移的历史阶段后,中国农业和农村迎来属于自身的发展完善阶段。2003年,中央农村工作会议强调,要把解决好农业、农村和农民问题作为全党工作的重中之重;会议指出,全国建设小康社会,必须统筹城乡经济发展④。由此,"三农"问题成为社会关注的热点话题。区别于片面的注重农业、农村的发展,在新阶段的"三农"问题发展研究中,城乡统筹成为该阶段"三农"工作的鲜明特色。2004年,温家宝同志在第十届全国人民代表大会第二次会议上做政府工作报告时再次强调"解决农业、农村和农民问题,是我们全部工作的重中之重"⑤。2004年,中央经济工作会议指出"我国总体上到了以工促农、以城带乡的发展阶段"⑥。工业如何促进农业,城市如何带动乡村?对于当时的社会,找准突破口成为各界的研究重点。2006年,中央宣布在全国取消农业税,农民负担得以减轻,为进一步发展农业、繁荣农村注入了强大的支撑力。然而税赋的减轻只能在一定程度上减轻农民负担,对于促进农业技术生产、提升农村生活的作用十分有限。

---

① 中共中央关于进一步加强农业和农村工作的决定. 中华人民共和国国务院公报,1991,(42):1464-1479.

② 中共中央关于农业和农村工作若干重大问题的决定. http://www.people.com.cn/GB/shizheng/252/5089/5093/5174/20010428/454981.html,2001-04-28.

③ 江泽民. 江泽民在中国共产党第十六次全国代表大会上的报告. http://www.gov.cn/test/2008-08/01/content_1061490_4.htm,2008-08-01.

④ 孙杰. 中央农村工作会议召开 胡锦涛温家宝作重要讲话. http://www.gov.cn/test/2009-10/27/content_1449842.htm,2009-10-27.

⑤ 温家宝. 2004年政府工作报告——2004年3月5日在第十届全国人民代表大会第二次会议上. http://www.gov.cn/premier/2006-02/16/content_201193.htm,2006-02-16.

⑥ 2004年中央经济工作会议. http://www.china.com.cn/guoqing/2012-09/03/content_26409143.htm,2012-09-03.

2007年，胡锦涛同志在党的十七大报告中首次提出"要加强农业基础地位，走中国特色农业现代化道路，建立以工促农、以城带乡长效机制，形成城乡经济社会发展一体化新格局"①。报告提出保障人大代表依法行使职权，密切人大代表同人民的联系，建议逐步实行城乡按相同人口比例选举人大代表。统筹城乡发展，实现城乡经济社会发展一体化发展新格局，从不同的领域发力，提升农业、农村和农民在经济社会中的存在感，并探索一条行之有效的城乡发展道路。

（四）丰盈：2008~2012年

2008年，中央一号文件明确提出"探索建立促进城乡一体化发展的体制机制"②。农村与城市，在伴随经济社会的发展中，逐渐走向统一，走向融合。而城乡发展该以哪一方面发展经验作为参考，或是否需要重新建立新的发展框架和机制，成为2008年后社会各界关注的重点。2008年，汶川大地震后，以四川地震重灾区重建工作为依托，在布局震后新城、新集聚点等环节，政府更加注重城乡互动和村镇经济发展，探讨如何激发更强的农村生产活力；金融危机的波及，导致沿海地区大量农民工回流至中西部地区，为中西部地区经济社会发展带回人力和技术，但也对中西部地区的就业吸收能力提出挑战。同年，党的十七届三中全会进一步提出扩大农民在县乡人大代表中的比例，从制度设计层面进一步注重农民权益，为创造公平的城乡关系扎实基础。

2009年，中央一号文件提出推进城乡经济社会发展一体化，要求在农村社会事业、基础设施建设、拉动农村就业、开拓农村市场等领域推进综合改革，增强县域经济发展活力并完善国家扶贫战略和政策体系③。中央开始系统化布局城乡一体化战略，并细化各项发展指标，探索全方位的城乡一体化发展新模式。2010年，中央一号文件提出协调推进城乡改革，增强农业农村发展活力，以城乡一体化为目标，对各项制度措施进行细化改革，包括农村基本经营制度改革、农村土地管理制度改革、户籍制度改革等，以创造条件提供城乡劳动力合理流动制度保障④。各项制度措施的实施和改进及城乡一体化发展模式的探索，为中国城乡一体化发展提供了明确指导，为实施更加科学有效的城乡发展战略提供了依据和参考。

2011年末，中国城镇人口数量首次超过农村人口，占全国人口的51.27%⑤。回顾农村剩余劳动力的转移，他们为城市建设提供了强大的人力支撑，返乡资源也为农村地区建设带去了必要的资金、技术等资源，人口的迁移也为农村实现适度规模经营创造了必

---

① 胡锦涛. 胡锦涛在中共第十七次全国代表大会上的报告全文. http://www.gov.cn/ldhd/2007-10/24/content_785431_5.htm，2007-10-24.

② 中共中央 国务院关于切实加强农业基础建设进一步促进农业发展农民增收的若干意见. http://www.gov.cn/jrzg/2008-01/30/content_875066.htm，2008-01-30.

③ 中共中央 国务院关于2009年促进农业稳定发展农民持续增收的若干意见. http://www.gov.cn/gongbao/content/2009/content_1220471.htm，2008-12-31.

④ 中共中央 国务院关于加大统筹城乡发展力度进一步夯实农业农村发展基础的若干意见. http://www.gov.cn/jrzg/2010-01/31/content_1524372.htm，2010-01-31.

⑤ 国家统计局. 中华人民共和国2011年国民经济和社会发展统计公报. http://www.stats.gov.cn/tjsj/tjgb/ndtjgb/qgndtjgb/201202/t20120222_30026.html，2012-02-22.

要条件。

2012年，中央一号文件强调加强农产品流通和市场建设，为解决农民卖粮难、丰产不丰收等问题提供基础措施保障①。同年8月，国务院发布《国务院关于深化流通体制改革加快流通产业发展的意见》，为完善农产品在城乡间的流通提供了改革措施，为实际工作提供了坚实有效的参考②。城乡互动越加紧密，各类市场要素的流通不断加强，城乡一体化建设从初期规划预想，正逐步落实完善，城乡发展差距开始趋于收敛。

（五）迈新：2012年至今

党的十八大报告提出"坚持走中国特色新型工业化、信息化、城镇化、农业现代化道路，推动信息化和工业化深度融合、工业化和城镇化良性互动、城镇化和农业现代化相互协调，促进工业化、信息化、城镇化、农业现代化同步发展"，明确提出城乡发展一体化是解决"三农"问题的根本途径，并指出着力重点为"加快完善城乡发展一体化体制机制，着力在城乡规划、基础设施、公共服务等方面推进一体化，促进城乡要素平等交换和公共资源均衡配置，形成以工促农、以城带乡、工农互惠、城乡一体的新型工农、城乡关系"③，体现了党对解决"三农"问题思路的新认识、方略的新发展、举措的新突破④。

为进一步细化城乡一体化发展战略，完善城乡一体化发展体系，提升农业生产现代化水平，促进农村社会经济迈向新台阶，党中央和政府一直将"三农"问题作为全党和全国工作的重中之重。2014年，中央一号文件提出健全城乡发展一体化机制体制，从教育、医疗、养老等基本公共服务领域发力，推进城乡公共服务均等化发展。深化户籍制度改革，进一步降低城乡一体化发展难度⑤。2015年，中央一号文件提出要引导和鼓励社会资本投向农村建设，注重将城市资源转移至农村地区，为农村的发展转型助力⑥。城乡建设关系再一次出现转型，以往农村资源向城市输送集中的状态出现变化，城市资本和社会资本开始向农村地区汇集，为实现美丽新农村建设创造坚实基础条件。2016年，政府开始实施农村脱贫攻坚，在保证全国经济发展水平总体向好的态势下，重点关注贫困地区的发展状况，注重农村这块发展短板的建设，为城乡经济社会的后续发展突破瓶

---

① 中共中央 国务院关于加快推进农业科技创新持续增强农产品供给保障能力的若干意见. http://www.gov.cn/gongbao/content/2012/content_2068256.htm，2011-12-31.

② 国务院关于深化流通体制改革加快流通产业发展的意见. http://www.gov.cn/zwgk/2012-08/07/content_2199496.htm，2012-08-07.

③ 胡锦涛. 胡锦涛在中国共产党第十八次全国代表大会上的报告. http://cpc.people.com.cn/n/2012/1118/c64094-19612151-4.html，2012-11-18.

④ 为什么说城乡发展一体化是解决"三农"问题的根本途径？http://politics.people.com.cn/n/2013/0109/c70731-20139960.html，2013-01-09.

⑤ 《关于全面深化农村改革加快推进农业现代化的若干意见》全文. http://www.gov.cn/jrzg/2014-01/19/content_2570454.htm，2014-01-19.

⑥ 中共中央国务院关于加大改革创新力度加快农业现代化建设的若干意见. http://www.gov.cn/zhengce/2015-02/01/content_2813034.htm，2015-02-01.

颈[1]。2017年，中央一号文件要求，深入开展农村人居环境治理和美丽宜居乡村建设，在基本公共服务领域全面落实城乡统一，为城乡一体化进程中出现的难题与困惑提供突破方向[2]。2018年，中央一号文件指出，要坚持城乡融合发展，推动新型工业化、信息化、城镇化、农业现代化同步发展，加快形成工农互促、城乡互补、全面融合、共同繁荣的新型工农城乡关系[3]。2019年5月，中共中央、国务院发布《中共中央 国务院关于建立健全城乡融合发展体制机制和政策体系的意见》，提出要促进各类要素更多向乡村流动，在乡村形成人才、土地、资金、产业、信息汇聚的良性循环，为乡村振兴注入新动能；要加快补齐教育、医疗、文化、保险等乡村发展短板；通过先建机制、后建工程，加快推动乡村基础设施提档升级，实现城乡基础设施统一规划、统一建设、统一管护。通过分"三步走"，到21世纪中叶实现城乡融合发展体制机制成熟定型[4]。

2019年也是乡村振兴的落实年，全国各地围绕"产业兴旺、生态宜居、乡风文明、治理有效、生活富裕"的总要求，因地制宜地积极开展乡村建设，城市和乡村在基础设施、人文环境、产业发展等领域的合作日益密切，城乡人居环境条件日趋接近。

二、城乡消费品市场整合

近年来，我国积极统筹城乡发展，促进城乡协调、新型城镇化和农业现代化的战略推进，促进农村发展，城乡流通体系得到进一步完善。以四川为例，在完善农村市场体系建设的同时，致力于提高城乡配送效率，降低成本。采取PPP模式引导社会化资本进入农村，参与农村配送末端服务站点建设，畅通"农产品进城、工业品下乡"双向渠道，构建线上线下结合、内外贸一体化的大型农产品交易市场和信息服务平台。这些举措在很大程度上促进了城乡消费品市场的协调发展，完善了工农产品流通渠道。但是，城乡消费品市场分割现象仍然存在，这种分割主要表现在消费总量、消费结构、消费市场环境等方面。

（一）农村居民消费显著增长，但城乡差距仍然较大

西部地区位于我国内陆深处，地形多山脉，经济上一直落后于中部地区和东部地区，虽然这些年来我国经济快速发展，但是西部地区的发展速度远远落后于经济发达地区，从而导致地区之间发展差距反而逐渐增大（表6-20）。多年以来西部地区城乡居民可支配收入不断增加，但是与东部地区差距反而加大。近年来，在西部大开发和乡村振兴战略等一系列举措带动下，西部地区农村的社会经济得到前所未有的发展，但城乡差距仍然明显。

---

[1] 中共中央 国务院关于落实发展新理念加快农业现代化 实现全面小康目标的若干意见. http://www.gov.cn/zhengce/2016-01/27/content_5036698.htm, 2016-01-27.

[2] 中共中央 国务院关于深入推进农业供给侧结构性改革 加快培育农业农村发展新动能的若干意见. http://www.gov.cn/zhengce/2017-02/05/content_5165626.htm, 2017-02-05.

[3] 中共中央 国务院关于实施乡村振兴战略的意见. http://www.gov.cn/zhengce/2018-02/04/content_5263807.htm, 2018-02-04.

[4] 中共中央 国务院关于建立健全城乡融合发展体制机制和政策体系的意见. http://www.gov.cn/zhengce/2019-05/05/content_5388880.htm, 2019-05-05.

表 6-20 我国各地区城乡居民人均可支配收入　　　　　　　　　单位：元

地区	2013年		2014年		2015年		2016年		2017年	
	城	乡	城	乡	城	乡	城	乡	城	乡
东部地区	31 152.4	11 856.8	33 905.4	13 144.6	36 691.3	14 297.4	39 651.0	15 498.3	42 989.8	16 822.1
中部地区	22 664.7	8 983.2	24 733.3	10 011.1	26 809.6	10 919.0	28 879.3	11 794.3	31 293.8	12 805.8
西部地区	22 362.8	7 436.6	24 390.6	8 295.0	26 473.1	9 093.4	28 609.7	9 918.4	30 986.9	10 828.6
东北地区	23 507.2	9 761.5	25 578.9	10 802.1	27 399.6	11 490.1	29 045.1	12 274.6	30 959.5	13 115.8

资料来源：《中国农业发展报告（2018）》

由表 6-21 及表 6-22 可知，近年来我国西部地区各省（区、市）农民收入水平不断提高，农村消费品零售总额也呈现快速上升趋势，但是各省（区、市）城乡之间差距仍然明显。

表 6-21　西部地区城乡居民人均可支配收入　　　　　　　　　单位：元

省（区、市）	2013年		2014年		2015年		2016年		2017年	
	城	乡	城	乡	城	乡	城	乡	城	乡
重庆	23 058.2	8 492.5	25 147.2	9 489.8	27 238.8	10 504.8	29 610.0	11 548.8	32 193.2	12 637.9
四川	22 227.5	8 380.7	24 234.4	9 347.7	26 205.3	11 203.1	28 335.3	11 203.1	30 726.9	12 226.9
贵州	20 564.9	5 897.6	22 548.2	6 671.2	24 579.6	7 386.9	26 742.6	8 090.3	29 079.8	8 869.1
云南	22 460.6	6 723.6	24 299.0	7 456.1	26 373.2	8 242.1	28 610.6	9 091.8	30 995.9	9 862.2
西藏	20 394.5	6 553.4	22 015.8	7 359.2	25 456.6	8 243.7	27 802.4	9 093.8	30 671.1	10 330.2
陕西	22 345.9	7 092.2	24 365.8	7 932.2	26 420.2	8 688.9	28 440.1	9 396.4	30 810.3	10 264.5
甘肃	19 873.4	5 588.8	21 803.9	6 276.6	23 767.1	6 936.2	25 693.5	7 456.9	27 763.4	8 076.1
青海	20 352.4	6 461.6	22 306.9	7 282.7	24 542.3	7 933.4	26 757.4	8 664.4	29 168.9	9 462.3
宁夏	21 475.7	7 598.7	23 284.6	8 410.0	25 186.0	9 118.7	27 153.0	9 851.6	29 472.3	10 737.9
新疆	21 091.5	7 846.6	23 214.0	8 723.8	26 274.5	9 425.1	28 463.4	10 183.2	30 774.8	11 045.3
广西	22 689.4	7 793.1	24 669.0	8 682.3	26 415.9	9 466.6	28 324.4	10 359.5	30 502.1	11 325.5
内蒙古	26 003.6	8 984.9	28 349.6	9 976.9	30 594.1	10 775.9	32 974.9	11 609.0	35 670.0	12 584.3

资料来源：《中国统计年鉴（2018）》

表 6-22　2017 年西部地区社会零售总额及城乡零售总额　　　　　单位：亿元

省（区、市）	社会消费品零售总额	城镇消费品零售总额	乡村消费品零售总额
广西	7 813.0	2 409.4	938.8
重庆	8 067.7	2 298.7	416.5
四川	17 480.5	3 918.5	3 436.4
贵州	4 154.0	742.8	765.5
云南	6 423.1	1 557.1	889.0
西藏	523.3	120.6	85.3
陕西	8 236.4	1 940.1	965.8
甘肃	3 426.6	688.8	696.7
青海	839.0	300.9	110.9
宁夏	930.4	298.7	76.2
新疆	3 044.6	517.6	283.9
内蒙古	7 160.2	6 398.6	912.5

资料来源：《中国统计年鉴（2018）》

（二）乡村消费结构逐渐改善，但仍有较大提升空间

除人均支出与消费总量之外，消费结构也能体现城乡消费市场一体化程度。以四川为例，从表 6-23 中可以了解到，四川农村家庭各项消费水平并不高，无论是衣食住行，还是在教育、娱乐及医疗保健方面都远低于城市家庭，这些年来尽管城乡居民在各个方面的支出都呈现稳步上升趋势，且农村家庭各项人均支出涨幅远高于城市家庭，农村家庭消费水平仍然比较滞后。具体从每项支出来看，食品支出仍然是城乡消费各项支出所占比例最高的一部分，城乡恩格尔系数逐年下降，食品支出所占比例逐年降低。除此之外，医疗保健和交通、通信及其他支出都在逐年上涨，农村消费结构不断优化，城乡差距逐渐缩小。教育文化娱乐支出在各项支出中的城乡差异最明显，一定程度上说明教育文化娱乐在农村市场上的发展较为滞后，说明城乡消费市场分割状态仍然存在。

表 6-23　四川城乡居民家庭人均支出情况及恩格尔系数　　单位：元

支出		2010 年	2011 年	2012 年	2013 年	2014 年	2015 年	2016 年
食品	城	4 780	5 572	6 074	6 470	6 204	6 783	7 118
	乡	1 881	2 162	2 514	2 665	3 299	3 618	3 887
衣着	城	1 259	1 484	1 651	1 728	1 539	1 704	1 768
	乡	227	282	339	407	548	580	641
居住	城	1 127	1 226	1 284	1 322	3 186	3 335	3 757
	乡	625	727	787	947	1 486	1 675	1 919
生活用品及服务	城	876	1 020	1 098	1 197	1 211	1 251	1 311
	乡	239	301	333	417	630	660	693
交通、通信	城	661	735	773	1 019	2 169	2 414	2 698
	乡	276	413	498	557	885	1 020	1 174
教育文化娱乐	城	1 674	1 758	1 947	2 186	1 672	1 963	2 008
	乡	361	431	464	642	600	699	693
医疗保健	城	1 225	1 369	1 587	1 878	1 283	1 369	1 423
	乡	219	277	329	357	724	840	973
其他商品和服务	城	503	533	636	543	495	556	577
	乡	70	83	102	135	724	840	199
恩格尔系数	城	39.50%	40.68%	40.40%	39.60%	39.94%	35.19%	34.46%
	乡	48.27%	46.24%	46.85%	43.50%	39.75%	39.12%	38.14%

资料来源：《四川省统计年鉴（2018）》

（三）城乡市场环境一体化水平有待提高

市场环境主要包括产品的价格形成机制和市场管理制度，城乡教育、金融、法律、收入分配及市场基础设施建设等。城乡二元体制导致城乡工农业产品的价格机制存在严重分割，工农业消费品的价格形成机制不一致，在开放的市场环境中二者难以同时完成资源配置、形成均衡价格。改革开放至今，为了改善这一情况，我国多次实施农产品价

格形成机制改革,农产品价格形成机制逐渐市场化。但西部地区农产品的价格形成仍然离不开政府的调控,农产品价格在产销环节中的利益分配仍然有待调整,自然灾害和天气状况对农产品生产影响巨大,这对灾害频发的西部地区农村尤为不利。

农村消费市场管理制度的全面性和规范性也不及城市消费市场,加之农村市场参与者的文化水平相对较低,法律意识薄弱,维权意识不强,加剧了城乡消费品市场秩序和管理之间的差距。农村消费品市场在基础设施配套方面存在差距,市场建设投入明显不足。长期以来,我国城市地区的基础设施建设均优于农村地区,且农村地区的基础设施建设重心多在农业生产上,这就导致农村流通网络的基础设施建设长期被忽视,进度落后(田敏,2012),具体表现为农村消费品市场基础设施落后、网点少、规模小且布局不够合理,农民缺乏交换场所,现代流通业态发育不及城市。另外,农业区域环境中衍生出的农村消费市场无论从金融、法律还是教育、社会保障方面来说,其发展水平都与城市地区相差较大。

三、城乡劳动力流动

我国作为劳动力资源丰富的经济体,在工业化、城镇化进程中,城乡之间劳动力的转移流动体现了城乡之间生产方式和技术的扩散与交流,这对调整城乡关系、统筹城乡发展产生重要影响。劳动力作为城乡要素流动的主要载体,决定着资金技术与生态在城乡之间的配置,劳动力要素的流向、规模及劳动力素质决定着城乡的发展潜力(蒲向军等,2018)。西部地区受地理位置、地形等因素的影响,经济发展水平低,农业占经济比重大,农村人口占人口比重较高。随着改革开放和西部大开发战略的进一步发展,市场经济进一步发展,越来越多的农业人口向城镇转移,主要表现为从中西部地区农村向经济发达的中心城市和东部发达城市转移。随着城乡一体化进程的推进,越来越多的农村劳动力为了获取经济收入、寻求更好的发展空间、更好的教育机会等从"土地"转移到乡镇与城市。农村劳动力转移在促进城乡经济发展的同时也推进了城乡一体化进程。但随着"乡村振兴"战略的实施,发展重心开始向农村倾斜,政府鼓励大学生、农民工返乡创业,强调要留住本土青年人才,培育新一代职业农民。这也导致一批劳动力开始由城市向农村转移,但由于农村社会经济条件相对落后,对人才吸引力不强,劳动力从农村向城市流动仍然是当前社会劳动力流动的主要方向。

(一)农村剩余劳动力受教育程度有限,就业能力低,转移空间小

我国农村劳动力主力的年龄段集中在四五十岁,由于早期教育体制落后,城乡二元化分割严重,大多数农村居民在受教育阶段没有接受良好的教育,大部分文化水平在初中及以下。在西部地区,地形等原因更加大了农村居民接受教育的困难度,其受教育程度远低于全国农村居民平均水平。由表6-24可知,西部地区未上过学的人数占全国人数的40%以上,而受高中、大专和本科及以上学历等高水平教育程度的人数所占比例未达到30%,与西部地区的人口基数相比,远低于全国平均水平。表6-25反映了西部地区各省(区、市)6岁以上农村居民不同受教育程度的人口比例,由表6-25中数据可知,西部地区劳动力受教育程度大多在初中及以下水平,在高中及以上阶段的人数所占比例较

少。在西藏,未上过学的人数接近 6 岁以上总人口的 40%。这表明西部地区劳动力受教育程度普遍较低,导致西部地区农村居民在城市工作岗位中的竞争力远不及城市居民,难以突破就业领域的局限性。近年来,随着我国教育的发展,农村劳动力受教育程度普遍提高。但是,总体来看,农村居民受教育程度仍然处于较低水平,综合素质有待提高。尤其在经济发展水平相对落后的西部地区,接受过专门职业技术教育的农民数量更少。农村居民缺乏在城市就业的相关技能,大多从事简单的体力劳动,就业面狭窄。

表 6-24 2010 年西部地区农村居民各种受教育程度人数及占全国比例

地区	6 岁以上总人口/人	未上过学/人	初中及以下/人	高中/人	大专/人	本科及以上/人
西部地区	193 857 313	17 838 765	160 670 927	11 751 402	2 708 447	887 772
全国	609 708 623	44 174 664	505 880 549	47 099 999	9 415 451	3 137 960
西部地区占全国的比例	31.8%	40.4%	31.8%	25.0%	28.8%	28.3%

资料来源:由全国第六次人口普查数据整理而得

表 6-25 西部地区 6 岁以上农村居民各种受教育程度人口比例

省(区、市)	6 岁以上总人口/人	未上过学比例	初中及以下比例	高中比例	大专比例	本科及以上比例
重庆	12 471 632	7.6%	85.0%	6.0%	1.0%	0.4%
四川	44 533 729	8.6%	84.0%	6.0%	1.0%	0.4%
贵州	20 913 860	13.0%	81.6%	3.7%	1.1%	0.6%
云南	27 544 959	9.8%	83.8%	4.5%	1.4%	0.3%
西藏	2 064 821	39.6%	55.9%	2.3%	1.4%	0.9%
陕西	19 005 704	6.6%	80.8%	9.9%	2.1%	0.6%
甘肃	15 196 092	13.8%	77.2%	7.3%	1.3%	0.4%
青海	2 818 280	18.9%	74.9%	4.5%	1.2%	0.4%
宁夏	2 973 616	10.7%	79.5%	7.3%	1.9%	0.6%
新疆	11 193 584	3.7%	86.8%	6.3%	2.5%	0.7%
广西	24 790 268	4.9%	87.7%	5.9%	1.1%	0.4%
内蒙古	10 350 768	7.3%	81.3%	8.0%	2.3%	1.1%
合计	193 857 313	9.2%	82.8%	6.1%	1.4%	0.5%

资料来源:由全国第六次人口普查数据整理而得;由于舍入修约,数据有偏差

(二)城乡二元结构和户籍制度的制约仍然存在

我国实行城乡二元结构制度由来已久,随着社会经济发生翻天覆地的变化,这一制度已经不能满足社会的需要。农业生产技术的进步将大部分农村居民从烦琐沉重的农活中解放出来,而城市快速发展的工业和服务业带来的产业结构调整需要更多的劳动力,且城市较高的经济回报和良好的生活环境也吸引农村剩余劳动力向城市转移。虽然当前我国的城乡二元结构制度逐渐弱化,各种农民工就业制度、社会保障制度、教育制度逐步趋向完善,但仍然制约着农村剩余劳动力向城市转移(张林,2016)。

（三）乡镇企业对农村剩余劳动力的吸纳能力有限

随着经济技术的进一步发展，企业对劳动力素质的要求越来越高。改革开放初期，我国企业以劳动密集型为主，尤其是乡镇企业，但是随着生产技术的进一步提高，机械化取代了大量的重复劳动，对低素质劳动力需求下降。乡镇企业生产规模较小、经营分散，无法产生集聚效应，工资水平较低，对劳动力的吸收能力不强，导致农村剩余劳动力不得不背井离乡，去往大城市寻求更多、更好的就业机会。

（四）农村社会经济发展整体落后，对城市劳动力缺乏吸引力

近年来，国家越来越重视乡村发展，并提出一系列乡村振兴计划，其中"人才振兴"指出，要培养懂农业、爱农村、爱农民的三农人才，留住本土青年人才，鼓励大学生、农民工返乡创业。但是目前来看，农村整体社会经济条件仍然明显落后于城市，基础配套设施不完善，医疗、教育水平相对低下，娱乐设施仍然不能满足人民群众的生活需求，服务业发展滞后，因此，农村对劳动力吸引力不够，难以让劳动力"留下来"。

四、城乡土地资源变动

改革开放前，对于土地的配置和使用，国家采取单一行政划拨制度，土地资源不能在土地使用者之间流转。直到20世纪80年代，土地制度才被作为改革对象开始有所松动。1982年，《中华人民共和国宪法》规定城镇土地归国家所有，农村和城市郊区的土地，除由法律规定属于国家所有的以外，属于集体所有。1987年，国务院提出土地使用权可以有偿转让，全国土地使用制度改革拉开序幕。土地作为重要的生产要素，可以在城镇和乡村内部流动，但是城乡之间的壁垒仍然存在。2001年12月，中央发布《中共中央关于做好农户承包地使用权流转工作的通知》指出，中央不提倡工商企业长时间、大面积租赁和经营农户承包地，地方也不要动员和组织城镇居民到农村租赁农户承包地。这说明城乡间的土地流转已经在民间开展，中央明确表态不鼓励，但也不直接禁止。社会资本向农村注入，而农村的大量土地资源慢慢流向市场，城乡之间土地资源流动蓄势待发。

2004年，中央一号文件指出要积极探索集体非农建设用地进入市场的途径和办法。同年，国务院发布《国务院关于深化改革严格土地管理的决定》，指出地方政府可以在不突破土地利用年度计划前提下统筹本行政区域内的用地安排，并对土地管理法律法规执行情况进行监督检查[①]。国家开始制定能够有效促进城乡间土地资源流通的制度保障，为盘活农村土地存量奠定制度基础。2005年，为进一步保障被征地农民的合法权益，浙江和江西先后率先出台相关政策法规维护农民权益，为城乡土地交互使用中出现的难题和困难提供解决方案，并强调被征地农民在失地以后的权益保护。

2008年，农业部出台《关于做好当前农村土地承包经营权流转管理和服务工作通

---

① 转发国务院关于深化改革严格土地管理的决定的通知. http://www.gd.gov.cn/gkmlpt/content/0/136/post_136293.html, 2004-11-11.

知》,要求以签订流转合同和备案的形式,在依法、自愿、有偿的原则基础上,切实维护农民土地承包权益和流转主体地位①。同年 12 月,我国第一家农村土地交易所——重庆农村土地交易所成立。农村土地流转形式被再次扩大,通过上市交易能够进一步促进农村土地流转,提升农村土地使用效益。我国农村土地资源的流转使用制度逐步完善,城乡之间土地资源的有效流动通过不断完善的法律机制得到保障。

2014 年,中央审议通过《关于引导农村土地经营权有序流转发展农业适度规模经营的意见》,从制度层面保障农民土地的承包权,让农民能够放心地将自己的承包地流转至适度规模经营②。2015 年,国务院出台《国务院关于开展农村承包土地的经营权和农民住房财产权抵押贷款试点的指导意见》,将农村承包土地的经营权和农民住房财产权作为抵押贷款的试点,实施农村土地所有权、承包权、经营权的三权分置,落实农村土地的用益物权,推进农村金融改革以赋予农民更多财产权利③。这些均能够看出新一轮的土地改革更加注重农民的合法效益,以防农民在城乡一体化进程中同城镇居民的福利水平出现较大差距,避免城乡二元的发展模式。

2016 年,《关于完善农村土地所有权承包权经营权分置办法的意见》进一步完善农村土地"三权分置"④。2017~2019 年,连续三年的中央一号文件均提及农村土地改革相关事宜,先后从探索建立农业农村发展用地保障机制、深化农村土地制度改革角度指出农村土地改革的方向和路径。以建立城乡统一的建设用地市场的方式,完善城乡土地资源流通,增强农村土地资源效益。

我国的改革开放发端于土地制度改革。40 年风雨兼程,我国的土地制度改革依旧还在进行中。针对不同的历史节点,土地制度改革的主要方向有所不同,对于当前的西部地区而言,土地制度改革更需要因地制宜,探索出一条适合西部地区发展的改革之路。回顾 40 年的探索与尝试,结合当前西部地区的现实情况,土地制度改革仍存在许多亟待解决的问题(朱玉龙,2017;宋志红,2018)。

(一)如何取舍和兼顾土地的财产功能和社会保障功能

对于农民而言,承包地在一定程度上能够为其提供必要的生存保障,宅基地能够为其提供必要的社会生活保障。外出务工多年以后,农民还能够回到故乡,继续经营起"一亩三分地"为其养老提供支撑。然而,在国家大力提倡土地流转、农业生产适度规模化经营的环境下,将土地流转出去,换来每年固定的收入和分红,成为农民的新选择。面对固守土地以防养老和流转土地换取现金流的两种选择,不少农民还是会斟酌再三。尤其在西部地区,土地流转收益十分有限,乡镇和区县企业提供的就业岗位十分有限,对

---

① 农业部关于做好当前农村土地承包经营权流转管理和服务工作的通知. http://www.moa.gov.cn/gk/zcfg/nybgz/200901/t20090107_1201854.htm,2009-01-07.
② 中共中央办公厅、国务院办公厅印发《关于引导农村土地经营权有序流转发展农业适度规模经营的意见》. http://www.gov.cn/xinwen/2014-11/20/content_2781544.htm,2014-11-20.
③ 国务院关于开展农村承包土地的经营权和农民住房财产权抵押贷款试点的指导意见. http://www.gov.cn/zhengce/content/2015-08/24/content_10121.htm,2015-08-24.
④ 资料来源:中共中央. 2016. 中共中央办公厅 国务院办公厅印发《关于完善农村土地所有权承包权经营权分置办法的意见》. http://www.gov.cn/xinwen/2016-10/30/content_5126200.htm,2016-10-30.

于流转土地后需要另谋出路的农民来说,确实是一大挑战。另外,就土地资源的财产功能而言,作为最稀缺的生产资料之一,土地的附加值往往较大,但是不同区域的附加值差异也很大。以土地作为资本进行入股或者流转,意味着能够在节约自身劳动力投入的情况下,获得一份比较可观的收益,同时能够利用节约下来的劳动力另谋一份收益。究竟该如何选择,仍然是农民抉择的一大难处。西部地区的广大农村地区经济较落后,没有配套的工业体系为农民提供充分的就业机会,往往成为农村土地流转推行遭遇瓶颈的重要原因。

(二)土地增减挂钩与土地耕作效力不匹配

现行的土地增减挂钩多是以农村建设用地退出作为媒介,城市或郊区原有的耕地无论是在肥力还是在地形方面,大体都较农村置换后的宅基地复垦地好。如何保障土地增减挂钩的两块土地地力相符,成为农村土地流转中的一大关键问题。在保障18亿亩耕地红线的基础上,各地开展土地增减挂钩活动,虽然能够为城镇建设用地提供较为充实的建设用地指标,但不一定能够保证国家18亿亩耕地的地力不下降。西部地区多山地、高原、戈壁、荒漠面积所占比例较大,实行土地增减挂钩往往意味需要将城镇周边优质的肥沃平坦土地用于城镇建设,而换取山区乃至荒漠边缘的复垦土地。

(三)土地增值收益该如何分配

目前,在土地流转中,预租制的形式比较广泛。承租人预先支付下一年的租金以抵消农民转租时的疑虑,导致在年底土地收益结算时,其中增值部分可以完全属于承租人,而不用同土地承包权所有者进行分红。农民以土地入股的形式进行投资,理应得到增值分红,现实却多表现为农民只得到部分租金的形式。在实际操作中,农民流转土地以后往往只得到了一级地租,而在土地实际经营和发展中产生的二级地租的增加值可能远高于一级地租的价值,作为土地的转出方,土地增加值效益是否应该按照合理比例进行分红,成为目前西部地区乃至全国都存在的待定选项。近年来各地探索试点的"土地股份合作社二次分红""土地托管""黄金定律股份分红"等模式,可以给我们一些启示。

参 考 文 献

程国强. 2012. 中国农业对外开放:影响、启示与战略选择. 中国农村经济,(3):4-13,43.
傅晨. 2013. 中国农业改革与发展前沿研究. 北京:中国农业出版社.
景晓卫,何鹏,李晓. 2018. 农业科技助推脱贫攻坚实践与探讨——以四川省农业科学院农业信息与农村经济研究所为例. 农业科技管理,37(3):48-49,57.
孔维嘉,邵云飞,谢健民. 2015. 成都市农村劳动力流动现状、制约因素及促进对策. 贵州农业科学,(8):272-274,279.
李道亮. 2017. 中国农村信息化发展报告(2017). 北京:电子工业出版社.
李道亮. 2018. 中国农村信息化发展报告(2018). 北京:电子工业出版社.
梁星. 2011. 城乡统筹视角下城乡双向流动的市场体系的建设研究. 西北大学硕士学位论文.

聂华林. 2006. 中国西部三农问题报告. 北京：中国社会科学出版社.
农业部农村经济研究中心. 2016. 当代中国农史研究文集. 北京：当代中国出版社.
蒲向军，刘秋鸣，谢波. 2018. 城乡要素驱动下我国城乡关系的历史分期与特征规划师，(11)：81-86.
曲广龙，任雨柔，张力文，等. 2019. 城乡一体化背景下农村劳动力转移问题与对策——以西安市鄠邑区为例. 现代商贸工业，(4)：79-80.
四川省科学技术厅. 2019. 四川省农业科技园区建设步入提质增效新阶段. 四川农业科技，(1)：42.
宋志红. 2018. 中国农村土地制度改革研究——思路、难点与制度建设. 北京：中国人民大学出版社：41-389.
田敏. 2012. 陕西城乡消费品市场一体化研究. 西北大学硕士学位论文.
王汉林. 2011. 建国以来我国农业科技政策分析. 科技进步与对策，28(1)：93-97.
王宏，张岳恒. 2011. 中国农业外商直接投资的区位变化及中西部地区吸引外资前景. 开发研究，(1)：34-37.
王昭，谢彦龙，李同昇，等. 2019. 国家农业科技园区空间布局及影响因素研究. 科技进步与对策，(4)：1-8.
吴孔明. 2018. 我国农业科技国际合作40年成果显著. 中国农村科技，(12)：10-13.
宣晓伟. 2019. 西部大开发的新征程. 中国发展观察，(8)：9-11.
张林. 2016. 西部农村劳动力转移与新型城镇化协同发展思考. 农业经济，(7)：64-66.
中共中央. 2002. 中共中央关于做好农户承包地使用权流转工作的通知. 中国改革(农村版)，(12)：6-7.
朱玉龙. 2017. 中国农村土地流转问题研究. 中国社会科学院研究生院博士学位论文.

后　　记

　　中国西部，希望之土。1999 年，西部大开发战略开启了西部地区快速发展之路。西南财经大学地处西部地区，一直高度重视打好"西部牌"，扎根西部、服务西部、建设西部。在国家西部大开发战略开启之年，西南财经大学与时俱进地设立中国西部经济研究中心。中国西部经济研究中心自成立以来，在学校党委和行政的坚强领导下，在全体师生共同努力下，紧紧围绕西部大开发战略，产出了一批密切关注西部地区发展重大战略问题的科研成果、咨询报告和政策建议，受到各级党委和政府的重视。2019 年是西部大开发战略实施 20 年，为致敬新时代西部大开发大开放，打造中国西部经济研究中心的学科特色，整合校内外优势资源打响"西部"品牌，支撑西南财经大学"双一流"建设，中国西部经济研究中心开启年度《中国西部开发开放报告》撰写，拟结合当年的热点论题，形成年度报告。

　　西部地区的城乡发展不平衡、不充分，制约了全面建成小康社会目标的实现。进入新时代，党中央以乡村振兴战略为抓手，寻求农村改革新的着力点。在开发开放中探寻乡村振兴之路必将是西部大开发战略中寻求发展突破、打破体制束缚、从根本上缓解西部地区内部和西部地区与东部地区不平衡不充分态势的必然选择。因此，为探索西部地区的乡村振兴之路，以农业促发展，中国西部经济研究中心形成 2019 年度报告——《中国西部开发开放报告 2019：新时代乡村振兴之路》。

　　《中国西部开发开放报告 2019：新时代乡村振兴之路》从 2018 年 6 月启动撰写工作，经历撰写、修改、定稿、出版等环节，历时一年多。在此期间，形成诸多阶段性成果：毛中根教授主持完成第三次全国农业普查国家级重点研究课题"乡村振兴战略评价指标体系研究"，承担了喜马拉雅区域发展协同创新中心科研平台建设项目"西藏乡村振兴发展指数研究"，贾晋研究员出版了《中国乡村振兴发展指数蓝皮书（2018）》。

　　本书采取"总论+专题"的形式进行论述。总论首先从中国重要的"米袋粮仓"、内陆重要的"安全屏障"、流向全球的"人口红利"、农村改革的"试验田"、脱贫攻坚的"主战场"、向西开放的"桥头堡"等六个方面阐述了西部地区特别是西部地区农村发展的重要意义。其次，提出西部地区农村开发开放发展的机遇和挑战，进一步从乡村振兴"二十字"方针出发并结合西部地区农业的开放发展，提出西部地区开发开放发展的愿景。专题报告分为六个部分，即产业兴旺：西部地区乡村产业发展；生态宜居：西部地区乡村生态文明；乡风文明：西部地区乡村文化发展；治理有效：西部地区乡村治理体系；生活富裕：西部地区乡村民生保障；西部地区农业的开放发展，系统梳理西部地区乡村振兴各方面的现状、成效、问题和发展路径。

后 记

  本书是集体研究成果，撰写分工如下：总负责为毛中根；总论为毛中根、伍骏骞；第一章为袁平；第二章为周葵、孔茹芸、梁欣；第三章为孙炜红；第四章为贾晋、彭方颖；第五章为杨帆；第六章为邱雁、唐媛、肖蓉。尽管我们做了大量细致的工作，但囿于作者的能力和水平，不足之处在所难免，恳请学界同仁批评指正。

  本书得到西南财经大学各位领导的大力支持和帮助，党委书记赵德武教授、校长卓志教授欣然为本书撰写序，让我们备受感动，深受鼓舞。特此致谢。感谢科学出版社经管分社马跃社长和责任编辑的大力帮助和细心工作。

毛中根
2019 年 7 月于成都